经济统计学(季刊)

China Economic Statistics Quarterly

- 平卫英:物质流核算的投入产出分析框架研究
- 艾伟强、王 勇:医疗健保产业统计分类:
   国际标准的比较及其对中国的启示
- 潘丽莉、胡永宏:沪港股市波动和联动效应研究
   ——基于条件方差分析模型
- 许 芳、向书坚:工业发展战略对城乡收入差距的影响
   ——基于广义空间面板模型的研究
- 贾怀勤:国际贸易统计学科研究

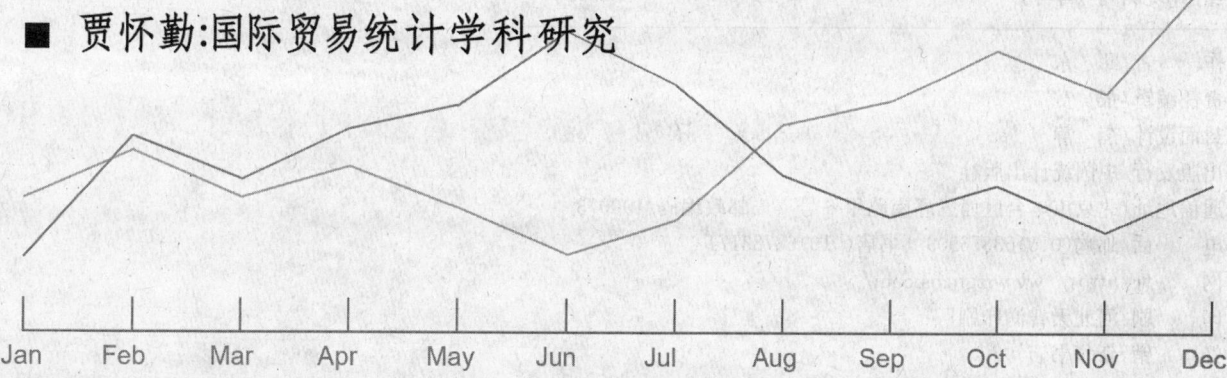

北京师范大学 国民核算研究院
中国统计出版社

1
2015

图书在版编目(CIP)数据

经济统计学:季刊.4 / 邱东主编. —— 北京:中国统计出版社,2015.9
 ISBN 978-7-5037-7655-7

Ⅰ.①经… Ⅱ.①邱… Ⅲ.①经济统计学 Ⅳ.①F222

中国版本图书馆 CIP 数据核字(2015)第 227000 号

经济统计学(季刊)·4

作　　者	/邱　东
责任编辑	/张　赏
封面设计	/李　静
出版发行	/中国统计出版社
通信地址	/北京市丰台区西三环南路甲 6 号　邮政编码/100073
电　　话	/邮购(010)63376909　书店(010)68783171
网　　址	/http://www.zgtjcbs.com/
印　　刷	/河北天普润印刷厂
经　　销	/新华书店
开　　本	/880×1230mm　1/16
字　　数	/260 千字
印　　张	/10.75
版　　别	/2015 年 9 月第 1 版
版　　次	/2015 年 9 月第 1 次印刷
定　　价	/30.00 元

版权所有。未经许可,本书的任何部分不得以任何方式在世界任何地区以任何文字翻印、拷贝、仿制或转载。

中国统计版图书,如有印装错误,本社发行部负责调换。

经济统计学(季刊)
China Economic Statistics Quarterly

2015 年第 1 期
(总第 4 期)

目 录

综述

中国国民经济核算体系的发展及 SNA 相关研究回顾 ………………………………… 刘丹丹(1)

政府债务经济效应的研究进展 …………………………………………………………… 尹德才(12)

论文

解读跨国公司对国民核算的影响 ………………………………………………… 许晓娟　刘学薇(21)

购买力平价对外国对华反倾销的潜在影响分析 ………………………………………… 杜立新(29)

国际比较视角下中国省际教育服务产出试算 …………………………………… 王春云　阎海洋(39)

物质流核算的投入产出分析框架研究 …………………………………………………… 平卫英(47)

医疗健保产业统计分类：国际标准的比较及其对中国的启示 ………………… 艾伟强　王　勇(56)

中国 R&D 资本存量与资本服务指数估算：1995—2013 ………………………………… 席　玮(65)

中国区域资源消耗与经济发展的解耦关系分析 ………………………………………… 谢清华(74)

北京市空气质量统计分析 ………………………………… 杨晓华　李园园　刘　琳　马汉楚(83)

存量—增量视角下财政政策收入分配效应分析

　　——基于空间动态面板模型的研究 …………………………………………… 肖　尧　吴晓忠(92)

对外贸易与经济增长的关系——基于欧盟 27 国的实证分析 …………………… 刘　冲　李　倩(103)

从贸易与投资结构看中—澳自贸区的共赢战略 ………………………………… 蔡晓芳　李　昕(112)

产业结构、城镇化演进的农村剩余劳动力转移吸纳效率分析

　　——基于非径向超效率 BCC 模型 …………………………………………………… 王春枝(124)

沪港股市波动和联动效应研究

　　——基于条件方差分析模型 …………………………………………………… 潘丽莉　胡永宏(134)

"十三五"时期北京市社会消费品零售总额的预测 …………………………………… 唐　军(144)

工业发展战略对城乡收入差距的影响

　　——基于广义空间面板模型的研究 …………………………………………… 许　芳　向书坚(152)

评论

国际贸易统计学科研究 ……………………………………………………………………… 贾怀勤(160)

China Economic Statistics Quarterly

No.4 2015

CONTENTS

Review

A Review of Research on SNA in China during the Past 30 Years ·················· Liu Dandan(1)

Progress in Research on Economic Effects of Government Debt ·················· Yin Decai(12)

Paper

Interpretation of the Impact of Multinational Enterprises on System of National Accounts
································ Xu Xiaojuan Liu Xuewei(21)

The Potential Effect of PPP to the Number of Anti-dumping Investigation to China
································ Du Lixin(29)

The Education Output Comparison in Chinese Provinces Based on an International Comparison Method ································ Wang Chunyun Yan Haiyang(39)

A Study on the Material Input-output Framework of MFA ·················· Ping Weiying(47)

Statistical Classification of Health Care Industry: Comparison of International Standards and its Enlightenments ································ Ai Weiqiang Wang Yong(56)

Measuring the Capital Stock and Capital Services Index of R&D in China: 1995—2013 ········· Xi Wei(65)

Analyzing on the Decoupling Relationship between Resource Consumption and Economic Growth of Regions in China ································ Xie Qinghua(74)

A Statistical Analysis of Beijing's Air Quality ········· Yang Xiaohua LiYuanyuan Liu Lin Ma Hanchu(83)

Income Distribution Effect of Fiscal Policy in Stock and Incremental Perspective:
Analysis Basing on Spatial Dynamic Panel Model ································ Xiao Yao Wu Xiaozhong(92)

The Relationship between Foreign Trade and Economic Growth
——An Empirical Analysis Based on the 27 Countries of the European Union
································ Liu Chong LiQian(103)

The China and Australia FTA is the Win-Win Strategy Based on the Bilateral Trade and Investment Structure ································ Cai Xiaofang Li Xin(112)

The Efficiency for Industrial Structure and Urbanization Evolution to Absorb the Rural Surplus Labor——Based on Non-radial SE-BCC Model ································ Wang Chunzhi(124)

Volatilty and Linkage Effects between Shanghai and HongKong Stock Markets Based on Conditional Variance Decomposition ································ Pan Lili Hu Yonghong(134)

An Estimate of Beijing's Social Retail Goods for the Period of the Thirteenth Five-year Plan
································ Tang Jun(144)

Development Strategy's Direct and Indirent Effects on Urban-rural Income Disparity
——Study Based on General Spatial Panel Model ································ Xu Fang Xiang Shujian(152)

Comment

On the Discipline of International Trade Statistics ································ Jia Huaiqin(160)

中国国民经济核算体系的发展及 SNA 相关研究回顾

刘丹丹

(东北财经大学统计学院 大连 116025)

摘 要：本文以 SNA 的演进和中国国民经济核算体系的变革为背景,回顾了中国的 SNA 相关研究,将其划分为三个阶段,即"批判地学习"SNA(1968)、SNA(1993)的引进与"中国化"、SNA(2008)的深入和扩展研究,分别阐述了每个阶段的研究背景、主要研究成果及其特点,并展望了未来的研究方向。

关键词：国民经济核算;SNA;综述

A Review of Research on SNA in China during the Past 30 Years

Liu Dan-dan

(*School of Statistics, Dongbei University of Finance & Economics, Dalian*, 116025)

Abstract：This paper reviewed research on SNA in China during the past 30 years, taking evolution of SNA and revolution of China's national accounting system as background. Three stages were identified: "critical study" of SNA(1968), introduction and "Chinization" of SNA(1993), profound and extended study of SNA(2008). The paper then described research context, major achievements and features of each stage, and looked forward to research direction in the future.

Key Words：National Accounting;SNA;Review

国民经济核算体系(System of National Accounts, SNA)自问世以来,逐渐成为国际通用的国民经济核算准则,其内容历经数次修订,目前的最新版本是 2009 年发布的 SNA(2008)。在此期间,中国对 SNA 的态度从排斥和否定,到批判地学习,再到认可和接受,最终确立了与国际接轨的、以 SNA 为基础的国民经济核算体系。1984 年,国务院发布《关于加强统计工作的决定》,明确提出要建立统一的、科学的国民经济核算制度[①],拉开了中国国民经济核算体系从物质产品平衡表体系(System of Material Product Balances, MPS)向 SNA 转变的序幕。本文回顾了近 30 年来国内的 SNA 相关研究成果,并展望了未来的研究方向,以期为 SNA 的关注者提供借鉴。

---

* 基金项目:国家社科基金青年项目(12CTJ005);辽宁省高校人文社科重点研究基地项目(ZJ2014046);辽宁省社会科学规划基金项目(L14BTJ003);东北财经大学校级科研项目(DUFE2015Y34)。

作者简介:刘丹丹,女,1980 年 11 月生,东北财经大学统计学院讲师,研究方向为国民经济核算、宏观经济统计分析。

① 张塞,"建立健全新国民经济核算体系为国民经济的持续稳定协调发展服务",《统计研究》,1992 年第 3 期,第 1-7 页。

一、背景：SNA的演进和中国国民经济核算体系的变革

在回顾中国SNA相关研究之前，有必要对其背景加以分析。

（一）背景一：SNA的演进

SNA(2008)在序言中指出，"SNA的发展应该是经济发展（如出现新的金融工具）、统计估计和测量技术进展、以及数据收集手段完善等综合作用的产物"，这句话亦可作为SNA近60年演进过程的注脚。

1953年，联合国统计委员会发布了题为《国民经济核算体系及其辅助表》的报告，这就是著名的SNA(1953)，它标志着SNA作为一个标准化国际国民经济核算体系的诞生[①]。SNA(1953)包括3个基本部门、6个标准账户，共有12张标准表，初步搭建了SNA的中心框架。

SNA(1953)问世后的十几年里，联合国统计委员会对其进行了多次修订，并于1968年正式发布了SNA(1968)[②]。SNA(1968)包括三类共20个账户，以及26张标准辅助表和补充表，在账户结构、矩阵结构、分类和不变价估计方面都有显著改进[③]。

1993年，由联合国等国际组织共同研制和编写的SNA(1993)对外发布。与SNA(1968)相比，SNA(1993)在基本概念、部门分类、核算内容、账户结构、与其他国际统计标准的协调性等方面都有重要发展，体系更加完整，功能更为齐全。SNA(1993)在序言中将其特点总结为"更新、澄清、简化和协调一致"[④]。

2003年末，联合国秘书处兼国民经济核算工作组(ISWGNA)正式启动SNA(1993)的修订工作，并于2009年12月发布了SNA(2008)的最终版本。SNA(2008)保留了SNA(1993)的基本原则和基本框架，同时更加注重SNA与其他国际核算标准的协调一致[⑤]。SNA(2008)在序言中将SNA此次修订之后的功能特点概括为三点：为国民经济核算提供了几乎全球普适的指导；承认需要灵活应用；增强了国民账户体系在统计体系中的中心地位[⑥]。

（二）背景二：中国国民经济核算体系的变革

中国国民经济核算体系建立以来，经历了三个发展阶段：MPS的引进和发展；由MPS向SNA的转换；SNA的确立和逐渐完善[⑦]。

1. MPS的引进和发展阶段（1984年之前）

新中国政府统计机构成立不久之后，学习和借鉴前苏联国民经济核算经验，开始在中国推行MPS，先后编制了社会产品生产、积累和消费平衡表，社会产品和国民收入生产、分配、再分配平衡表，劳动力资源和分配平衡表等MPS体系中的一系列重要表式[⑧]。"文革"期间，国民经济核算工作陷入瘫痪。"文革"结束之后，国民经济核算工作陆续恢复，仍沿用MPS作为基本核算模式[⑨]。编制了MPS的投入产出表，建立了综合财政统计，编制了综合能源平衡表、主要原材料平衡表和消费品平衡表。

2. 由MPS向SNA的转换阶段（1985-1992年）

适应改革开放以及经济体制向有计划的商品经济体制转换的需要，我国在继续实行MPS的同时，开始研究和开展SNA核算[⑩]。1985年，开始SNA体系的国内生产总值核算；1987年，开始编制SNA体系的投入产出表；1992年，开始编制SNA体

[①] 刘鹏凤,李晓澜,"浅谈国民经济核算体系的产生与发展",《冶金财会》,2000年第6期,第20-21页。

[②] 国民经济核算司1993年SNA修订问题研究小组,"1993年SNA的修订问题综述",《统计研究》,2006年第3期,第3-11页。

[③] 杨仲山,"SNA的历史：历次版本和修订过程",《统计研究》,2008年第12期,第111-117页。

[④] 高敏雪,"SNA-08的新面貌以及延伸讨论",《统计研究》,2013年第5期,第8-16页。

[⑤] 杨仲山,"SNA的历史：历次版本和修订过程",《财经问题研究》,第2008年第12期,第111-117页。

[⑥] 联合国等,"国民账户体系2008",北京：中国统计出版社,2012年,第51-54页。

[⑦] 李强,"中国国民经济核算体系的建立、变化和完善",《中国统计》,2002年第12期,第7-9页。

[⑧] 统计科学研究所,"探索与创新——新中国统计科研50年",《统计研究》,2002年第7期,第7-8页。

[⑨] 朱启贵,"中国国民经济核算体系改革发展三十年回顾与展望",《商业经济与管理》,2009年第1期,第5-13页。

[⑩] 朱启贵,"国民经济核算在中国",《统计研究》,2002年第7期,第12-15页。

系的资金流量表①。国家统计局从1984年开始着手建立新的国民经济核算体系,经过反复研究和多次试点,于1992年设计出了《中国国民经济核算体系(试行方案)》②。该体系是一个MPS与SNA的混合体系,它采纳了SNA的基本核算原则、核算方法和核算框架,又保留了MPS体系的部分内容③。《中国国民经济核算体系(试行方案)》是我国第一部比较完整的核算体系,在我国国民经济核算历史上具有重要的里程碑作用,但不可否认的是,它是一个具有很大局限性的过渡时期的体系④。

3. SNA的确立和逐渐完善阶段(1993年至今)

1993年,我国停止了MPS的国民收入核算,以国内生产总值作为国民经济核算的核心指标,标志着以SNA为基础的中国国民经济核算体系的确立⑤。从1999年开始,国家统计局根据SNA(1993)对《中国国民经济核算体系(试行方案)》进行全面修订,制定了《中国国民经济核算体系(2002)》⑥。《中国国民经济核算体系(2002)》的颁布被称为"中国国民经济核算体系建设的新里程碑",它取消了所有与MPS相对应的核算内容,从内容到结构有许多新的变化,主要包括基本框架的修订、账户和核算表名称的修订、机构部门账户的修订、附属表的修订、主要统计指标的修订、统计分类的修订等。

SNA(2008)发布之后,国家统计局开始对国民经济核算体系进行长达数年的修订,目前已初步形成新版核算体系(暂定名为《中国国民经济核算体系(2015)》),并拟于2015年年底之前正式发布。新版核算体系将依据SNA(2008)对基本概念、基本分类、基本方法进行全面修订,重点内容包括:将研究与开发支出计入GDP;引入经济所有权概念,将土地承包经营权流转收入计入财产收入;引入雇员股票期权概念,将其计入劳动者报酬;引入调整后已生索赔概念,修订非寿险服务计算方法;引入实物社会转移概念,开展实际最终消费核算;引入市场租金法,修订居民自有住房服务价值⑦。

二、中国SNA相关研究的三个阶段

20世纪80年代初期,我国先后翻译出版了《国民经济核算体系(1968)》、《国民经济核算体系与国民经济平衡表体系的比较》等文献,对中国国民经济核算研究起到了启蒙作用,但真正开始系统研究SNA是在1984年之后⑧。随着国际上SNA修订工作的持续进行,SNA(1993)和SNA(2008)的相继发布,研究者的关注焦点、研究视角、研究方法也在不断变化,我们据此将中国SNA相关研究划分为三个阶段:"批判地学习"SNA(1968);SNA(1993)的引进与"中国化";SNA(2008)的深入和扩展研究。

(一)第一阶段(1984-1992年):"批判地学习"SNA(1968)

1984年,根据国务院《关于加强统计工作的决定》,国家统计局启动统计调查方法、第三产业统计、国民⑨生产总值等统计制度的改革,编制国民经济投入产出表,开展国民经济核算体系的理论方法系统研究,中国国民经济核算体系步入改革期⑩。统计工作者们开始对MPS进行反思,逐渐抛弃对SNA的偏见,认识到SNA在内容和形式等方面的优点,探讨如何取其所长,为我所用。

在1986年召开的第一次国民经济核算理论与方法论讨论会上,代表们围绕我国国民经济核算体系的完善与改革这一中心内容,从理论、方法论和

---

① 许宪春,"我国国民经济核算的回顾与展望",《统计研究》,2002年第9期,第20-27页。
② 朱启贵,"国民经济核算在中国",《统计研究》,2002年第7期,第12-15页。
③ 王勇、蒋萍,"《统计研究》与中国国民经济核算",《统计研究》,2014年第9期,第20-27页。
④ 许宪春,"关于修订《中国国民经济核算体系(试行方案)》的一些思考",《统计研究》,2000年第1期,第56-58页。
⑤ 罗建章,"关于我国国内生产总值局限性的思考",《云南财贸学院学报:社会科学版》,2004年第3期,第81-83页。
⑥ 陈汉琪,"我国国民核算模式及发展历程评析",《商业经济研究》,2009年第10期,第8-9页。
⑦ 许宪春,"关于我国国民经济核算体系的修订",《全球化》,2014年第1期,第14-20页。
⑧ 曾五一、许永洪,"中国国民经济核算研究30年回顾",《统计研究》,2010年第1期,第35-41页。
⑨ 黄朗辉,"中国统计改革30年",《经济研究参考》2008年第51期,第41-50页。
⑩ 朱启贵,"国民经济核算在中国",《统计研究》,2002年第7期,第12-15页。

总体方案等几方面进行了讨论。针对应该采用何种核算体系,与会代表提出了五种不同模式,分别是:继续坚持MPS、采用新MPS、采用新SNA、建立有中国特色的国民经济核算体系、采用社会和人口统计体系SDDS。大多数代表赞成第四种模式,即将MPS与SNA相结合建立有中国特色的国民经济核算体系,扩大核算范围,将服务部门包括进来,采用新SNA的五大账户体系,吸收新MPS中的劳动平衡表等,并采用复式记账法。

1987年召开的第二次国民经济核算理论与方法论讨论会上,代表们就如何进行生产劳动与非生产劳动、物质生产部门与非物质生产部门的划分及同质性计算问题展开了讨论。尤其是在生产范围的界定上,提出要承认非物质性劳务的生产性,并由此引出了三派观点:中派(主张生产劳动包括生产物质产品的劳动和经营性服务)、宽派(主张全部产业的劳动都是生产性的)、中宽派(将生产劳动的范围限定于第三产业的第三层次)。

这两次会议的召开营造了百家争鸣的学术氛围,为中国国民经济核算体系的改革奠定了理论基础,在当时的历史环境下具有重要意义。各种思想交锋的过程也是一个思想解放、理论创新的过程,学者们不仅在生产范围等重大问题上达成了共识,也逐渐了解和认可了SNA。

在这一时期,较早接触SNA的学者们开始致力于介绍和解读SNA(1968),以澄清那种认为SNA是以资产阶级经济理论为基础的体系,只适用于资本主义市场经济的误解。邱东(1985)通过图解和文字结合的方式剖析了SNA(1968)中五大核算是如何结合成一个内容完整、结构统一的核算体系。毛邦基(1986)从SNA的起源、概念、理论基础、分类、五大核算体系和核算方法几个方面对SNA进行了全面介绍①。邱东(1986)分析了SNA(1968)在核算内容、核算结构、分类体系、核算形式、宏微观协调性等方面的优点,指出那种笼统地讲SNA是以资产阶级经济理论为基础的体系的做法是片面的、错误的,要实事求是地评价SNA,结合我国实际情况有选择地借鉴。赵彦云(1987)介绍了1975年以来SNA相关研究的国际动态,包括SNA的结构和部门分类、价格和数量的比较、政府部门账户、居民部门账户和收入分配统计、投入产出表的编制等。李晓超(1990)对1986年以来联合国SNA专家组提出的SNA修订建议进行了综述,包括修订原则、账户设置、经济活动范围、收入和财富的概念、部门分类等②。

还有一些学者针对MPS与SNA两大核算体系之间的差异及调整方法进行了研究,如张启江(1987)分析了SNA与MPS在生产核算原则、交易原则、虚拟原则、产业原则等方面的差异,并根据北京市1985年投入产出表的编制经验阐述了投入产出模型中二者的主要差异及处理方法。李文溥(1987)对MPS与SNA国民经济综合指标的换算对比方法进行了探讨,如MPS的国民收入与SNA的国民生产总值进行比较时如何统一口径、在对比产值指标时是否应该对批零差价率的不同进行调整、汇率与价比指数何者更能确切反映两国价格水平的差异等。王小强、周俊杰(1990)介绍了1958年以来关于SNA与MPS两大核算体系比较研究的国际进展③。

第一阶段的研究以理论研究为主,研究内容主要集中在"SNA是什么"和"要不要采用SNA"两方面。这一阶段的研究具有鲜明的时代特点,尤其是在初期,许多学者在介绍和评价SNA的时候,都要强调它的"出身",即SNA产生于资本主义世界,其理论框架是凯恩斯的"收入决定论",其建立初衷是为资本主义经济秩序服务。尽管如此,作为研究SNA的先行者,能够较为客观地认识和评价SNA,对SNA之于MPS的优势给予肯定,对于推动相关研究的发展起到了非常重要的作用。如李文溥(1987)指出,"从设置国民经济综合指标的目的在

---

① 毛邦基,"国民经济核算体系(SNA)",《统计研究》,1986年第3期,第33-42页。
② 李晓超,"SNA修订情况综述",《统计研究》1990年第3期,第73-77页。
③ 王小强,周俊杰,"两大国民经济核算体系的比较研究",《统计研究》,1990年第2期,第70-72页。

于计量一国经济活动总量的角度来说，SNA 的国民生产总值比 MPS 的国民收入更合适些"。

（二）第二阶段（1993-2008 年）：SNA（1993）的引进与"中国化"

1993 年 2 月，联合国统计委员会正式发布 SNA（1993）。SNA（1993）是"一部适用于全球所有国家的新的国民经济核算体系"，它的发布对于促成世界上国民经济核算体系向一体化发展、加强核算体系和经济统计的国际可比性具有重要意义[①]。因此，联合国经济和社会理事会建议联合国成员国将 SNA（1993）作为编制本国国民经济核算统计的国际标准，同时将其作为国际报告的国际标准[②]。从 1993 年起，以取消 MPS 的国民收入核算为标志，中国国民经济核算从 MPS 体系和 SNA 体系并存阶段正式进入 SNA 体系的发展阶段[③]。

1996 年，中国国民经济核算研究会第一次学术研讨会召开，与会专家、学者就 SNA（1993）的新发展，中国国民经济核算体系改革的目标模式、步骤、重点以及国民经济核算体系的理论基础等重大问题展开了讨论[④]。会议确定了中国国民经济核算体系改革的目标模式，即以 SNA（1993）为蓝本，结合我国实际情况，对《中国国民经济核算体系（试行方案）》进行全面修订和补充，使之成为适应我国建立社会主义市场经济体制需要并与国际标准接轨的国民经济核算体系。

这一阶段，学者们已经不再纠结 SNA"姓社姓资"的问题，也不再以"局外人"身份看待 SNA，而是充分肯定 SNA 的价值，承认 SNA 是国际通用的国民经济核算体系，能够全面、客观地反映市场经济条件下的国民经济活动全貌，反映不同类型市场主体的经济地位及其相互联系和相互作用[⑤]。在这一阶段，学者们开始在 SNA 框架下探讨问题，积极投入对 SNA（1993）核算理论和实施方法的研究。

杨仲山（1998）从制度的角度分析了 SNA 供给与 SNA 需求的主体和目标，对我国进行 SNA 体系改革的制度性安排提出了建议。杨仲山（2001）从 SNA 构建的理论基础出发，分析了政府干预和市场机制如何共同作用于 SNA，指出 SNA 实质是政府干预思想和市场自由思想的共同结晶，并进一步分析了这对国民经济核算研究的意义[⑥]。邱东、徐强（2004）从全球公共品的视角审视了 SNA，分析了 SNA 作为全球公共品的特征、作用、供给与需求，并就中国如何与 SNA 的动态保持一致，更全面地从 SNA 中受益提出了建议。蒋萍（2007）介绍了联合国国民经济核算工作组为评价各国对 SNA（1993）执行情况而制定的两套方法——六阶段评估法和范围、概念、质量评估法，以及联合国统计委员会用这两套方法对各国执行 SNA（1993）情况进行评估的结果，并分析了影响 SNA（1993）采用情况的因素[⑦]。杨仲山、何强（2008）将相关议题分为与金融资产核算相关的议题、与非金融资产核算相关的议题和其他议题 3 类，探讨了近年来 SNA（1993）的修订内容，进而分析了 SNA（1993）的修订可能对中国官方核算带来的影响及启示[⑧]。

作为中国国民经济核算理论和实践研究的重镇，国家统计局在核算体系实施及参与国际核算研究中，也形成了自己的研究团队，产生了大批有份量的研究成果[⑨]。与高校和科研机构相比，国家统计局的研究更侧重 SNA 的"中国化"，即如何有选择地吸纳和采用 SNA，制定符合中国国情的国民经济核算体系，并随着 SNA 的修订及时做出调整。龙

---

① 龙华、王朝科，"SNA 的新发展与中国国民经济核算体系的改革"，《统计研究》，1997 年第 2 期，第 21-27 页。
② 邱东、徐强，"全球公共品视角下的 SNA"，《统计研究》，2004 第 10 期，第 3-12 页。
③ 蒋萍，"国民经济核算与政府统计改革"，《统计研究》，2002 第 8 期，第 28-31 页。
④ 龙华、王朝科，"SNA 的新发展与中国国民经济核算体系的改革"，《统计研究》，1997 年第 2 期，第 21-27 页。
⑤ 何琳、徐振中，"我国国民经济核算体系的历史回顾与思考"，《生产力研究》，2000 第 5 期，第 18-19 页。
⑥ 杨仲山，"市场与政府之间的国民经济核算体系（SNA）"，《统计研究》，2001 年第 4 期，第 9-16 页。
⑦ 蒋萍，"SNA（1993）贯彻执行情况的评估"，《统计研究》，2007 年第 1 期，第 70-74 页。
⑧ 刘伟，"2008SNA 对非金融资产的修订及影响分析"，《统计研究》，2010 第 11 期，第 72-76 页。
⑨ 肖红叶，"中国经济统计学科建设 30 年回顾与评论——基于三大事件框架的研究"，《统计研究》2010 第 1 期，第 15-25 页。

华、许宪春(1993)根据联合国统计委员会第27届会议的修订草案,对SNA(1993)的基本结构及修订的主要内容进行了介绍,包括SNA中心框架的五个组成部分,以及账户结构、某些概念、定义、术语、分类、处理原则和处理方法等方面的具体修订内容①。许宪春(1994)对《中国国民经济核算体系(试行方案)》与SNA(1993)在基本概念和术语、基本分类、基本核算内容及基本账户结构四个方面的区别做了详细阐述②。1996年,中国国民经济核算研究会第一次学术研讨会召开,探讨了SNA(1993)的新发展及中国国民经济核算体系的改革,龙华、王朝科(1997)对会议的主要内容进行了综述③。许宪春(2001)以澳大利亚和加拿大为例,介绍了发达市场经济国家实施SNA(1993)的经验④。国家统计局国民经济核算司成立了1993年SNA修订问题研究小组,对SNA(1993)修订工作的具体内容和进展情况进行了详细介绍,并针对矿藏勘探问题、雇员股票期权的核算、无形资产的处理、土地及土地改良的处理方法、高通货膨胀条件下利息的核算、呆坏账核算六大专题撰写了系列文章,刊载于《统计研究》2006年第3期至第9期⑤。吴优(2008)对研究小组的研究成果进行了全面总结。

与第一阶段侧重理论研究相比,第二阶段的研究内容显然更为丰富,研究成果的数量也明显增加。研究者们有机会更多地参与国际交流,及时把握最新研究动态,能够以更加开放的思想和科学的态度来审视SNA,探讨如何将SNA与中国国民经济核算体系改革相结合。沿用多年的"中国特色的国民经济核算体系"这一提法逐渐被研究者摒弃,因为中国的国民经济核算体系在许多基本方面与国际标准是一致的,不是独立于SNA的另一种体系,"中国特色"反而会让人质疑其规范性和可比性⑥。

(三)第三阶段(2009年至今):SNA(2008)的深入和扩展研究

经过长达6年的修订工作之后,SNA(2008)的最终版本于2009年12月在联合国网站发布⑦。联合国统计委员会第四十次会议一致同意将SNA(2008)作为国民经济核算的国际统计标准,并鼓励所有国家都尽可能按照SNA(2008)来编制和报告其国民经济账户。目前,部分国家已经开始实施或正在制定本国执行的计划。2013年7月,美国依据SNA(2008)重新修订了GDP数据⑧。

与此同时,随着社会主义市场经济的发展,中国也出现了许多新的情况,如房地产市场快速发展,研究与开发在经济发展中的作用越来越重要,等等。《中国国民经济核算体系(2002)》颁布实施已有一段时间,其中滞后于国际标准、滞后于政府和公众需求的地方日趋明显。为了适应新体制、新情况下的新需求,也为了使核算原则、核算方法、核算指标、核算数据具有国际可比性,国家统计局依据SNA(2008)对《中国国民经济核算体系(2002)》的基本概念、基本分类、基本方法进行了全面修订,目的是形成一个新的版本,即《中国国民经济核算体系(2014)》。

为此,国家统计局制定了修订《中国国民经济核算体系(2002)》的初步计划和初步框架。国家统计局国民经济核算司成立了"SNA的修订与中国国民经济核算体系改革"课题组,系统梳理了SNA(2008)相对于SNA(1993)的主要变化,包括基本概念、基本分类、基本核算方法、基本统计指标等,分析了SNA修订对中国国民经济核算体系改革的启示,对中国国民经济核算体系的修订提出了有针对

---

① 龙华、王朝科,"SNA的新发展与中国国民经济核算体系的改革",《统计研究》,1997年第2期,第21-27页。
② 许宪春,"中国新国民经济核算体系与1993年SNA的若干区别",《统计研究》,1994第5期,第18-24页。
③ 龙华、王朝科,"SNA的新发展与中国国民经济核算体系的改革",《统计研究》,1997年第2期,第21-27页。
④ 许宪春,"发达的市场经济国家是如何实施1993年SNA的",《统计研究》,2001年第10期,第3-10页。
⑤ 国民经济核算司,"1993年SNA修订问题研究综述",《统计研究》,2006年第3期,第3-12页。
⑥ 龙华、王朝科,"SNA的新发展与中国国民经济核算体系的改革",《统计研究》,1997年第2期,第21-27页。
⑦ 刘伟,"2008SNA对非金融资产的修订及影响分析",《统计研究》,2010年第11期,第72-76页。
⑧ 庞冬梅,"我国将采用新国民经济核算体系GDP总量可能有所增加",金融时报,2013年11月19日。

性的建议①。课题组针对GDP核算、非寿险服务产出测算方法、供给使用核算、雇员股票期权核算方法、社会保险核算、生产资产的修订、政府发放许可收费的处理、中央银行产出计算方法、资本服务的测算等专题撰写了系列文章，发表于《统计研究》2012年和2013年各期。

与国家统计局注重SNA的应用相比，学术界对SNA(2008)的研究视角更加多样化。许涤龙、周光洪(2009)介绍了SNA(1993)修订版对回购协议、雇主养老金计划等金融工具核算方法的修订，并总结了金融工具核算方法修订的总体特点②。刘伟(2010)详细介绍了SNA(2008)中非金融资产边界的延伸和细化，并分析了这种变化对国民经济核算中资产规模和资产结构产生的影响③。陈梦根(2012)总结了SNA(2008)相对于SNA(1993)的关键变化，分析了这些修订对中国核算体系的影响，以及如何将研究、开发、实施SNA(2008)纳入国家统计发展战略。魏和清(2012)总结了SNA(2008)中R&D核算的变革，分析了R&D资本化对GDP等宏观经济指标的影响，剖析了R&D资本化面临的一些技术问题，对如何进行R&D产出核算、R&D价格指数的编制及R&D资本存量的估算进行了理论探讨④。蒋萍等(2013)在总结国民经济核算研究现状的基础上，归纳了国际上SNA相关研究的动向与前沿问题，分析了中心框架、卫星账户与扩展研究存在的必要性与特点，指出在中国国民经济核算体系修订过程中，既要考虑中心框架的修订，也要考虑卫星账户及相关经济与社会发展问题的测度。高敏雪(2013)从三个角度探讨了SNA的发展过程：(1)SNA中心框架如何演变成为一套成熟的、具有普适意义的分析工具；(2)为适应不同环境和不同需求，SNA在提高灵活性应用方面有怎样的进展；(3)SNA如何在与其他统计体系之间的互动中奠定了自己的中心地位，并总结和展望了SNA(2008)对国民经济核算理论方法及其应用的贡献⑤。

SNA(2008)发布之时，《中国国民经济核算体系(2002)》正待修订，因此，SNA(2008)一发布就立即成为统计界关注的焦点，尤其是它对中国国民经济核算的影响。与前两个阶段相比，第三阶段研究的广度和深度都明显提升。从广度来看，SNA(2008)最主要的贡献是"中心框架的灵活应用"，因此研究者除了关注SNA中心框架，也把更多注意力投向卫星账户等扩展应用，如住户卫星账户、卫生卫星账户等。从深度来看，除了对SNA的整体研究，更加关注具体领域、具体问题的研究，如针对金融工具核算方法、研究和开发支出资本化等问题的研究。

三、总结与展望

刚刚过去的30年，对于中国国民经济核算体系而言，是SNA引进、确立和发展的30年，对于中国的SNA相关研究而言，是不断解放思想、更新观念的30年。当然，与许多国家相比，我们接触SNA较晚，接受SNA的过程也比较漫长，目前我们在制定国际标准方面的参与度仍然较低，在核算方法等方面的创新也不足，这是中国SNA相关研究不可回避的现状。

诚如SNA(2008)序言所说，"SNA(2008)的新面貌在于，将近年来越来越重要的一些经济特征引入核算之中，对那些日益成为分析焦点的各种观点做详细阐述，澄清这一系列主题在国民经济核算中的处理方法"⑥。进入21世纪以来，世界经济的全球化加剧，以信息技术为标志的"新经济"和以研发、创意、知识产权为标志的"创新经济"不断涌现，"大数据时代"悄然来临，这些都对SNA提出了新的

---

① "SNA的修订与中国国民经济核算体系改革"课题组，"SNA的修订及对中国国民经济核算体系改革的启示[J]"，《统计研究》，2012年第6期，第3-9页。

② 许涤龙，"SNA关于金融工具核算方法的修订"，《统计研究》，2009年第9期，第39-47页。

③ 刘伟，"2008SNA对非金融资产的修订及影响分析"，《统计研究》，2010第11期，第72-76页。

④ 魏和清，"SNA2008关于R&D核算变革带来的影响及面临的问题"，《统计研究》，2012年第11期，第21-25页。

⑤ 高敏雪，"SNA-08的新面貌以及延伸讨论"，《统计研究》，2013年第5期，第8-16页。

⑥ 联合国等，"国民账户体系2008"，北京：中国统计出版社，2012年，第51-54页。

挑战。为了适应这些变化，SNA必将持续进行更新，我们对SNA的学习、思考和发展也不会停止。

SNA(2008)的内容实际上由两部分构成：第1~17章主要阐述中心框架的基本内容，包括核算规则、核算账户、核算表等，第18~29章属于中心框架的灵活应用，在进一步阐述账户各个方面的基础上提出了一些可能的扩展。未来的SNA相关研究也仍将集中在这两方面。

（一）中心框架的演进和完善。 从SNA(1993)到SNA(2008)，中心框架的基本功能、定义和结构组成没有显著变化，但这并不意味着中心框架的修订可以一劳永逸。SNA(2008)附录4"研究议程"列出了此次修订过程中已经发现、但由于时间关系留待以后探讨的议题，包括基本核算规则、收入的概念、与金融工具有关的议题、与非金融资产有关的议题4类，这些都是近期值得关注的领域。例如，研究与开发日益成为推动经济增长的重要动力，不仅产生当期收益，还会在将来产生预期收益，因此SNA(2008)明确将研究和开发支出作为固定资本形成而非消费来处理。国家统计局已据此开展了将研究与开发支出计入GDP的核算方法研究和数据试算工作，但是类似项目如数据库、娱乐、文学和艺术品原件、其他知识产权产品等，目前还未能作为固定资本形成来核算，其核算方法仍有待完善①。

（二）卫星账户的开发和应用。 与SNA(1993)相比，SNA(2008)更强调中心框架的灵活应用，而中心框架的灵活应用具体体现在两方面，一种做法是引入"补充"项目与"补充"表，另一种做法是"利用卫星账户来扩展相关国民经济核算账户，同时又不影响用于经济决策之中心框架的可比性"。SNA(2008)在第29章"卫星账户和其他扩展"中详细阐述了与卫星账户有关的内容，目前较为成熟的卫星账户有旅游卫星账户、环境卫星账户、卫生卫星账户，还有一些卫星账户已经开发出来或正在开发中，但还未出台相关国际指南，如住户卫星账户、跨国生产率调查卫星账户、水和森林账户、农产品卫星账户等。中国目前只编制过旅游卫星账户，其他卫星账户仅限于理论研究，研究成果也比较零散，

不成体系，卫星账户的开发及分析应用存在广阔的研究空间。以卫生卫星账户为例，SNA(2008)已经明确了卫生卫星账户产出核算的性质，并将其纳入附属核算框架，而中国尚未建立医疗卫生产出核算体系，现有医疗卫生统计的分类体系和统计指标不能满足卫生卫星账户编制的需求，因此，积极开展构建卫生卫星账户的研究与实践工作，对于实现医疗卫生产业的全口径统计具有重要意义。

参考文献

[1] 艾伟强，"卫生卫星账户：ISIC口径下医疗卫生服务统计扩展的有效途径"，《统计研究》，2013年第12期，第24-30页。

[2] 陈梦根，"2008SNA实施与国家统计发展战略"，《统计研究》，2012第3期，第14-21页。

[3] 陈梦根，"国家统计发展战略与统计能力建设"《统计研究》，2008年第4期，第7-15页。

[4] 陈汉琪，"我国国民核算模式及发展历程评析"，《商业经济研究》，2009年第10期，第8-9页。

[5] 陈锡康，"投入占用产出分析"，《中国系统工程学会第七届年会论文集》，1992年，第462-468页。

[6] 戴亦一，"建立适应可持续发展战略需要的国民核算新模式——关于国民大核算体系的理论思考"，《统计研究》，2000年第7期，第20-25页。

[7] 高敏雪，"SNA-08的新面貌以及延伸讨论"，《统计研究》，2013年第5期，第8-16页。

[8] 耿建新、张宏亮，"我国绿色国民经济核算体系的框架及其评价"，《城市发展研究》，2006年第7期，第25-27页。

[9] 关铁军，"完善我国资产负债核算之我见"，《统计研究》，1997年第8期，第19-23页。

[10] 国民经济核算司1993年SNA修订问题研究小组，"1993年SNA修订问题研究综述"，《统计研究》，2006年第3期，第3-12页。

[11] 何琳、徐振中，"我国国民经济核算体系的历史回顾与思考"，《生产力研究》，2000第5期，第18-19页。

[12] 黄朗辉，"中国统计改革30年"，《经济研究参考》，2008

---

① 许宪春，"关于我国国民经济核算体系的修订"，《全球化》，2014年第1期，第14-20页。

年第 51 期,第 41-50 页。

[13] 蒋萍、刘丹丹、王勇,"SNA 研究的最新进展:中心框架、卫星账户和扩展研究",《统计研究》,2013 年第 3 期,第 3-9 页。

[14] 蒋萍,"SNA(1993)贯彻执行情况的评估",《统计研究》,2007 年第 1 期,第 70-74 页。

[15] 蒋萍,"非市场服务生产、非市场服务交易与非市场服务产出",《统计研究》,2003 年第 8 期,第 31-38 页。

[16] 蒋萍,"国民经济核算与政府统计改革",《统计研究》,2002 第 8 期,第 28-31 页。

[17] 蒋萍,"也谈非正规就业",《统计研究》,2005 年第 6 期,第 34-38 页。

[18] 雷明,"资源-经济投入产出核算——表式设计·模型构建·应用分析",《经济科学》,1996 年第 2 期,第 19-22 页。

[19] 李宝瑜,"论我国国民经济核算体系的总体结构——兼论资金流量表的标准表式",《统计研究》,1989 年第 8 期,第 23-27 页。

[20] 李拉亚,"投入产出表的拓展及其在国民经济核算体系中的应用",《数量经济技术经济研究》,1987 年第 10 期,第 54-57 页。

[21] 李强,"中国国民经济核算体系的建立,变化和完善",《中国统计》,2002 年第 12 期,第 7-9 页。

[22] 李晓超,"SNA 修订情况综述",《统计研究》1990 年第 3 期,第 73-77 页。

[23] 联合国等,《国民经济核算体系(1993)》北京:中国统计出版社,1995 年。

[24] 联合国等,《国民账户体系(2008)》北京:中国统计出版社,2012 年。

[25] 廖明球、马晓东,"二阶段投入产出分析及应用研究",《统计研究》,2009 第 2 期,第 96-100 页。

[26] 廖明球,"对实施新国民经济核算体系的几点看法"。《中国统计》,1995 年第 5 期,第 33-36 页。

[27] 廖明球,"国民经济核算中绿色 GDP 测算探讨"《统计研究》,2000 年第 6 期,第 19-23 页。

[28] 刘洪、程庆生,"非正规经济的国际比较及对我国的借鉴",《统计研究》,2004 年第 7 期,第 31-35 页。

[29] 刘伟,"2008SNA 对非金融资产的修订及影响分析",《统计研究》,2010 第 11 期,第 72-76 页。

[30] 刘长新,"再论国民经济平衡表",《统计研究》,1984 年第 4 期,第 16-18 页。

[31] 刘鹏凤,李晓澜,"浅谈国民经济核算体系的产生与发展",《冶金财会》,2000 年第 6 期,第 20-21 页。

[32] 龙华、王朝科,"SNA 的新发展与中国国民经济核算体系的改革",《统计研究》,1997 年第 2 期,第 21-27 页。

[33] 罗良清,"教育产出核算的若干问题研究",《当代财经》,2003 年第 6 期,第 28-32 页。

[34] 罗建章,"关于我国国内生产总值局限性的思考",《云南财贸学院学报:社会科学版》。2004 年第 3 期,第 81-83 页。

[35] 毛邦基,"国民经济核算体系(SNA)",《统计研究》,1986 年第 3 期,第 33-42 页。

[36] 毛邦基,"建立投入产出统计初探",《统计研究》,1984 第 8 期,第 24-29 页。

[37] 毛邦基,"建立我国社会资金流量核算",《统计研究》,1987 年第 1 期,第 27-30 页。

[38] 闵庆全、许宪春,"1993 年 SNA 的发展与中国新国民经济核算体系的进一步改革",《财经问题研究》,1997 年第 7 期,第 60-64 页。

[39] 牛玉峰,黄立丰,"近三十年来中共八大研究的回顾与思考",《历史学研究》,2006 年第 12 期。

[40] 庞冬梅,"我国将采用新国民经济核算体系 GDP 总量可能有所增加",金融时报,2013 年 11 月 19 日

[41] 钱伯海,"中国化国民经济核算体系的研究",《厦门大学学报》,1987 第 5 期,第 24-26 页。

[42] 邱东、徐强,"全球公共品视角下的 SNA",《统计研究》,2004 年 10 期,第 3-12 页。

[43] 邱东,"对联合国新 SNA 的认识、评价和借鉴",《统计研究》,1986 年第 10 期,第 25-27 页。

[44] "SNA 的修订与中国国民经济核算体系改革"课题组,"SNA 的修订及对中国国民经济核算体系改革的启示",《统计研究》,2012 年第 6 期,第 3-9 页。

[45] "SNA 的修订与中国国民经济核算体系改革"课题组,"SNA 的修订与中国国民经济核算体系改革",《统计研究》,2012 年第 10 期,第 3-5 页。

[46] "SNA 的修订与中国国民经济核算体系改革"课题组,"SNA 的修订与中国国民经济核算体系改革",《统计研究》,2013 年第 12 期,第 10-23 页。

[47] "SNA 的修订与中国国民经济核算体系改革"课题组,"SNA 关于非寿险服务产出测算方法的修订及中国有关核算的改革研究",《统计研究》,2013 年第 2 期,第 3-6 页。

[48] "SNA 的修订与中国国民经济核算体系改革"课题组，"SNA 关于供给使用核算的修订与中国投入产出核算方法的改革研究"，《统计研究》，2013 年第 11 期，第 7-10 页。

[49] "SNA 的修订与中国国民经济核算体系改革"课题组，"SNA 关于雇员股票期权核算方法的研究及其对中国国民经济核算的影响"，《统计研究》，2013 年第 7 期，第 78-81 页。

[50] "SNA 的修订与中国国民经济核算体系改革"课题组，"SNA 关于社会保险核算的处理及中国有关核算的改革研究"，《统计研究》，2013 年第 4 期，第 3-8 页。

[51] "SNA 的修订与中国国民经济核算体系改革"课题组，"SNA 关于生产资产的修订及对中国国民经济核算的影响研究"，《统计研究》，2012 年第 12 期，第 39-44 页。

[52] "SNA 的修订与中国国民经济核算体系改革"课题组，"SNA 关于政府发放许可收费的处理及中国税费核算的梳理"，《统计研究》，2012 年第 1 期，第 17-22 页。

[53] "SNA 的修订与中国国民经济核算体系改革"课题组，"SNA 关于中央银行产出计算方法的修订与中国相应计算方法的改革研究"，《统计研究》，2013 年第 10 期，第 3-7 页。

[54] "SNA 的修订与中国国民经济核算体系改革"课题组，"SNA 关于资本服务的测算及对国民账户的影响"，《统计研究》，2013 年第 5 期，第 3-7 页。

[55] 覃道爱，"我国资金流量核算面临的主要问题"，《统计与预测》，1995 年第 10 期，第 9-13 页。

[56] 宋旭光，"物联网技术对国民经济核算发展的影响"，《统计研究》，2014 年第 10 期，第 3-8 页。

[57] 统计科学研究所，"探索与创新——新中国统计科研 50 年"，《统计研究》，2002 年第 7 期，第 7-8 页。

[58] 王勇、蒋萍，"《统计研究》与中国国民经济核算"，《统计研究》，2014 年第 9 期，第 20-27 页。

[59] 王小强，周俊杰，"两大国民经济核算体系的比较研究"，《统计研究》，1990 年第 2 期，第 70-72 页。

[60] 魏和清，"SNA2008 关于 R_D 核算变革带来的影响及面临的问题"，《统计研究》，2012 年第 11 期，第 21-25 页。

[61] 吴洞生、吴汉洪，"新 SNA 与中国国民经济核算体系的未来发展"，《中国人民大学学报》，1998 年第 5 期，第 2-16 页。

[62] 肖红叶，"中国经济统计学科建设 30 年回顾与评论——基于三大事件框架的研究"，《统计研究》2010 第 1 期，第 15-25 页。

[63] 向书坚，"资产负债核算中持有资产收益的测算"，《统计研究》，1996 年第 6 期，第 24-27 页。

[64] 徐蔼婷、李金昌，"非正规部门生产规模的估算：劳动力投入分析法"，《经济学家》，2008 年第 12 期，第 16-21 页。

[65] 徐强，"季度 GDP 与年度 GDP 衔接方法研究"，《统计研究》，2003 第 3 期，第 19-23 页。

[66] 许涤龙，"SNA 关于金融工具核算方法的修订"，《统计研究》，2009 年第 9 期，第 39-47 页。

[67] 许宪春，"中国国民经济核算体系的修订与经济发展方式转变和民生改善"，《新金融评论》，2015 年第 1 期，80-95 页。

[68] 许宪春，"近几年我国 GDP 核算改革的回顾和进一步改革的若干思考"，《统计研究》，2006 第 1 期，第 16-21 页。

[69] 许宪春，"关于我国国民经济核算体系的修订"，《全球化》，2014 年第 1 期，第 14-20 页。

[70] 许宪春，"我国国民经济核算的回顾与展望"，《统计研究》，2002 年第 9 期，第 20-27 页。

[71] 许宪春，"关于修订《中国国民经济核算体系（试行方案）》的一些思考"，《统计研究》，2000 年第 1 期，第 56-58 页。

[72] 许宪春，"中国国民经济核算体系改革和发展的理论基础"，《统计研究》，1999 第 9 期，第 23-27 页。

[73] 许宪春，"中国投入产出核算与联合国 1993 年 SNA 投入产出核算的比较"，《统计研究》，1998 第 1 期，第 34-39 页。

[74] 许宪春，"中国新国民经济核算体系与 1993 年 SNA 的若干区别"，《统计研究》，1994 年第 5 期，第 18-24 页。

[75] 杨灿，"中国国民经济核算体系的改革的回顾与思考"，《统计研究》，2001 第 11 期，第 7-11 页。

[76] 杨继红、王浣尘，"邓小平建立社会主义市场经济体制的螺旋推进过程"，《毛泽东思想研究》，2005 年第 1 期。

[77] 杨缅昆，"绿色 GDP 核算理论问题初探"，《统计研究》，2001 年第 2 期，第 28-33 页。

[78] 杨仲山、何强，"国民经济核算体系（1993SNA）的修订、影响及启示"，《统计研究》，2008 年第 9 期，第 64-

[79] 杨仲山,"市场与政府之间的国民经济核算体系(SNA)",《统计研究》,2001年第4期,第9-16页。

[80] 杨仲山,"SNA的历史:历次版本和修订过程",《统计研究》,2008年第12期,第111-117页。

[81] 杨仲山,"工具理性与制度选择——论国民经济核算(SNA)方法的制度特性",《统计与信息论坛》,2006年第4期。

[82] 袁寿庄,"资产负债核算中的重估价",《统计研究》,1994年第4期,第17-20页。

[83] 曾五一、许永洪,"中国国民经济核算研究30年回顾",《统计研究》,2010年第1期,第35-41页。

[84] 詹云乔,"建立以社会总产品、国民收入和社会最终产品为框架的社会产品综合平衡指标体系",《人文杂志》,1985年第6期,第15-18页。

[85] 张塞,"建立健全新国民经济核算体系为国民经济的持续稳定协调发展服务",《统计研究》,1992年第3期,第1-7页。

[86] 赵进文、薛艳,"季度GDP核算的国际比较",《统计与信息论坛》,2009年第6期,第12-20页。

[87] 赵同录、周小梅,"分季GDP核算的现状、问题及建议",《统计研究》,2002年第6期,第48-51页。

[88] 赵占明、李宝瑜,"论矩阵式国民经济综合平衡表——兼论投入产出表的扩展问题",《统计研究》,1985年第一期,第10-11页。

[89] 朱启贵,"国民经济核算在中国",《统计研究》,2002年第7期,第12-15页。

[90] 朱启贵,"国民大核算体系论",《财经研究》,1997年第8期,第32-36页。

[91] 朱启贵,"中国国民经济核算体系改革发展三十年回顾与展望",《商业经济与管理》,2009年第1期,第5-13页。

[92] 朱启贵,"我国国民经济核算体系",《中国软科学》,1995年第2期,第49-53页。

政府债务经济效应的研究进展

尹德才

(北京师范大学统计学院 北京 100875)

摘 要：全球经济放缓引起各国政府债务规模迅速膨胀，政府债务对经济的影响再次成为经济学者关注的焦点。当前政府债务经济效应的研究，更多的倾向于实证分析，而且政府债务的非线性影响成为研究的重点。本文从政府债务对经济增长的影响及政府债务对其作用渠道的影响两个方面梳理和评价相关研究成果，并比较和归纳现有文献的异同点及基本研究结论，并在此基础上提出了未来研究应该解决的主要问题。

关键词：政府债务；经济效应；经济增长

Progress in Research on Economic Effects of Government Debt

Yin Decai

(School of Statistics, Beijing Normal University, Beijing, 100875)

Abstract: Many scholars have pay attention to the impact of government debt on economy, since the global economic slowdown caused the rapid expansion of government debt. The current researches on the economic effects of government debt are more inclined to empirical analysis, and the nonlinear effect of government debt becomes the focus of researches. This paper compares and summarizes the conclusion of exiting literature, and then raises problems that should be solved in the future researches.

Key Words: Government Debt; Economic Effect; Economic Growth

一、引言

金融危机后，全球经济疲软，世界经济持续遭受政府债务的困扰，财政紧缩在欧洲受到强烈质疑。债务困境中各国的政策制定者正面临着财政紧缩抑或凯恩斯主义财政刺激的艰难抉择。如何削减债务和重启增长，各国至今依然没有清晰的思路，政府债务问题渐已成为全球经济不能承受之重。就我国而言，改革开放后，政府债务规模急速增加，从 1979 年的 35.31 亿元到 2013 年的 86746.91 亿元，增长超过 2456 倍，以至于着力防控债务风险成为 2014 年经济工作的重点之一。日渐

---

* 基金项目：本研究为国家社会科学基金项目"政府债务管理及风险预警机制研究"(14ZDA047)和"中国实施国际比较项目(ICP)的技术难点与创新研究"(13AZD086)、全国统计科学研究计划项目"政府债务统计国际标准及中国应用"(2012LZ042)、教育部人文社会科学研究规划基金项目"基于国际标准的政府债务统计与预警管理体系研究"(13YJA630005)、中央高校基本科研业务费专项资金"政府债务统计国际标准及中国应用研究"(2012WZD02)的阶段性成果。

作者简介：尹德才，1982 年 1 月生，北京师范大学统计学院博士研究生，研究方向为宏观经济与金融市场研究。

庞大的政府债务对我国经济增长起到怎样的作用？对私人消费与投资、金融发展等方面产生了怎样的影响？当前经济大背景下，

这些问题的解答显得尤为重要。鉴于此，本文从政府债务对经济增长的影响及政府债务对其传导渠道的影响两个方面对近年来的研究展开述评，使国内学者了解该研究领域的现状以及发展脉络，为我国政府债务经济效应问题的研究提供有益的思路。

二、政府债务的经济增长效应

(一)理论分歧

政府债务的经济增长影响是政府债务经济效应中的一类主要研究。政府债务与经济增长的关系存在两种截然不同的理论观点，即政府债务是促进经济增长还阻碍经济增长。

"公共债务的传统观点"(Elmendorf & Mankiw,1999)认为，在短期需求决定产出，财政赤字(或较高的公债规模)对可支配收入、总需求及总产出有积极的影响，而且在产能严重不足时，较高公债规模的这种短期积极效应将更大。此外 Panizza & Presbitero (2013)指出，从长期和短期的角度分析债务的影响忽略了一个事实，即持续的经济衰退可能会降低未来的潜在产出水平，在这种情况下政府举债不论在长期还是短期都将对产出产生积极影响。事实上有证据表明，衰退会对未来的 GDP 产生持久影响(Cerra & Saxena,2008)。美国国会预算局已认识到这一事实，如果实际产出低于潜在产出的时间超过 1 年，就会降低其对未来潜在产出的估值(De-Long & Summers,2012)。

并非所有的学者均认为政府举债有益于经济增长，Elmendorf & Mankiw (1999)认为若在长期内李嘉图等价定理不成立，政府举债不利于经济增长。如果私人储蓄的增加不能完全弥补更高预算赤字引起的公共储蓄下降，就会引起国民储蓄的下降，从而导致总投资额下降。而总投资额下降将导致更低的资本存量、更高的利率、更低的劳动生产率和工资，从而导致更低的 GDP 总量。Cochrane (2011)进一步指出，如果公债规模的增加导致不确定性增加，公债对经济增长的不利影响会更大，甚至在短期也可能对经济增长产生不利影响。

(二)实证研究

政府债务经济增长效应实证研究的进展主要体现在两个方面：政府债务对经济增长的非线性影响检验、政府债务与经济增长的因果关系检验。

1. 线性检验

政府债务与经济增长非线性关系的研究中，Reinhart & Rogoff (2010)为最具影响力的文献。他们利用 20 多个发达国家的数据进行实证检验，发现存在门槛效应：当政府债务规模高于 90% 时，两者负相关。他们的这一结论激发许多学者对政府债务与经济增长的非线性关系及债务阈值进行检验。

(1)常用模型设定。政府债务与经济增长非线性关系检验最简单的模型设定为二次项模型。该方法在经济增长回归模型中引入政府债务规模的平方项，并通过分析二次项系数的显著性判断非线性关系是否成立。如果债务规模平方项的系数显著为负，则表明政府债务与经济增长间存在倒 U 型非线性关系。Checherita-Westphal & Rother (2012)将二次项模型设定如下：

$$g_{i,t,t+k} = \beta_0 + \beta_1 ln\, y_{i,t} + \beta_2' X_{i,t} + \beta_3 D_{i,t} + \beta_4 D_{i,t}^2 + u_i + v_t + \varepsilon_{i,t} \quad (1)$$

其中，$g_{i,t,t+k}$ 为 i 国家 t 年到 $t+k$ 年的人均 GDP 平均增长率，$y_{i,t}$ 为实际人均 GDP；$D_{i,t}$ 与 $D_{i,t}^2$ 为政府债务规模及平方项；$X_{i,t}$ 为其他控制变量；u_i 与 v_t 为个体及时间固定效应。

Checherita-Westphal & Rother (2012) 使用系统广义矩法及两阶段最小二乘法对式(1)进行估计，发现存在倒 U 型关系且债务阈值在 90%–105% 之间。需要注意的是，该模型存在一些问题，如 Panizza & Presbitero (2013)指出，二次项模型设定对极值非常敏感，而且这种驼峰型关系可能会被少数观察值驱动。此外，Checherita-Westphal & Rother (2012)没有证明这一强加的倒 U 型关系是否被 Sasabuchi-Lind-Mehlum 检验(Lind & Muhlum,2010)

所支持。

样条回归模型为另一种常用的函数设定方法，如Kumar & Woo(2010)和Égert(2015)等人均采用该方法检验政府债务与经济增长的非线性关系。其中Kumar & Woo(2010)基于式(2)对发达经济体和新兴经济体进行分析，

$$g_{i,t-(t-4)} = \alpha \ln y_{i,t-4} + \beta_1 D_{i,t-4} \times D_{30} + \beta_2 D_{i,t-4} \times D_{30-90} + \beta_3 D_{i,t-4} \times D_{90} + \gamma X_{i,t-4} + u_i + v_t + \varepsilon_{i,t} \quad (2)$$

其中，$g_{i,t-(t-4)}$表示i国t-4期到t期的人均GDP增长率，当D < 30时，D_{30}取值为1；当30 < D < 90时，D_{30-90}取值为1；当D > 90时，D_{90}取值为1，其他情况 虚拟变量 取值为0。

Kumar & Woo(2010)利用普通最小二乘法、系统广义矩等多种方法估计式(2)，认为政府债务与经济增长存在非线性关系。然而Égert(2015)并不支持这一结论。Égert(2015)基于相对简单的模型样条回归模型(解释变量未包含$\ln y_{i,t-4}$，X与v_t)，并使用Hansen(1999)的检验程序来确定阈值，他指出确定政府债务与经济增长间的非线性关系是困难的。

(2)检验结论。多数实证研究表明非线性存在，但政府债务阈值的大小存有差异和争论。此外，少数文献(比如Eberhardt, 2013)认为债务与经济增长间不存在长期关系。

Reinhart & Rogoff(2010)政府债务阈值为90%的结论得到部分研究的支持，如Cecchetti et al. (2011)对18个OECD国家1980-2010年的数据进行分析，发现债务阈值为86%；Padoan et al. (2012)将Cecchetti et al. (2011)的时间跨度延长(1960-2010)，得到相同的阈值；基于对发达经济体和新兴经济体的研究，Kumar & Woo(2010)同样得到阈值为90%。

然而，部分研究对Reinhart & Rogoff(2010)的结论提出质疑。Égert(2013)指出90%的公债阈值是统计上的错误，他认为在有保留的情况下，阈值可能为20%。另外，Herndon, Ash & Pollin(2014)尖锐的指出Reinhart & Rogoff(2010)存在一些错误，比如代码错误，选择性的排除一部分可用数据，使用了不恰当的权重减少了负债率超过90%国家的平均GDP增长率。此外Caner et al. (2010)认为临界值为77%，Minea & Parent(2012)认为债务阈值为115%。而Elmeskov & Sutherland(2012)基于对12个OECD国家的分析认为临界值为66%。

针对政府债务阈值的争论，部分学者探究债务阈值的异质性。Mencinger, Aristovnik & Verbic(2015)指出发达国家的阈值为90%-94%，而新兴经济体的阈值为44%-45%。Swamy(2015)基于252个样本国家的分析发现，债务阈值不仅与经济因素有关，还与其他因素如国家治理结构、地理区域、收入等有关。按照国家治理结构对样本国家分组后，他发现君主立宪制国家阈值最低为21.39%，独裁者国家最高为88.87%；按地理区域分组，非洲国家最高为144.85%，北美国家最低为35.33%，而亚洲国家为45.61%。

此外，有研究指出尽管政府债务与经济增长间存在非线性关系，但债务阈值不具有确定性和唯一性(Égert, 2013；刘洪钟，杨攻研和尹雷, 2014)。刘洪钟，杨攻研和尹雷(2014)指出债务阈值随利率、通货膨胀率、经常账户和金融发展的变化而显示出动态特征。

2. 因果关系检验

政府债务与经济增长的非线性关系表明，当政府债务规模超过阈值时，政府债务与经济增长负相关，但负相关并不意味着存在因果关系(Panizza & Presbitero, 2013; 2014)。为此，部分学者探究政府债务是否为经济增长的格兰杰原因。

Ferreira(2009)运用Hurlin & Vernet(2001)的方法对20个OECD国家的分析发现，人均GDP与政府债务间存在双向因果关系，这表明政府债务为经济增长的格兰杰原因。但Panizza & Presbitero(2014)、Lof & Malinen(2014)及Puente-Ajovín & Sanso-Navarro(2015)的研究均指出，没有证据表明政府债务为经济增长的格兰杰原因。

与上述研究据采用面板技术不同，Gómez-Puig & Sosvilla-Rivero(2015)运用Hsiao(1981)的因果检

验方法对11个EMU国家分别进行分析,同时利用Andrews(1993)单结构间断点检验及Bai & Perron(1998,2003)多结构断点检验方法对因果关系的动态变化进行分析。他们发现,就政府债务是否为经济增长的格兰杰原因而言,在空间(不同国家间)和时间(同一国家内)两方面均存在异质性。

三、政府债务对私人投资、消费的影响

(一)政府债务对私人投资的影响

1. 理论分歧

凯恩斯主义者认为,短期内暂时性减税、增加政府债务可提高当期可支配收入,刺激私人消费和增加总需求,弥补有效需求不足,通过"乘数效应"增加国民收入、通过"加速效应"提高私人投资。而新古典学派则认为,政府大量发债会抬高实际利率,挤占私人部门的资金,从而降低私人部门的投资率,也就是说,政府债务存有"挤出效应",会排挤私人投资。

另外,自Arrow & Kurz(1970)开始,部分经济学者指出公共投资与私人投资间存在互补,政府债务带来的公共投资增加,能够提高私人资本和劳动的生产性,从而促进私人投资(Aschauer,1989;Baxter&King,1993)。这就是Aschauer(1989)所说的"挤进效应"。

2. 实证研究

政府对私人投资的影响,理论研究未能得出一致结论,实证分析同样未能得出一致结论。现有文献除直接分析政府债务对投资的影响外,还通过分析政府债务对利率的影响,以间接分析政府债务对投资的影响。此处仅对采用直接方法的研究进行综述,发现此类研究大多表明政府债务具有挤出效应。

Ghatak & Ghatak(1996)运用多变量协整方法和误差修正模型进行分析,发现1950-1986年间印度政府债务在一定程度上挤出私人投资。Voss(2002)基于向量自回归方法的分析表明,1947-1996年间美国和加拿大的政府债务均产生挤出效应。基于1970-2002年间208个样本国家的数据,尹恒和叶海云(2005)运用截面数据和面板数据的分析显示存在挤出效应。此外,通过引入负债率的二阶项和方差,他们发现负债率对私人投资率的影响呈现一定的非线性,政府债务的波动对私人投资也存在显著的消极影响。

基于1970-2009年间OECD国家的数据,Simone & Trecroci(2012)对挤出效应进行量化分析,同时检验挤出效应是否存在非线性。结果表明,随着政府债务规模的增加,私人投资显著下降,而且投资对政府债务负值率的弹性为-0.25。为检验非线性关系,他们通过引入负债率的平方项、负债率与虚拟变量的交互项等方式设定不同的模型并进行检验,此外还运用Hansen(1999,2000)内生门限方法检验非线性,但均未得出政府债务挤出效应为非线性的结论。

尽管实证研究多表明政府债务挤出私人投资,但这不能成为挤进效应不存在的充分条件。上述实证研究仅通过对政府债务与投资的简化模型进行估计得出结论,没有考虑到引发债务增加的政策可能产生的影响。为此Traum & Yang(2015)运用DSGE方法就美国政府债务何时会挤出投资进行分析,指出在短期内投资被挤进还是挤出取决于引发政府债务规模增加的政策类型。

(二)政府债务对私人消费的影响

1. 理论分歧

学术界关于政府债务对居民消费行为影响的研究由来已久,形成了"凯恩斯主义"和"李嘉图主义"两种基本理论观点。凯恩斯主义债务观则认为,社会中存在大量短视及面临流动性约束的消费者。这些消费者的消费对当前可支配收入的变化非常敏感。政府暂时性减少税收、增加债务会让消费者觉得当期可支配收入增加,从而增加私人消费。

与凯恩斯主义债务观不同,李嘉图主义债务观认为,消费者并非如此短视。他们会意识到当前政府债务的增加意味着未来政府债务偿付负担的增加,未来的税收负担也会相应增加。也就是说当前的债务即为未来的税收,因此消费者不会将政府债

券视为财富,政府债务增加不会影响消费。

2. 实证研究

(1)李嘉图等价定理的检验。在巴罗(1974)之后,许多学者对李嘉图等价定理进行实证检验,部分研究支持李嘉图等价定理,如 Kormendi(1983)对美国政府债务和政府支出对私人消费行为的影响进行实证分析,最终的结果支持李嘉图主义债务观,Levaggi(1999)则利用意大利的数据进行微观分析,认为政府债务不会挤出个人消费。部分学者认为李嘉图等价定理不成立,Graham(1995)指出 Kormendi 的研究方法存在问题,其实证结论没有说服力,另外 Dalamagas(1994)和 Leachman(1996)利用协整方法分析财政赤字及公债对居民消费的影响,结果表明李嘉图定理不成立。

(2)政府债务与私人消费的非线性关系。近期研究表明,政府债务与私人消费间存在着非线性关系,随着政府债务规模的增加,个人消费从非李嘉图方式向李嘉图方式转变。基于 17 个 OECD 国家的数据,Berben & Brosens(2007)使用线性自回归分布滞后模型分析政府消费与私人消费的关系,发现私人消费与政府债务之间存在非线性关系。此外,研究还表明当负债率低于 55% 时,政府消费对私人消费产生正的影响,而当负债率超过 75% 时,产生负的影响。Bhattacharya & Mukherjee(2010)对 18 个 OECD 国家的分析发现,随着债务规模增加,理性个人预期未来税负增加,会减少当前消费,使得消费行为由"非李嘉图"方式转变为"李嘉图"方式。

考虑到国家间的异质性变化以及参数随着转换变量做平滑的非线性转变,杨子晖(2011)和 Cho & Rhee(2013)均运用 Gonzalez et al(2005)建议的面板平滑转换回归模型对非线性进行检验,研究结果均表明存在非线性。此外,Cho & Rhee(2013)发现债务的阈值为 83.7%。值得注意的是,使用 PSTR 模型存在一个缺陷,即只能对财政政策的短期影响进行分析,而不能分析财政政策的长期效应。

四、政府债务对价格、利率及金融发展的影响

(一)政府债务对价格水平的影响

1. 理论探究

(1)Bergin(2000)和 Cochrane(2001)基于 FTPL 的分析。价格水平决定的财政理论(Fiscal Theory of Price Level,FTPL)最早由 Leeper(1991)提出,后经 Sims(1994)、Cochrane(2000)、Woodford(2001)等发展成为比较成熟的理论。该理论强调财政波动及政府债券数量对价格水平的影响,对传统货币理论提出了巨大挑战。

Bergin(2000)应用 FTPL 分析两国货币联盟中,一国增加政府债务对联盟均衡价格水平的影响。理论分析表明,货币同盟内一国政府债务增加,将导致整个联盟价格水平上升。与 Bergin(2000)不同,Cochrane(2001)应用 FTPL 分析封闭条件下长期政府债务对价格水平的影响。利用比较静态分析,他发现长期债务存在的情形下,政府债务的到期结构对结果有重要影响,这与仅存在短期债务的情形有很大不同。根据到期结构和债务政策(即未来的债务出售和回购预期),当期价格水平可决定于所有未来盈余的现值或者当期盈余现值或者大量的中间情形。因此,如果长期债务存在,政府可以通过债务操作来交换当期与未来的通货膨胀。未清偿债务的到期结构相当于预算约束,决定了政府可以通过债务操作来影响未来相应时期的价格水平。

(2)Davig & Leeper(2011)基于 DSGE 的分析。Davig & Leeper(2011)研究发现,政府债务对价格水平的影响与公众的预期有关。他们基于动态随机一般均衡模型分析了政府债务规模的变化对价格水平的影响,研究发现,在政府债务规模暂时性大幅增加后,如果公众预期政府会实施财政税收制度改革或财政整顿,那么政府债务规模的大幅上升不会引起通货膨胀;但如果公众预期政府货币政策的目标会由稳定价格水平转向稳定政府债务,那么政府债务规模的增加会引起通货膨胀。

2. 实证研究

许多学者对政府债务的通胀效应进行了实证检验，就结果而言，多数研究表明政府债务导致价格水平上升。如 Kwon, McFarlane & Robinson (2006) 的研究尽管并不支持 FTPL 所假设的公债财富效应会影响价格水平，但支持"不愉快的货币算术"，即在债务水平较高的国家，政府债务的增加具有典型的通货膨胀倾向。Aimicchiarico(2007) 通过建立世代交叠模型就财政赤字对通货膨胀的影响进行分析，结果显示财政赤字对通货膨胀的影响程度取决于国债规模，国债规模越大则财政赤字上升对物价变动的影响程度越大，即对通货膨胀率的影响效果越明显。Kannan & Singh (2009) 应用 2SLS 模拟技术对印度 1971-2006 年数据的分析表明，在中长期内财政赤字和债务对所有宏观经济变量均产生不利影响。

另外，Melike & Omer(2007) 分析了通货膨胀与国内债务的关系，发现在高通货膨胀国家，增加的国内债务成本引起通货膨胀，该结论得到 Ahmad et al. (2012) 的支持。Ahmad et al. (2012) 分析了 1972-2009 年间巴基斯坦政府内债对通货膨胀的影响，结果显示政府内债及其偿付对巴基斯坦的价格水平产生正向且显著的影响。他们认为国内政府债务的偿付是巴基斯坦预算赤字产生的主要原因，政府通过多种手段弥补财政赤字，进而导致通货膨胀发生。

（二）政府债务对利率的影响

政府债务是否提高利率，理论分析没有得出一致结论，实证研究同样没有得出一致结论 (Barth et al, 1991; Chen, 2011)。根据研究结果现有实证研究可分为两类，政府债务对利率无影响及政府债务推高利率。

1. 政府债务不影响利率

该类研究认为政府债务对利率不存在显著的影响，在一定程度上为李嘉图等价定理提供了实证支持。就已读文献而言，这类研究大多发表时间较早，如 Plosser (1982, 1987), Evans (1987), Evans (1987), Barro (1987), Deravi et al (1990), Seater (1993), Gulley (1994) 以及 Kalulumla(2002) 等人的研究。其中 Kalulumla(2002) 不仅对政府债务与利率的关系进行直接分析，还通过分析政府债务对汇率的影响而间接分析债务对利率的影响。

2. 政府债务推高利率

该类研究认为政府债务对长期利率有显著影响，但对利率被推高的程度没达成一致结论。Faini (2004) 基于欧元区国家的分析表明，负债率增加一个百分点将引起实际利率增加 5-7 个百分点。Engen & Hubbard(2004) 基于美国数据的研究表明，政府负债率增加 1 个百分点可以预期实际利率增加 2 到 3 个基点。而 Kameda(2014) 针对日本的研究发现，赤字与 GDP 比率的预期值与当前值增加一个百分点，10 年期日本国债的实际利率提高 26-34 个基点，而且当前政府债务负债率增加一个百分点至多引起 10 年期利率增加 1.2 个基点。

上述实证研究仅分析政府债务对本国利率的影响，Paesani, Strauch & Kremer(2006) 就政府债务增加所导致的利率溢出效应进行分析。依据在全球和欧洲市场的重要性，他们选择美国、德国、意大利作为样本国家，并利用多变量模型对 1983-2003 年间的数据进行分析，发现政府债务对利率的影响具有溢出效应，且主要从美国向德国和意大利溢出。此外研究还发现政府债务的可持续增加至少在短期内会导致长期利率上升，但影响程度因国而异。

（三）政府债务对金融发展的影响

1. 理论分歧："安全资产"还是"懒惰银行"

许多学者探究金融发展与经济增长的关系，但对金融发展决定因素的研究较少，就政府债务对金融发展影响的研究更少。根据现有文献，政府债务对金融发展的影响存在两种代表性观点："安全资产"和"懒惰银行"。

（1）"安全资产"观点。持该观点的学者认为，政府债务提供了一种相对安全的金融资产，促进了金融发展。作为安全资产，公债的积极作用主要表现为，第一，有助于克服制度的不完善，即可以把公债作为抵押品，而不是必须以实际资产或者可移动财产为抵押品（De Soto，2000）；第二，政府债券的收益曲线为公司证券和股票的定价提供了基准（Reinhart & Sack，2000；World Bank & IMF，2001）；第三，在金融机构的资产负债表中，更多的政府债券作为抵押品，降低了风险环境下储户对其资金安全性的担心（Kumhof & Tanner，2005）。

（2）"懒惰银行"观点。持该观点的学者，从银行部门本身出发，认为政府从银行借贷将减少私人部门在银行的借贷额，不利于金融发展。Hauner（2009）指出，银行部门持有大量政府债务后将不在积极有效的去开拓市场，从而降低了银行效率，延缓金融发展。另外，Ismihan & Ozkan（2012）基于两期政策制定模型的理论分析表明，如果政府是银行部门的主要贷款对象，公债将不利于金融发展，而且金融深化程度越低，政府借贷的不利影响越大。

2. 实证研究

从现有文献来看，多数实证结果表明政府债务抑制了金融发展。尽管Hauner（2009）认为政府债务对金融发展的作用可能是非线性的，但没有得到实证支持。

Emran & Farazi（2008）研究发现，政府在本国银行的借贷减少了私人部门可从银行获取的借贷额度，长期内政府借贷增加1美元，私人部门获得的信贷将减少80美分。Emran & Farazi（2009）进一步将样本国家扩展到60个，发现政府借贷的挤出效应加剧，政府借贷1美元，私人信贷将减少1.4美元。

此外，Basti & Köksal（2011）和 Altaylıgil & Akkay（2013）的研究均发现，土耳其政府债务对金融发展产生不利的影响。Mun & Ismail（2015）对马来西亚1980-2010年间的情形进行分析，同样发现政府从银行借贷对金融发展产生不利的影响，而且该影响在金融危机期间更为的明显。

五、总结与简要评述

本文依据两条逻辑主线（政府债务对经济增长的影响、政府债务对其传导渠道的影响），从理论和实证两个方面对相关文献进行了梳理。从研究方法上看，近期文献以实证研究居多。从研究结果看政府债务的经济影响有两个特点，首先，整体而言债务的经济影响具有异质性，这不仅表现在不同国家或国家组别间，还表现在同一国家不同的时间跨度内。其次，政府债务对经济增长、消费及投资的非线性影响存在不确定性，这表现为三个方面：第一，首先政府债务对不同经济变量的影响是否为非线性不确定；第二，政府债务阈值的具体值不确定；第三，债务规模超过阈值后所产生影响的程度不确定。

实证研究结果表现出的异质性和不确定性，一方面源自实际经济运行的复杂性，另一方面源自经济计量模型、政府债务及数据来源的差异。本文认为对我国政府债务经济效应的实证研究应注意以下三个问题：

1. 政府债务规模的合理测度。毋庸置疑债务规模合理测度对债务经济效应研究的重要性，Engen & Hubbard（2004）、Panizza & Presbitero（2013）指出政府债务数据来源差异是政府债务经济效应实证结果不同的原因之一。我国当前的政府债务统计存在诸如统计口径不统一、无净债务统计、地方政府债务恰当统计等问题。因此，在对我国政府债务经济效应及最优政府债务规模进行研究时，应特别注意政府债务数据的选择。

2. 变量的内生性。在设定政府债务经济效应计量模型时，内生性是特别需要注意的问题。在政府债务与经济增长关系的实证研究中，内生性问题更加突出，Panizza & Presbitero（2013）详细分析过该问题，在此不多做赘述。关于内生性问题的解决方法，Kumar & Woo（2010）认为动态面板GMM为不错的选择，此外工具变量法也为常用方法。

3. 计量方法的选择。对我国政府债务经济效应的实证研究，通常基于《中国统计年鉴》或《中国金融年鉴》的数据进行，可用样本容量较小，这种情形下为得到更加可信的实证结果，恰当方法的选择显得尤为重要。

参考文献

[1] Ahmad, M.J., Sheikh, M.R. and Tariq, K., "Domestic Debt and Inflationary Effects: An Evidence from Pakistan", International Journal of Humanities and Social Science, 2012, 2(18).

[2] Aizenman, J., Kletzer, K. and Pinto., B., "Economic Growth with Constraints on Tax Revenues and Public Debt: Implications for Fiscal Policy and Cross-Country Differences", NBER Working Paper, 2007, No.12750.

[3] Altaylıgil, Y.B. and Akkay, R.C., "The Effect of the Domestic Debt on the Financial Development: A Case Study for Turkey", International Journal of Economics and Finance, 2013, 5(5).

[4] Bai, J. and Perron, P., "Computation and Analysis of Multiple Structural Change Models", Journal of Applied Econometrics, 2003, 6: 72-78.

[5] Bai, J. and Perron, P., "Estimating and Testing Linear Models with Multiple Structural Changes", Econometrica, 1998, 66: 47-78.

[6] Basti, E. and Köksal, B., "Public Debt and Financial Development: Evidence from Turkey", Economics, Business and Finance, 2011, 26(299): 9-42.

[7] Bhattacharya, R. and Mukherjee, S., "Private Sector Consumption and Government Consumption and Debt in Advanced Economies: An Empirical Study", IMF Working Paper, No.10/264, 2010.

[8] Cecchetti, S.G., Mohanty, M.S. and Zampolli, F., "The Real Effects of Debt", 2011, http://www.bis.org/publ/othp16.pdf.

[9] Cerra, V. and Saxena, S.C., "Growth Dynamics: the Myth of Economic Recovery", American Economic Review, 2008, 98(1): 439-457.

[10] Checherita-Westphal, C., and Rother, P., "The Impact of High Government Debt on Economic Growth and Its Channels: An Empirical Investigation for the Euro Area", European Economic Review, 2012, 56: 1392-1405.

[11] Chen, Y., "A Study of Budget Deficits and Interest Rates for Japan: Evidence from an Extended Loanable Funds Model", Journal of International and Global Economic Studies, 2011, 4(1): 11-27.

[12] 程宇丹、龚六堂,"政府债务对经济增长的影响及作用渠道",《数量经济与技术经济研究》,2014,第12期。

[13] Cho, D. and Rhee, D., "Nonlinear Effects of Government Debt on Private Consumption: Evidence from OECD Countries", Economics Letters, 2013, 121(3): 504-507.

[14] Cochrane, J.H., "Long-term Debt and Optimal Policy in the Fiscal Theory of Price Level", Econometrics, 2001, 69(1): 69-116.

[15] Davig, T. and Leeper, E.M., "Temporarily Unstable Government Debt and Inflation", IMF Economic Review, 2011, 59(2).

[16] DeLong, B.J. and Summers, L.H., "Fiscal Policy in a Depressed Economy", Brookings Papers on Economic Activity, Spring, 2012.

[17] Eberhardt, M and Presbiteroc, A.E., "Public Debt and Growth: Heterogeneity and Non-Linearity", Journal of International Economics, 2015.

[18] Egert, B., "Public Debt, Economic Growth and Nonlinear Effects: Myth or Reality", Journal of Macroeconomics, 2015, 43: 226-238.

[19] Elmendorf, D.W. and Mankiw, G.N., "Government Debt", NBER Working Paper 6470, 1998.

[20] Emran, M.S. and Farazi, S., "Government Borrowing and Private Credit: Evidence from Developing Countries", World Bank Working Papers, 2008.

[21] Emran, M.S. and Farazi, S., "Lazy Banks? Government Borrowing and Private Credit in Developing Countries", Institute for International Economic Policy Paper Series, WP-2009-9.

[22] Ferreira, C., "Public Debt and Economic Growth: a Granger Causality Panel Data Approach", http://pascal.iseg.utl.pt/~depeco/wp/wp242009.pdf.

[23] Ghatak, A. and Ghatak, S., "Budgetary Deficits and Ricardian Equivalence: The Case of India, 1950-1986", Journal of Public Economics, 1996, 60(2): 267-282.

[24] Greiner, A., "Public Debt in a Basic Endogenous Growth Model. Economic Modelling", 2012, 29(4): 1344-1348.

[25] Hansen, B.E., "Sample Splitting and Threshold Estimation", Econometrics, 2000, 68: 575-603.

[26] Hansen, B.E., "Threshold Effects in Non-dynamic Panels: Estimation, Testing, and Inference", Journal of Econometrics, 1999, 93: 345-368.

[27] Hauner, D., "Public Debt and Financial Development", Journal of Development Economics, 2009, 88(1):171-183.

[28] Herndon, T., Ash, M. and Pollin, R., "Does High Public Debt Consistently Stifle Economic Growth? A Critique of Reinhart and Rogoff", Cambridge Journal of Economics, 2014, 38(2):257-279.

[29] Hsiao, C., "Autoregressive Modelling and Money-income Causality Detection", Journal of Monetary Economics, 1981, 7:85-106.

[30] Ismihan, M. and Ozkan, F.G., "Public Debt and Financial Development: A Theoretical Exploration", Economics Letters, 2012, 115(3):348-351.

[31] Kameda, K., "Budget Deficits, Government Debt, and Long-term Interest Rates in Japan", J. Japanese Int. Economies, 2014(32):105-124.

[32] Krugman, P., "Financing vs Forgiving a Debt Overhang", Journal of Development Economics, 1988, 29(3):253-268.

[33] Kumar, M.S. and Woo, J. "Public Debt and Growth", IMF Working Paper, 2010, No.174.

[34] Leeper, E.M., "Equilibria under 'Active' and 'Passive' Monetary and Fiscal Policies", Journal of Monetary Economics, 1991, 27(1):129-147.

[35] 刘洪钟、杨攻研、尹雷,"政府债务、经济增长与非线性效应",《统计研究》,2014,31(4):29-38。

[36] Lof, M. and Malinen, T., "Does Sovereign Debt Weaken Economic Growth? A Panel VAR Analysis", Economics Letters, 2014, 122:403-407.

[37] Minea, A. and Parent, A., "Is High Public Debt Always Harmful to Economic Growth", Reinhart and Rogoff and Some Complex Nonlinearities. Association Franaise de Cliomtrie (AFC) Working Paper, 2012:12-08.

[38] Mun, M.W. and Ismail, N.W., "The Impact of Domestic Public Debt on Financial Development in Malaysia", International Journal of Social Science Research, 2015, 3(2):1-19.

[39] Paesani, P., Strauch, R. and Kremer, M., "Public Debt and Long-term Interest Rates: the Case of German, Italy and the USA", European Central Bank, Working Paper Series No 656/2006.

[40] Panizza, U. and Presbitero, A.F., "Public Debt and Economic Growth in Advanced Economies: A Survey", Swiss Journal of Economics and Statistics, 2013, 149(2):175-204.

[41] Panizza, U. and Presbitero, A.F., "Public Debt and Economic Growth: Is There a Causal Effect?", Journal of Macroeconomics, 2014, 41:21-41.

[42] Pescatori, A., Sandri, D. and Simon, J., "Debt and Growth: Is There a Magic Threshold?", IMF Working Paper, WP/14/34, 2014.

[43] Puente-Ajovín, M. and Sanso-Navarro, M., "Granger Causality between Debt and Growth: Evidence from OECD Countries", International Review of Economics and Finance, 2015, 35:66-77.

[44] Reinhart, C.M and Rogoff, K.S., "Growth in a Time of Debt", American Economic Review, 2010, 100(2):573-578.

[45] Saint-Paul, G., "Fiscal Policy in an Endogenous Growth Model", Quarterly Journal of Economics, 1992, 107(4):1243-1259.

[46] Swamy. V, "Government Debt and Economic Growth: Estimating the Debt Thresholds and Debt Intolerance", 2015, http://mpra.ub.uni-muenchen.de/63694/.

[47] Voss, G.M., "Public and Private Investment in the United States and Canada", Economic Modelling, 2002, 19(4):641-664.

[48] 尹恒、叶海云,"政府债务挤出私人投资:国际证据",《统计研究》,2005,第10期。

[49] 杨子晖,"政府债务、政府消费与私人消费与非线性关系的国际研究",《金融研究》,2011,第11期。

解读跨国公司对国民核算的影响*

许晓娟　刘学薇

（对外经济贸易大学国际商学院　北京　100029）

摘　要：近年来，全球化对政府统计的影响开始受到重视，其中，跨国公司成为影响国民核算的首要全球化现象。2011年联合国欧洲经济委员会"全球化对国民核算的影响"工作组发布其最新研究成果《全球化对国民核算的影响指南》，该指南以最新修订的2008SNA、BPM6以及BD4等国际统计标准为基础，将讨论扩展到全球化对GDP等国民核算指标的影响，特别是关于跨国公司对国民核算的影响，形成了比较细致和全面的认识。本文在研读国际统计标准的基础上，对跨国公司对国民核算的影响进行了解读。

关键词：经济全球化；跨国公司；国民核算体系；国内生产总值；外商直接投资

Interpretation of the Impact of Multinational Enterprises on System of National Accounts

Xu Xiaojuan　Liu Xuewei

(School of Business, The University of International Business and Economics, Beijing, 100029)

Abstract: The impacts of globalization on government statistics are hot topics recent years. Multinational enterprises are the most important phenomenon of globalization which affect the System of National Accounts. The Guide on Impact of Globalization on National Accounts has been published by United Nations Economic Commission for Europe in 2011, which are based on the latest edition of international statistics standards including SNA2008, BPM6 and BD4 and affected indicators in SNA such as GDP etc. are discussed. The impacts of multinational enterprises on National Accounts are well recognized in these publishes. This paper review those literatures related on this topic and give a summary.

Key Words: Globalization; MNEs; SNA; GDP; FDI

20世纪末，经济全球化对国民经济核算体系的影响已经成为学术研究、国际组织和各国政府热议的政府统计问题。由于直接投资和跨国公司的快速发展，以国家为单位的政府统计受到了前所未有的挑战，国际收支平衡表所提供的数据成为贸易争端、汇率争议的依据，而不同利益集团对这些数据

---

* 基金项目：国家自然科学基金项目（项目编号：71103035），国家自然科学基金项目（项目编号：71172106），对外经济贸易大学中央高校基本科研业务费专项资金资助（CXTD-4-07），对外经济贸易大学"211工程"建设项目（XK2014201）。

作者简介：许晓娟，女，1983年3月生，对外经济贸易大学国际商学院副教授，研究方向为经济统计。刘学薇，女，1992年生，对外经济贸易大学国际商学院硕士研究生。

的解读却相去甚远。之所以产生这种混乱的局面，根源在于国际收支统计体系的基本原则和方法在处理经济全球化问题方面存在缺陷（高敏雪和许晓娟，2011）。经济全球化所产生的影响不仅仅局限于国际收支平衡表，国民经济核算作为政府统计的龙头，是设定这些基本原则和方法的源头，引起国际收支平衡表的纷争的"常住性原则"是否会延伸影响国民核算的其他方面？

一、文献回顾

回顾关于本话题的讨论，最早起于美国，Kravis（1985）和Lispey（1987）比较了美国境内的企业出口占世界出口的份额和美国跨国公司（包括在本土和在国外经营）出口占世界出口的份额，然而前者持续下降，后者基本保持稳定，因此，论证了美国企业并没有像对外贸易统计提供的数据那样，显示出美国企业技术管理能力的没落。Lispey在1989年"重振美国统计体系"会议上总结：货物贸易、服务贸易和资本市场增长越来越快，国际贸易变得越来越重要，统计体系的改进速度跟不上国际交易发展的步伐，无法反映外国投资企业在美国的运营情况及对美国经济的影响、美国的国际投资头寸等问题。（Lispey，1990）1995年美国国家经济研究局（NBER）"收入与财富研究会议"以"经济核算的地理基础和所有权基础（Geography and Ownership Bases for Economic Accounting）"为题，会议收录了大部分相关的讨论，其中包括了基于所有权估算美国、日本对外贸易额的工作。从1995年开始，美国商务分析局（BEA）每年发布"基于所有权分解的经常账户框架"统计数据。

中国是美国的重要贸易伙伴国，起初，中国与美国双边贸易统计存在不一致，问题主要讨论什么原因导致两国数据的差异（Fung & Lau，1998；Feenstra，Hai，Woo，& Yao，1998；沈国兵，2005）。随着中美贸易顺差原因的深入分析，对外贸易统计方法不适应全球化发展的也逐步被国内研究者和政府所认可。李月芬（2006）从国际关系的角度呼吁中国亟待建立一个以所有权为基础的贸易差额统计体系，贾怀勤（2006）对从统计体系的演进角度比较了基于所有权与基于常住性的统计思路。与此同时，基于所有权的对外贸易统计被介绍到中国，孙华好和许亦平（2006）借鉴美国的经验，建议在国际货物贸易中包括跨境贸易和附属机构销售，并提出了协调方案。Xu, Lin, & Sun（2010）在美国基于所有权的经常账户框架基础上，建立了一个由本地经济、外资经济和外国三国组成的框架，认为中国对美国的贸易顺差大部分来源于非美国的外商直接投资，与传统统计相比，基于所有权计算的中国贸易顺差非常小。姚枝仲和刘仕国（2006）、刘萍和宋玉华（2007）、王涵蔚和高敏雪（2008）、许晓娟和高敏雪（2010）基于所有权原则单边对中国对外贸易进行了估算，认为在所有权框架下，中国对外贸易顺差并不像常住性框架下表现的那么大。

全球化与政府统计方法问题也受到了国际组织的重视。1996年，在美国统计协会年会政府统计分会上，DeMichelis发表了题为"全球化与市场一体化对欧洲统计体系的影响"的演讲，第一次明确提出全球化对统计体系的影响问题。国际组织主要从三个方面回应全球化对统计体系所产生的影响。首先，他们考虑对全球化进行度量，2005年，OECD发表了《OECD全球化统计指标手册》，从对外直接投资、跨国公司的活动、技术国际化和贸易全球化四个方面涉及了测度全球化程度的指标体系，2008年OECD推出了新修订的《直接投资基准定义（第四版）》（BD4），2011年，WTO开始向发展中国家推广贸易增加值核算。其次，他们考虑修订统计标准，进一步明确全球化条件下如何开展政府统计工作，包括、IMF《国际收支与国际投资头寸统计手册（第六版）》（BPM6）、联合国《国民经济核算体系2008》（2008SNA）等纷纷出炉。第三，他们系统分析全球化对国民核算体系的影响，2003年联合国欧洲统计首长会议（CES）上，英国、美国、加拿大、挪威等国以"全球化及其对世界统计体系的影响"为题进行了讨论。2006年CES会议上讨论了由加拿大统计局和英国统计局起草的"全球化统计报告"，会议决定建立全球化统计的特别工作组，此后，联合国欧洲经济委员会(UNECE)就此问题牵头开始了更为广泛的国际交流和合作,2007年,"全球化对国民核算的影响"工作组(WGGNA)成立。工作组形成了论文集《经济全球化:官方统计的挑战》(2008)[①]和《全球化对国民核算的影响指南》(2010)。

全球化对政府统计的影响是多方面的,WGGNA(2010)总结为十一个方面内容:一是跨国公司(MNEs)以生产效率最大化、减小其全球税负而跨越国境为目的组织其商务活动;二是外国直接投资(FDI)关系越来越复杂,需要识别和分解直接投资流量;三是附属机构之间的转移定价,具有附属关系的公司不通过市场交易对进口和出口进行定价;四是出于全球活动等目的,利用离岸设施(特殊目的实体(SPEs))安排财务;五是国际服务贸易增长,包括没有发生所有权变更的加工贸易;六是国际仲介贸易增长,这种贸易方式从A国出口货物到B国,但货物并不跨越国界;七是知识产权产品在世界范围内的贸易和应用;八是在复杂的企业集团背景下和全球范围内组织的生产过程中,通过行政管理捕捉经济交易数据具有局限性;九是国际劳动力移动以及由此产生的劳动收入,以及非常住劳动者对其来源国的汇款和其他流量;十是住户境外旅游和境外投资的增长(包括住宅房地产);十一是企业和住户通过互联网完成国际间交易。所影响的核算指标见表1所示。

表1 全球化因素与最受影响国民核算指标之间的关系

全球化现象	最受影响的核算指标
跨国公司的安排,包括转移定价	各国GVA/GDP的分配;国际货物贸易与国际服务贸易;投资收入和金融流量
FDI关系	投资收入和金融流量,等等
特殊目的实体(SPEs)	国际服务贸易,投资收入和金融流量,等等
加工贸易	GVA/GDP;国际货物贸易和国际服务贸易
中介贸易	国际货物贸易(国际服务贸易也有可能)
知识产权产品在世界范围内的贸易与应用(IPPs)	GVA/GDP;资本形成;国际资产贸易和相关的国际服务贸易
准转口贸易	GVA/GDP;货物国际贸易
国际劳动移动和汇款	GNI,国民可支配总收入,国际转移
在国外的房产所有权	国际服务贸易;投资收入和金融流量;等等
网上交易	货物与服务的国际贸易;住户消费

本文主要解读跨国公司带来的影响,这是WGGNA(2010)总结十一方面中的第一、第二、第三共三个方面,也是政府统计面对的最大挑战。

二、为什么跨国公司会影响国民核算

全球化是国家间巨额的、不断增长的贸易及资本投资的流动。在这一过程中,跨国公司扮演了重要角色,美国有超过一半进口和出口是由跨国公司贡献的,中国外商直接投资企业所完成的进口和出口也占据了一半以上。跨国公司对直接投资和贸易额的影响已经积累的大量的讨论,这种影响会延伸至国民核算的其他方面吗?回答这个问题,需要从以下两个方面展开,第一,为什么跨国公司会影响国民核算,第二,哪些核算指标受到了影响。在总结这两个问题之前,需要首先介绍国民核算对跨国公司活动的记录方法。

(一)跨国公司的统计定义

何为跨国公司?这是理论上尚存争议的一个问题(Freedman,2007;Caves,2007),经验研究主要依据外国直接投资统计定义跨国公司。例如,联合

[①] http://www.unece.org/stats/archive/02.02.e.htm 资料引自 WGGNA(2010),Guide on Impact of Globalization on National Accounts,UNECE,p.2

国贸发会议(UNCTAD)的《世界投资报告》将跨国公司定义为由母公司及其国外分支机构组成的法人或非法人企业。母公司是以拥有股权的方式控制其在外国的其他实体资产的企业。拥有法人企业10%或以上的普通股或表决权的股权,或非法人企业等量权益,这是控制这些企业资产的门槛值。国外分支机构可以是法人企业,也可以是非法人企业,在其管理中,其外国投资者拥有能够享有持久利益的股权份额。"(《世界投资报告(2002)》)。

《世界投资报告》所采用的跨国公司定义以BD3为基础,跨国公司包括直接投资者和直接投资企业(包括子公司、附属机构以及分支机构)。与BD3相比,BD4则通过明确定义对直接投资关系来对直接投资、直接投资者和直接投资企业进行了更细致的定义。BD4认为,原则上,与跨国公司直接相关的定性或定量信息都可以归入跨国公司活动;而OECD《经济全球化指标手册》的框架中,跨国公司活动的数据主要排除了与FDI、证券投资或其他金融交易有关的数据;OECD关于跨国公司经济活动的调查中则包括18个变量,主要有总产出、营业额、增加值、雇用人数、雇员报酬、总营业盈余、总固定资本形成、研发支出、研究人员数量、总出口和总进口、公司内出口和进口、技术支出和收入等。

(二)国民核算与跨国公司统计的关系

与国民核算相比,跨国公司统计是专题统计,其中,确定直接投资关系的一个根本方法是常住性原则,该原则在BD4、BPM6和2008SNA中是一致的。

常住性是国民核算的重要概念和原则,在国民核算中,直接投资关系的确定和国际交易的发生都是以交易双方的常住性作为基本判断依据的。一个机构的常住性意味着它在此经济领土上具有显著的经济利益中心。(2008SNA第26.36段)站在核算国的角度,一方属于本国的常住者,另一方属于非常住者,如果常住者持有非常住者一定比例(通常为10%)的股权,则二者构成了外向直接投资关系;如果非常住者持有常住者一定比例的股权,则二者构成了内向直接投资关系;而常住者与非常住者之间的交易就属于国际交易。这样,企业是否是常住单位,会影响核算中具体处理(见表2所示)。

表2 企业常住性对东道国经济核算的主要影响

经济流量或头寸	常住企业	非常住企业
企业对常住者的销售	常住者对常住者的贸易	货物和服务的进口
企业从常住者的购买	常住者对常住者的贸易	货物和服务的出口
应付给东道国常住者的雇员报酬	常住者给常住者的雇员报酬	非常住者给常住者的雇员报酬
应付给母国常住者的雇员报酬	常住者给非常住者的雇员报酬	不属于东道国交易的范围
净营业盈余	应付红利或再投资收益	不属于东道国交易的范围
所有者资金注入	报告国的直接投资负债	不属于东道国交易的范围
常住者对企业债权负债	常住者给常住者的债权	国际交易

资料引自:联合国,2008SNA(中文版),表26.2,中国统计出版社,2012.

2008SNA对跨国公司问题采取的办法是从细节上更清晰地表达常住性原则。BPM6和BD4等最新修订的国际标准对常住性定义与2008SNA保持一致。2008SNA第3.12段明确指出"常住性概念的设计是为了保证每一个机构单位是唯一一个经济领土上的常住者,一个包含多个附属企业的集团,其每一个成员都是各自所在经济领土的常住者,而不是全部归并到总部所在地的经济体中"。2008SNA第26.40段规定"判断企业常住性的依据是企业在经济领土内有显著规模的货物或服务生产活动",出于操作上的便利,一般将在经济领土法律管辖范围内的法律实体作为常住单位处理。

2008SNA 第 26.41 对特殊目的实体的情形进行了更具体的说明"如果企业没有任何重要的物理属性方面的信息,其常住性的确定方法是:企业在哪个经济领土登记或注册成立,它就是哪个经济领土的常住单位",因为这一标准比所有权、资产所在地、经理人或管理者所在地等甄别标准更清晰,同时也代表了企业与经济体关系的实质程度。

由此可见,国民核算和跨国公司统计提供了识别统计单位的方法,组成跨国公司的直接投资者和直接投资企业都可能成为实际上报统计数据的单位,而上报给那个经济领土的统计部门,是由他们的常住性所确定下来的。

(三)跨国公司上报的统计数据不能反映其在相应经济领土的实际生产活动

如果跨国公司以每个国家的企业利益最大化为目的,那么国民核算所确定的方法可以获得较好的统计数据,但是,这一条件并不满足。尽管国民核算将常住性作为确定企业经济利益中心的基本原则,但是,对于跨国公司来说,常住性并不重要。跨国公司的特点是跨越国境经营,按照全球范围内(而不是国家范围内)公司的目标来制定决策,使公司全球税后利润最大化,而不是其运营的每个国家的利润最大化。例如,跨国公司常常将高税负国母公司开发的知识产权产品(IPPs)以较低的价格卖给低税负国的子公司,或者以较低的版税授权给低税负国的子公司;在低税负国建立控股公司持有资产和负债,接受销售收入,对附属机构进行投资等。最根究底,他们分配资源、对公司内部交易进行定价以及选择交易的支付方式都是以降低全球税负为目的设计的。因此,他们不按照国界来记录其经营活动,其附属机构之间的交易不是按照市场价格记录的,统计人员很难按照经济所有权而不是法律所有权识别壳公司。而国民核算指标则以跨国公司的商业记录为基础,所得到的测度指标和数据就不能准确反映跨国公司在经营所在国的实际经济行为。随着跨国公司规模和影响的扩大,这一问题也越来越不容忽视。

三、哪些核算指标受到了影响

一个经济体(也可以说是经济领土,国家或地区)按照国民核算进行统计测度,包括的所有设定的活动和所有经济主体运行的结果,跨国公司影响了哪些方面?

(一)进出口和 GDP 统计受到的影响

首先,从生产的角度,跨国公司作为生产者,提供产出,消耗中间产品,因此,其行为与生产和收入核算方面的指标有关,包括进口、出口和 GDP。

1. 版税和许可证离岸问题

如果跨国公司将知识产权产品转移给附属机构,并指定这个附属机构拥有知识产权的权益,并以版税的形式收取许可证或者其他知识产权的收入,这些收入则以投资收入回到母公司,这里的附属机构就成为一个版税和许可证公司,是一个特殊目的的实体。假定知识产权产品(比如:软件)是在母公司所在的 A 国开发,而这个版税和许可证公司是母公司建立在 B 国的独资子公司,该子公司收取许可证的销售收入。这时,母公司所在的 A 国 GDP 就被低估了,而 B 国 GDP 就被高估了。在这种情况下,由于将这些收入记录在投资收入项下,GNI 则不受影响。2008SNA 建议,知识产权产品记录在哪国的资产负债表,那么该知识产权产品的使用支出应该记录在该国的服务支出项下。由于存在转移定价的问题,高税负国可能低估其服务出口,高估其服务进口,从而低估其 GDP,而低税负国则可能高估其服务出口,低估其服务进口,从而高估其 GDP。

2. 中间服务外包和离岸问题

中间服务对 GDP 影响有两个方面。首先,由于离岸服务的快速发展,传统的服务分类和抽样框可能没有覆盖新产生的中间服务,这样,进口可能被低估,同时导致 GDP 被高估。其次,统计部门常常使用增加值率(增加值与销售收入或者总产出的比)作为固定的比率估算 GDP,然而,随着原先由单位内部提供的服务生产迅速转为来源于外部或者外国(来自本国其他单位则属于外包,来自外国则属于离岸),该比率也存在高估的问题,从而导致

GDP 被高估。

3. 转移定价问题

同样为了避税，跨国公司有动机对附属机构的出口和从附属机构的进口进行转移定价处理，一旦这样的处理逃过税务部门的监督，成功计入账上，那么相应的 GDP 就会产生不准确的估计。这里，三种方法核算的 GDP 都会受到影响。

（二）实际 GDP 和生产率统计受到的影响

其次，从动态的角度，跨国公司还会影响价格指数，从而影响实际 GDP 的测算和生产率统计。实际 GDP 是通过价格指数缩减所得到的，因此，除了现价 GDP 受到的影响会延续到实际 GDP，还会受到价格指数的影响。当本国母公司用外国子公司替代本国中间投入的供应商时，所需要用到的价格指数就会受到影响。在支出法 GDP 中，最终支出需要将最终消费、资本形成、出口之和与进口相减，而支出法不变价 GDP 需要应用本国和外国的缩减指数，而上述情形下，供应者替代发生时，不同供应者之间的价格差异无法反映到缩减指数中；在生产法 GDP 中，由于中间消耗的缩减指数无法反应供应者替代的问题，因此也会受到影响。

（三）直接投资和相关投资收益流量

第三，跨国公司本身是通过直接投资确立下来的，直接投资统计所提供的数据也存在许多问题，使得其准确性受到了影响。

1. 确定直接投资关系的困难

BD4 与 BD3 相比的一个重要修订内容是构建了一套确定直接投资关系的概念和方法框架，称为直接投资关系架构，替代了 BD3 所采用的完全合并体系，产生了成员企业等新概念。然而，确定并申报直接投资关系是 FDI 统计面临的一个主要问题。首先，国民核算体系下，许多统计调查并不识别企业的直接投资关系，其次，许多企业并不关心自己所处的直接投资关系，因此，要获得跨国公司的直接投资关系信息是很困难的。

2. 合并水平不同的问题

合并水平问题有两个方面，首先，一些国家的国内账户和国际账户（如：FDI 流量和存量）是由不同的统计部门编制的，国内账户覆盖所有的登记单位，而国际账户只能涵盖一部分单位，这样，合并水平不同，所得到的统计数据就会出现不一致的问题。其次，按照 BD4，一个经济体中的企业可能会通过直接投资关系架构与同一经济体或不同经济体的另一个企业关联起来，尽管他们都不是对方的直接投资者，但只要其中一个企业的母公司与另一个企业有直接或间接的直接投资关系，那么，就将二者定义为成员企业，成员企业之间的投资没有超过 10% 的标准，也应根据最终投资者确定是否记录在直接投资中。这样，即便是在国际账户内部，也可能因为对成员企业和最终投资者的确定不一致而产生合并水平不同的问题。

3. 直接投资者和直接投资企业对持有股权的记录不同

首先，直接投资企业通常将累计留存收益记录为所有者的股权，而直接投资者很少这样做，他们只按收购价记录，不作进一步调整；其次，直接投资企业通常会根据当期市场价格或者汇率调整其资产和负债，其中也包括所有者的股权，而直接投资者的账面上也不反映这种调整。从二者的不同处理来看，一般认为，从直接投资企业方面获得的统计数据更准确。

4. 再投资收益的时滞问题

对于许多企业，要取得再投资收益的信息常常需要拖延相当长时间，而且有时只有年度数据，因此，对于季度数据和发布得较快的数据，最终的统计可能有较大幅度的变化。由于 GNI 需要经再投资收益调整才能得到，因此，时滞问题以及相应的修订幅度也会对 GNI 产生影响。

四、总结与进一步的研究

从本文的研究来看，跨国公司对国民核算体系产生影响有不同的层面。首先，由于跨国公司所建立的复杂 FDI 关系以及统计中的口径和方法问题，现有的统计体系还不能很好地识别直接投资的范围，BD4 所推荐的直接投资关系架构在大部分国家都还没有实施，特别是发展中国家更是如此，这样，各国FDI统计数据不准确是普遍存在的问题,并且,其改进仍然需要一个长期的过程。第二,跨国公司在全球范围内从事生产经营,其账面数据并不能很好地反映直接投资者、直接投资企业以及关联企业在各自所属的经济领土上的实际生产、收入分配以及对外贸易和投资状况,开放经济体以此为基础所得到的主要国民核算指标,进出口、投资收入和相关金融流量、GDP、实际GDP以及生产率都会受到影响。尽管各国在实践中不断总结,形成了一些经验,国际组织致力于各国统计方法的一致性,提供了统计标准,但是,国民核算体系仍然不可避免地受到跨国公司的影响,并且,随着跨国公司的不断成长,其利益中心会越来越模糊,由此,跨国公司是全球化对国民核算体系最大的挑战。

由于研究水平和篇幅所限,本文的研究仅仅是对国际统计标准和相关研究的总结,从目前的进展来看,还有许多需要进一步研究的方向。第一,微观层次的跨国公司研究。由于各国发展水平和开放水平不同,发达国家跨国公司的行为与发展中国家跨国公司行为可能不同,这样,跨国公司对国民核算影响的程度可能不同,需要从微观层面进行跨国公司研究,提供跨国公司对国民核算影响的程度的经验依据。第二,尽管本文所设计的基本主要国际统计文献也提供了一些实际国家的案例,但是其中没有以中国为对象的研究,中国国民核算面对怎样的全球化挑战,是摆在我们面前的一个重要问题。第三,全球化对政府统计影响的其他方面研究。全球化对政府统计的影响是一个范围很广的问题,本文仅仅涉及了其中跨国公司对国民核算影响的一部分,贸易方式的变化以及住户的全球化等所产生的影响都还没有讨论。

参考文献

[1] Andreas Maurer, Goods send for processing comments of the task force on international merchandise trade statistics, STD/NAES/TASS/ ITS, 2005.

[2] Baldwin, J.R., Gellatly, G., & Sabourin, D, "Changes in Foreign Control under Different Regulatory Climates: Multinationals in Canada. Catalogue no.11-624-MIE-No.013," Minister of Industry, 1-15, Canada, 2006.

[3] Baldwin, R.E, & Kimura, F; "Measuring U.S. International Goods and Services Transactions," Nber working paper series, 1-47, 1996.

[4] Baldwin R E, Robert-Nicoud F, "Trade and growth with heterogeneous firms, Journal of International Economics," 74(1), 21-34, 2008.

[5] Bernard, A.B., Eaton, J., Jensen, J.B, Kortum, S, "Plants and productivity in international trade, American Economic Review," 93(4), 1268-1290, 2003.

[6] Chunding Li, John Whalley, Yan Chen, "Foreign affiliate sales and trade in both goods and services," Nber Working Paper Series, 16273, 1-26, 2010.

[7] Eurostat, Progress report of the eurostat task force on multinational enterprises, ECE/CES/GE. 23/2009/7/Rev. 1, 2009.

[8] Feenstra, R.C., Hai, W., Woo, W.T., & Yao, S, "The U.S.-China Bilateral Trade Balance: Its Size and Determinants," NBER working paper, 65-98, 1998.

[9] Fung, K.C., & Lau, L.J. "The China-United States Bilateral Trade Balance: How Big is it Really?" Pacific Economic Review, 3(1), 33-47, 1998.

[10] Fung, K.C., Lau, L.J., & Xiong, Y. "Adjusted estimates of United States-China bilateral trade balances: an update. Pacific Economic Review," 11(3), 299-314, 2006.

[11] 高敏雪、谷泓,"外国直接投资统计基本定义剖析",《统计研究》,2005年第4期,第47-50页。

[12] 高敏雪,"面对经济全球化的国民经济核算——属地原则与属民原则的重新检视",《统计学》,2000年4月。

[13] 高敏雪、许晓娟,"国际货物贸易的度量——基于所有权对中国对外贸易统计的改进",《统计研究》,2011年1月,第18-24页。

[14] 刘萍,"构建所有权贸易差额统计体系——基于美、中贸易的研究",《浙江大学硕士论文》,2007年。

[15] 刘遵义等,"非竞争型投入占用产出模型及其应用——中美贸易顺差透视",《中国社会科学》,2007年5月,第91-103页。

[16] IMF, Balance of Payments manual and Investment Position (BPM6) (Sixth Edition.), 2008.

[17] Julius, D, "Foreign Direct Investment: The Neglected Twin

of Trade," Group of Thirty's Occasional Papers, 1 – 36, 1991.

[18] 贾怀勤,"从属权贸易核算角度评析 FATS 及中国数据现状",《统计研究》,2011 年 1 月,第 22-26 页。

[19] 贾怀勤,"在地贸易统计还是属权贸易统计?——FDI 对传统贸易统计的颠覆及其对策",《统计研究》,2006 年 2 月,第 40-44 页。

[20] Landefeld, S. J., Whichard, O. G., & H, J, "Alternative Framework for U.S. International Transactions," Survey of Current Business, 50–61, 1993.

[21] Lipsey, R.E, "Reviving the Federal Statistical System: International Aspe. American Economic Review," 80(2), 337-340, 1990.

[22] Lipsey, R.E., & Kravis, I, "The Competitiveness and Comparative Advantage of U. S. Multinationals 1957 – 1983," Nber Working Paper No.2051, 1-58, 1986.

[23] Lipsey, R.E., & Kravis, I.B, "The Competitive Position of U. S. Manufacturing Firms," Nber Working Paper No. 1557, 1-39, 1985.

[24] 李月芬,"中国亟待建立一个以所有权为基础的贸易差额统计体系",《国际经济评论》,2006 年第一期,第 1-2 页。

[25] OECD, OECD 外国直接投资统计基准定义(第 4 版 2008),北京:中国人民大学国民经济核算研究所翻译,2010 年。

[26] Robert E. Baldwin, Robert E. Lipsey, and J. David Richardson, "Geography and ownership as bases for economic accounting," Chicago: University of Chicago Press (Conference on Research in Income and Wealth (1995: Washington, D.C.)), 1995.

[27] Robert Koopman, Zhi Wang & Shang-Jin Wei, "How much of Chinese exports is really made in China? Assessing domestic value-added when processing trade is pervasive," Nber Working Paper Series, 2008.

[28] Stone, R., & Hansen, K, "Inter-country comparisons of the National Accounts and The Work of The National Accounts Research Unit of The Organization for European Economic Co-operation," Income and Wealth, 101-141, 1952.

[29] 孙华妤、许亦平,"贸易差额的衡量:基于所有权还是所在地",《国际贸易问题》,2006 年 5 月,第 35-41 页。

[30] UN etc. Manual on Statistics of International Trade in Services (First Edition), 2002.

[31] UN etc. National Accounts, 2008.

[32] WGGNA, Guide on Impact of Globalization on National Accounts, UNECE, 2010.

[33] Whichard, O.G., & Lowe, J.H, "An Ownership-Based Disaggregation of the U.S. Current Account 1982-93," Survey of Current Business, 52-61, 1995.

[34] William CAVE, "International trade in product: do we need a mew international classification or framework," Working Party on International Trade in Goods and Trade in Services Statistics, 2008.

[35] 王丹丹,"中国国际服务贸易发展及其影响研究——统计规范与计量分析",《中国人民大学博士学位论文》,2009 年 6 月。

[36] Xu, Y., Lin, G., & Sun, H, "Accounting for the China-US Trade Imbalance: An Ownership – Based Approach," Review of International Economics, 18(3), 540 – 551, 2010.

[37] 姚枝仲、刘仕国,"中国国民对外贸易差额",《国际经济评论》,2006 年第 5 期,第 22-28 页。

[38] 张芳,"中国国际加工贸易发展及其影响研究",《中国人民大学博士学位论文》,2010 年 12 月。

购买力平价对外国对华反倾销的潜在影响分析

杜立新[*]

(北京师范大学统计学院 北京 100875)

摘 要：国际比较项目购买力平价(PPP)数据应用之一是计算价格相对水平,价格相对水平通过实际有效汇率可以影响倾销。本文通过实证分析从 PPP 数据应用视角考察了 PPP 对对华反倾销调查数的潜在影响。研究发现：(1)价格相对水平、汇率、反倾销报复能力、ICP 轮次转换影响方向符合预期,经济增长率、两国相对物量水平、自华进口额和自华进口比重影响方向为负；(2)PPP 既可以通过经济增长率,也可以通过价格相对水平进而相对经济规模和实际有效汇率来影响反倾销数,后者影响更大；(3)2005-2011 年间,PPP 变化使外国对华反倾销调查数下降 2.37 次。

关键词：PPP；价格相对水平；实际有效汇率；反倾销

The Potential Effect of PPP to the Number of Anti-dumping Investigation to China

Du Lixin

(*School of Statistics, Beijing Normal University, Beijing* 100875)

Abstract: One application of Purchasing Power Parity(PPP) is to compute relative price level, which affects dumping by real effective exchange rate. The article examines the potential effect of PPP to the number of anti-dumping investigation to China in the perspective of the application of PPP by empirical analysis. We find: (1) Relative price level, effective exchange rate, antidumping retaliation ability, ICP round swift have the effect direction coinciding with our expectation. Economy growth, relative volume level, Import value and Import share from China have a negative impact. (2) PPP has an impact on the number of anti-dumping not only by economic growth but also by Relative Price Level then Economy scale and Real Effective Exchange Rate, We show the later way has a bigger effect. (3) During 2005 to 2010, the rise of PPP makes the each country decline to increase the number of anti-dumping investigation by 0.055 times in average.

Key Words: PPP; Relative Price Level; Real Effective Exchange Rate; Antidumping

一、引言

近十几年来,世界各国对中国的反倾销投诉此起彼伏,当今中国已经成为世界上最大的反倾销受害国。1995-2012 年,中国合计遭遇反倾销调查 916 起,占全球当期反倾销调查总数(4230 起)的 1/5 以

---

[*] 杜立新,男,1986 年 4 月生,北京师范大学经管学院博士研究生,研究方向为宏观经济统计。

上(22%)(见表1)。2012年,全球发起反倾销调查208起,中国遭遇60起,占总量的29%,仍然处于较高的水平。截至2012年底,全球已有32个国家(地区)对我国出口产品实施过反倾销调查,美国、欧盟等发达国家一直是对中国发起反倾销指控的主力团。

表1 中国遭受反倾销调查占世界的百分比

年份	百分比	年份	百分比
1995	12.7	2004	22.9
1996	19.2	2005	28.5
1997	13.6	2006	35.6
1998	10.9	2007	37.2
1999	11.5	2008	35.1
2000	14.6	2009	36.8
2001	14.5	2010	25.6
2002	16.5	2011	30.7
2003	22.5	2012	28.8

数据来源:WTO database.

一方面,综合国力的快速上升无疑是中国遭受反倾销的直接原因之一。综合国力的国际比较是国际比较项目(International Comparison Program,ICP)的重要内容。ICP设立于1968年,迄今已进行了八轮国际比较。最近的三轮分别开始于1993年、2005年、2011年,均持续5-6年时间。中国第一次参加ICP是在第七轮,涉及11个城市,此次参加具有试点研究性质。第八轮ICP中,中国全面正式参加。第八轮ICP结果显示,中国以购买力平价换算的国内生产总值(Gross Domestic Product,GDP)由第七轮的全球第二位跃居第一位,如果这一结果是确切的,中国GDP增长率将增加到接近200%,即使这一结果不确切,也仍可能被当作加大反倾销力度的隐蔽缘由。因为综合国力排名地位的上升可能招致嫉妒乃至打压,已有研究将GDP作为综合国力的衡量指标没有剔除价格因素,旨在估计各国购买力平价、对各国GDP进行物量比较的ICP显然更能衡量各国的综合国力排名。

另一方面,出口产品价格水平的低廉无疑是中国遭受反倾销的另一个直接原因。已有研究大多将GDP整体作为反倾销的影响因素进行研究,很少将价格水平作为影响因素单独予以研究。ICP的国际比较方法是在得到各国的购买力平价(Purchasing Power Parities,PPP)之后,以PPP作为转换因子,将各国的本币现价GDP转换为以美元表示,得到具有物量意义的指标GDP-PPP based。传统的国际比较方法是以汇率作为GDP的转换因子,得到经汇率(Exchange Rate,XR)转换后的指标GDP-XR。ICP2011官方摘要报告认为PPP和汇率均不能视为价格水平比率。但由于PPP可视为价格水平比率与货币比率的乘积,汇率更接近货币比率,因而价格水平比率近似等于PPP与汇率的比值。

鉴于以上两个原因,利用国际比较项目结果PPP数据,可以对中国遭受反倾销的影响因素提供新的视角。本文着眼于PPP对对华反倾销调查数的潜在影响,首先通过文献梳理考察了对华反倾销调查数的实际影响因素,得到回归模型;进而对模型进行经济意义检验和实证检验,并在与已有实证研究文献进行对比的基础上,通过对回归模型中加入PPP比值变量,实现研究目标。

二、文献回顾

WTO在法律上给予"倾销"的标准定义为:"将一国产品以低于正常价值的方式进入另一国市场,如因此对某一缔约国领土内已建立的某项工业造成实质性损害或产生实质性损害威胁,或者对其一国内产业的兴建产生实质性阻碍,这种倾销应该受到谴责"。

对于反倾销调查发起的原因,多数学者(如Feinberg和Reynolds,2005;Deardorff和Stern,2005)认为GDP、进口比重、双边汇率的变动是引起反倾销调查的主要经济因素。

(一)汇率与反倾销的关系

汇率从两个方向影响反倾销调查的发起,一方面,当出口国货币贬值,出口商品的价格不变,则经过汇率调整后的出口产品国内价格低于出口国价格,从而降低了"低于正常价值销售"裁定的可能性,反之,则提高;另一方面,如果出口国货币对某进口国货币的汇率贬值,则出口至该进口国产品的数量将上升,使得进口国内部相关产业面临更加激烈的竞争,从而更容易被认为对其造成实质性损害,从而提高倾销裁定的可能性。尤湘辉(2010)发现来自汇率的第二个效应更为显著。人民币美元汇率对反倾销发起的概率有很大的影响。

许多实证研究发现汇率对反倾销有影响。Knetter和Prusa(2002)则通过负二项检验发现汇率对反倾销调查的影响极其显著。Irwin(2005)研究美国在过去半个世纪年度反倾销案件诉讼的影响因素,认为反倾案件的年度数量受到汇率的影响。Hallworth和Piracha(2006)使用二项式回归测量了1994-2001年期间的宏观经济变量和反倾销诉讼之间的关系,结果显示汇率对反倾销诉讼存在影响。Niels和Francois(2006)研究了1987-2000年的反倾销,证明了包括汇率变动在内的宏观经济因素和反倾销诉讼间的关系。国内学者对汇率的研究主要是关注人民币汇率的变化对反倾销的影响。沈国兵(2007)运用负二项计数模型,探究了美国对中国反倾销的宏观决定因素,发现美元对人民币实际汇率变动率上升,会增加美国对中国反倾销调查及最终反倾销措施数量。赵晓霞(2007)基于15个国家1995-2004年反倾销的统计数据,通过面板数据模型实证研究,发现汇率与反倾销立案数量显著相关,但在发展中国家中,汇率对反倾销立案数量影响的显著性较低。潘圆圆(2008)实证研究结果显示中国遭受反倾销起诉的数量受到汇率变动的影响。宋伟(2008)使用1994-2006年的美国和印度对华反倾销的数据采用蒙特卡洛模拟的方法进行研究,发现人民币的汇率变动是反倾销的宏观决定因素之一。

汇率分为双边汇率和有效汇率两种。由于人民币双边汇率是用于研究中国与对方国家的双边贸易的,周灏(2011)认为在研究我国遭受反倾销次数的背景下,双边汇率无法反映出人民币与这全部对华反倾销国家所使用货币之间的汇率的整体情况,而有效汇率能弥补上述缺陷。多数上述研究采用双边汇率,而采用有效汇率进行研究的文献也主要直接采用IMF公布的人民币有效汇率,并未将实际有效汇率分解为相对价格和名义汇率分别研究。

(二)经济规模、经济增长与反倾销的关系

许多学者发现经济规模与反倾销之间存在一定的关系。如Feinberg(1989)通过t检验发现美国反倾销调查的增长伴随着国内GDP的减少和美元的贬值。Larry D. Qiu(2008)运用极大似然估计,通过对美国和中国的比较,发现GDP、汇率和进口比重均对反倾销调查有很大的影响。

对于经济增长对反倾销的影响也是国内外学者关注较多的问题。经济增长常用GDP增长率来衡量,从GDP增长率来考察其对反倾销的影响,有的研究了进口国的经济增长的影响,有的研究了出口国的经济增长的影响,研究结果不尽一致。Mah(2000)研究了在美国国际贸易委员会(United States International Trade Commission, USITC)的反倾销裁决中的宏观经济影响因素。Knetter和Prusa(2003)分析了影响美国、澳大利亚、欧盟和加拿大频频发起反倾销调查的宏观因素,发现进口国较低的GDP增长率更容易引起反倾销调查,进口国GDP增长每减少1个标准单位,反倾销调查数量增加23%,而出口国GDP增长与反倾销调查数量的关系则不明朗。Hallworth和Piraeha(2006)研究发现GDP对反倾销诉讼存在影响。国内学者黄建康、孙文远(2006)采用泊松模型实证研究了美国1980-2003年间的反倾销案件,发现经济增长率是对美国反倾销的影响最大因素之一。宋伟(2008)认为发起国的GDP增长率是反倾销的宏观决定因素之一。赵晓霞(2007)发现GDP增长率反倾销立案数量显著相关,但是邹昆仑(2008)的研究表明美国经济增长率对我国企业在美国遭遇反倾销几乎没有影响。

(三)贸易状况及其他经济因素与反倾销的关系

贸易状况影响反倾销。贸易状况主要涉及到贸易额、贸易渗透率、贸易差额等指标。

国外学者Leipziger和Shin(1991)使用标准Logit技术实证检验了美国产业决策对国外竞争者发起反倾销的影响,发现面临大量进口的国内产业

和该进口占据了美国市场的显著份额的国内产业更容易发起反倾销。Mah(2000)研究了在USITC的反倾销裁决,Johansen协整检验的结果显示—反倾销裁决的百分率增长和贸易差额之间存在长期均衡关系并指出贸易状况是最主要的影响因素。Sabry(2000)使用美国数据研究了美国反倾销案件,研究结果显示进口渗透率在解释反倾销诉讼的结果时是显著影响因素。Blonigen(2005)则发现进口比重的增加将导致反倾销调查的增加。

国内学者黄建康、孙文远(2006)发现进口增长率是对美国反倾销的影响最大因素之一,通货膨胀因素也有较大影响。谢建国(2006)的研究显示对华贸易逆差显著提高了美国对华的反倾销调查频率。沈国兵(2007)认为中国对美的进口渗透率的变化影响了美国对华反倾销行为。赵晓霞(2007)的研究发现经常项目差额与反倾销立案数量显著相关。在发展中国家中,经常项目差额对反倾销立案数量影响的显著性较高。王晰、张国政(2009)运用向量自回归模型(Vector Autoregression model, VAR)和脉冲响应函数对1980-2007年美国反倾销与制造业进口、产出的相互关系进行了研究,发现制造业进口与产出波动是决定美国反倾销发起的主要因素。田玉红(2009)通过对1996-2007年国际对华反倾销以及中国相关经济数据的实证分析,发现加工贸易和贸易竞争力对减少国际对华反倾销作用明显。

除汇率、经济规模和经济增长、贸易状况以外,国内外学者们还研究了如失业率、雇员人数、价格、利润、投资、产业情况等诸多其它经济因素对反倾销的影响。比如,Mah(2000)还研究了涉案产业资本利用程度、产业集中度对发起反倾销诉讼的影响。谢建国(2006)、沈国兵(2007)研究显示美国国内工业产出增长率显著提高了美国对华的反倾销调查频率。沈国兵(2007)、赵晓霞(2007)均研究了失业率对反倾销立案数的影响,后者甚至发现失业率的影响比GDP增长率更加显著。王晰、张国政(2009)通过考察美国发现直接投资在中长期会对反倾销发起产生影响。

文献梳理可以发现,反倾销影响因素中的经济因素是最重要的考量因素,而在这些经济因素主要集中于GDP、汇率和贸易额等商品价格以外的经济因素,根据倾销定义,"进口产品低于正常价格"是重要的判断标准,对反倾销调查发起国而言,正常价格更多的意味着国内价格,因而反倾销商品价格和该种产品国内价格的比较应当作为反倾销的重要影响因素加以考量,而现有文献中,以价格因素作为被关注变量的研究不多(如邬一欣(2010)提出反倾销预警机制,将原材料和产品价格作为重要的指示信息),究其原因,可能在于反倾销案件公布的价格信息较少,即使反倾销商品的价格可以获得,反倾销调查发起国的国内价格仍然不能确定,因为就某一种具体商品而言,国内销售商家林林总总,所以以反倾销商品的价格和国内价格孰高孰低就不好判断。实际汇率试图包含进两国价格因素的对比,但选取的指标多为消费者价格指数(Consumer Price Index, CPI)之比,显然CPI范围不能涵盖贸易品范围,而且价格水平变化率的比值不能代替价格水平的比值。

本文借鉴ICP中PPP的估计结果,通过构造价格相对水平指标,进而以其倒数作为实际汇率,作为价格影响因素的变量指标,并把它与其他经济变量一起作为反倾销的解释变量。进而,在找到对反倾销调查有显著影响的解释变量的前提下,以这些解释变量中与PPP有密切关系的变量作为中介变量,从而估计PPP对反倾销的影响。

三、变量的指标和数据选取和模型方法说明

(一)模型方法说明

本文采用固定效应模型,模型具体形式如模型(1)所示:

$$AntiToChina = \beta_0 + \beta_1 pgdp_t + \beta_2 XGDP_{it} + \beta_3 XPPX_{it} + \beta_4 XR_{it} + \beta_5 IMvalue_{it} + \beta_6 IMshare_{it} + \beta_7 AntiFrChina_t + \beta_8 w_1 + \beta_9 w_2 + \varepsilon_{it}$$

(1)

其中，

$$w_1 = \begin{cases} 1 \cdots t \in [2005, 2010] \\ 0 \cdots 其他 \end{cases}$$

$$w_2 = \begin{cases} 1 \cdots t \geq 2011 \\ 0 \cdots 其他 \end{cases}$$

（二）变量的指标和数据选取

文本选取外国对华反倾销调查申请数为被解释变量，共涉及9个对华主要反倾销国/经济体，分别是印度、美国、土耳其、巴西、南非、澳大利亚、墨西哥、加拿大和韩国。因为2001年是中国加入世界贸易组织（World Trade Organization，WTO）的年份，为避免模型结构变化，选取时间跨度为2001-2011年。相应数据见表2。

表2 历年9国对华反倾销调查申请数　　　　　　　　　　　　单位：次

年份	印度	美国	土耳其	巴西	南非	澳大利亚	墨西哥	加拿大	韩国
2001	18	18	6	4	1	3	2	4	1
2002	18	8	7	2	1	2	3	1	2
2003	10	9	4	1	1	1	4	3	4
2004	5	6	10	2	1	1	2	2	1
2005	6	3	5	1	4	1	2	0	1
2006	8	2	3	3	0	2	2	1	1
2007	11	7	2	3	1	0	1	0	3
2008	12	8	4	9	2	0	1	1	1
2009	7	5	2	2	0	1	1	1	0
2010	9	1	4	8	0	1	1	0	1
2011	4	4	1	3	1	1	2	0	0

数据来源：WTO Database.

根据前文的分析，本文选取以下经济变量指标作为解释变量：中国经济增速、GDP物量水平之比、两国价格相对水平、汇率、外国进口中中国所占份额、中国对外反倾销措施数。

1. 中国经济增速

本文选取的中国经济增速指标数据根据相邻两个年份的不变价GDP（2005 ICP国际元）计算得到（以 $pgdp$ 表示）。不变价GDP（2005 ICP国际元）数据来自世界银行数据库。根据上文的分析，该指标影响符号预期不确定。

2. GDP物量水平之比

GDP物量水平之比（以 $XGDP$ 表示）选取外国GDP-PPP based与中国GDP-PPP based之比。GDP物量水平之比反映了两国竞争力的对比关系，该指标值越低，意味着中国国际地位上升越快，对外出口能力越强，外国越容易对华发起反倾销，呈负相关关系。但同时，对两国GDP物量水平之比回归所得到的系数一定程度上能反映一国对两国差距拉大或缩小的容忍程度，因为极可能因反倾销国国家大小而异，因而符号预期不确定。GDP-PPP based为GDP现价以PPP为转换因子转换而来。相关指标数据来自世界银行数据库。

3. 两国价格相对水平

两国相对价格水平以 $XPPX$ 表示，具体计算公式为：

$$XPPX = \frac{PPP_i / XR_i}{PPP_0 / XR_0}$$

该比率是国际比较项目中的两国国际价格相对水平指标（Price Level Index，PLI）之比，下标0代表中国，下标i代表外国。由于PPP表示对比国与美国的货币购买力比值，XR表示对比国与美国的货币名义价值比值，因而PLI反映了对比国与美国的相对价格水平，从而 $XPPX$ 反映了外国与中国的相对价格水平。外国与中国的两国相对价格水平比值越高，根据倾销的定义，意味着中国出口产品价格越低，越容易遭受反倾销，可以预期该指标回归系数对应符号为正。PPP 数据来自世界银行数据库,汇率数据采用中国国家统计局数据。

4. 汇率

汇率以 XR 表示。在价格水平相对不变的情况下,出口国货币贬值,即出口国间接汇率下降,由于上文提及的汇率的第二个效应,进口国对出口国反倾销的可能性将上升。因此汇率的预期影响为负。汇率数据采用中国国家统计局数据。

表3 反倾销9国(经济体)2001-2012年间从中国进口额   单位:百万美元

年份	印度	美国	土耳其	巴西	南非	澳大利亚	墨西哥	加拿大	韩国
2001	1,828	109,380	1,658	1,085	1,064	5,334	4,027	8,219	13,303
2002	2,620	133,484	2,080	1,554	1,359	6,999	6,274	10,202	17,400
2003	3,615	163,250	2,610	2,148	2,219	9,299	9,400	13,289	21,909
2004	6,051	210,517	4,476	3,710	3,575	13,181	14,373	18,549	29,585
2005	10,167	259,829	6,885	5,355	4,946	16,295	17,696	24,369	38,648
2006	15,639	305,779	9,669	7,989	6,879	19,213	24,438	30,443	48,557
2007	24,576	340,107	13,234	12,618	8,563	24,054	29,744	35,825	63,025
2008	31,586	356,305	15,658	20,040	9,909	29,896	34,690	40,152	76,927
2009	30,613	309,530	12,663	15,911	8,325	28,351	32,529	34,872	54,246
2010	41,249	382,954	17,181	25,536	11,499	35,261	45,608	43,240	71,573
2011	55,483	417,303	21,693	32,788	14,200	43,448	52,248	48,654	86,431

数据来源:WTO 国际贸易和市场准入数据(International Trade and Market Access Data)。表中"*"表示为估计数。土耳其估计方法是2001年和2004年间的几何增长率,巴西估计方法是2002-2011年的历年增长率的平均值作为2001-2002年的增长率,这一数字与2002-2003年的增长率类似。

5. 外国从中国进口额和外国从中国的进口所占份额

外国从中国进口额和外国从中国的进口所占份额两变量分别以 IMvalue 和 IMshare 表示。就前者而言,随着从中国进口增加,初期由于摩擦、互相了解不足等原因,影响可能是正向的,但随着贸易关系走向成熟,对中国发起反倾销调查的概率将下降。后者反映了进口对中国的依赖程度,一般而言,对某国产品依赖程度越高,越不容易发起反倾销调查,因而该指标符号预期为负,但在对外依赖程度达到一定门槛之前,进口所占份额的影响取决于前两者的力量对比,影响可正可负。反倾销9国从中国货物进口额见表3,反倾销9国从中国进口占本国货物进口总额的比重见表4。相关指标数据来自 WTO 统计数据库。

表4 反倾销9国2001-2011年间从中国进口额占本国进口总额比重   单位:%

年份	印度	美国	土耳其	巴西	南非	澳大利亚	墨西哥	加拿大	韩国
2001	3.63	4.64	7.12	8.77	10.71	9.84	11.9	11.78	11.95
2002	9.28	11.12	15	15.94	16.83	16.42	19.28	19.45	18.42
2003	9.55	11.05	15.61	16.33	16.99	17.9	21.03	25.87	27.65
2004	5.25	3.67	5.33	9.14	11.39	12.36	12.43	13.47	14.23
2005	4.01	4.04	5.9	6.93	7.78	7.75	8.99	9.26	9.01
2006	1.86	3.13	6.9	8.34	9.96	10.99	11.9	13.33	13.84
2007	3.77	4.64	7.94	8.74	9.68	9.75	11.24	11.87	11.41
2008	8.35	9.63	13.01	13.8	14.55	14.93	17.13	17.49	17.83
2009	2.33	3.62	7.75	9.28	10.25	10.9	13.47	14.7	14.47
2010	3.62	4.48	7.56	8.48	9.18	9.58	10.57	10.74	10.49
2011	9.43	11.44	14.79	15.69	17.66	17.67	16.79	16.83	16.48

数据来源:WTO 国际贸易和市场准入数据(International Trade and Market Access Data)和笔者计算。

6. 中国对外反倾销调查数

表5　2000-2011年中国对外反倾销调查数量

单位：件

年份	数量	年份	数量
2000	6	2006	10
2001	17	2007	4
2002	30	2008	14
2003	22	2009	17
2004	27	2010	8
2005	24	2011	5

数据来源：海闻、李清亮(2011)和刘爱东、沈红柳(2013)。

本文选取中国对外反倾销调查数作为中国对外报复能力的替代变量，以 $AntiFrChina$ 表示。若中国对外反倾销调查数越多，则外国对华反倾销越忌惮，因而预期符号为负。1978-2000年，中国进口额的年平均增速均为15%，而2001-2010年，进口的年平均增速上升为20%，进口的大幅增长伴随着贸易摩擦增长，海闻、李清亮(2011)认为2001-2010年间，我国成为同期世界上实施对外反倾销调查最多的国家之一。刘爱东则认为除了2004年，其余年份发起反倾销数量均不超过当年全球总量的7%，仍然相对较少。

7. 虚拟变量

2001-2011年间ICP进行了两轮，除了2005年和2011年根据调查数据计算的PPP，2006-2010年GDP-PPP based 以2005年为参考基准年估计。其余年份PPP参考基准年相对更早（早于2001年）。因而设立年度虚拟变量 w_1 和 w_2 是为了反映2005年前后及2011年前后，ICP PPP结果之间的内在不一致性。若新一轮较上一轮ICP中国PPP陡然上升，而外国（主要是发达国家）保持不变，则外国与中国物量水平差距将缩小，对外国对华反倾销数有拉低的作用。综上，本文选取所有变量指标共有9个，所有变量指标及其含义和数据类型见表6。

表6　变量指标及说明一览表

	指标	含义	数据类型
被解释变量	$AntiToChina$	外国对华反倾销申请数	Panel
解释变量	$pgdp$	中国GDP-PPP based 增速	Times
	$XGDP$	两国GDP-PPP based 之比	Panel
	$XPPX$	两国相对价格水平比率	Panel
	XR	汇率	Panel
	$IMvalue$	外国从中国进口额	Panel
	$IMshare$	外国进口中中国所占份额	Panel
	$AntiFrChina$	中国对外反倾销措施数	Times
	w_1 和 w_2	ICP round 虚拟变量	Times

四、实证结果及其分析

采用 White 截面加权（White cross-weights）的OLS估计方法，同时采用未经自由度修正的White截面标准误来处理面板误差结构，模型（1）回归结果如表7所示。

回归结果显示，价格相对水平、汇率、反倾销报复能力、ICP轮次对外国对华反倾销数的影响方向符合预期，而经济增长率、两国物量水平之比、自华进口额等变量影响方向为负、自华进口比重影响方向为负，这些或反映了中外当前贸易的阶段特征。通过与部分近期文献（刘爱东，2014；李磊、漆鑫，2010；丁勇，2008；朱庆华，2013）实证结果对比，我们发现本文的回归结果与已有文献实证结果差异并不大。首先就经济增长率而言，由于本文考虑的是GDP（PPP based）的增长率，所以回归系数大小有差异，但符号相同。已有文献进口国实际有效汇率影响显著，本文研究中的解释变量价格相对水平实际是实际有效汇率的倒数,回归符号与已有文献一致。本文中自华进口比重指标所代表的外国进口中国所占份额同已有文献外贸依存度指标的影响一样不十分显著。中国对外反倾销申请数与已有文献有大致相同的回归系数。

表7 模型(1)的回归结果

变量	系数	符号预期
C	7.27*** (0)	
pgdp	-0.49*** (0)	+/-
XGDP	4.68* (0.055)	+/-
XPPX	1.50*** (0.0096)	+
XR	-0.01** (0.0373)	-
IMvalue	0*** (0.0001)	+/-
IMshare	0.04* (0.0728)	+/-
AntiFrChina	-0.1*** (0)	-
w_1	-0.84*** (0.003)	-
w_2	-2.09*** (0)	-
Fixed Effect	—	
Adjusted Squared	0.64	
F-statistic	11.26	
D.W.	2.01	

注:"***"、"**"和"*"分别表示在1%、5%和10%水平下显著;"—"表示此处省略。

回归结果还显示,国际比较项目第六轮到第七轮的转换使得中国遭受反倾销数下降0.84次(由w_1表示),第七轮到第八轮的转换使得中国遭受反倾销数下降2.09次(由w_2表示)。说明国际比较项目不断改进使得发展中国家PPP趋于合理。发达国家和发展中国家PPP的内在不一致趋于收敛。

PPP对中国pgdp的影响是PPP每上升1个单位,pgdp约上升1.04%①,2005-2011年间PPP上升了0.50,pgdp将上升0.52%。表7显示pgdp对反倾销数的影响是-0.48,说明2005-2011年间

PPP通过GDP经济增速对反倾销数的影响是使得对华反倾销数平均下降0.25次(-0.48×0.52)。

PPP对反倾销数产生影响,除通过轮次转换外,还通过两国PPP之比进而XGDP、XPPX等中介指标。为量化PPP通过XGDP和XPPX对反倾销的影响,需进一步量化PPP对XGDP和XPPX的影响。在模型(1)中,加入两国PPP之比(以指标XPPP表示),得到模型(1)'(略),其回归结果如表8所示。表8显示了在两国PPP之比不变情形下XGDP、XPPX两个中介指标对反倾销数的影响,模型(1)'到模型(1)中介指标影响系数的变化可视为PPP通过中介指标对反倾销数的影响。

表8 模型(1)改动后的回归结果

变量	模型(1)'
C	8.48*** (0.000)
pgdp	-0.53*** (0.000)
XGDP	4.3* (0.0815)
XPPX	1.76*** (0.0039)
XR	-0.01* (0.054)
XPPP	-0.03 (0.1338)
IMvalue	0*** (0.000)
IMshare	0.04** (0.0323)
AntiFrChina	-0.10*** (0.000)
w_1	-0.69*** (0.003)
w_2	-1.91*** (0.000)
Fixed Effect	—
Adjusted Squared	0.65
F-statistic	11.1
D.W.	2.06

注:"***"、"**"和"*"分别表示在1%、5%和10%水平下显著;"—"表示此处省略。

① 利用pgdp=$\beta_1$gdp+$\beta_2$ppp+u 估计得到。

$XGDP$ 和 $XPPX$ 对反倾销数影响系数分别变动 0.38 和 -0.25。由于两国 PPP 之比在 2005-2011 年间下降了 0.19[①]，则 PPP 通过 $XGDP$ 和 $XPPX$ 对反倾销数影响是使得对华反倾销数下降 0.02 次 $(-0.19\times(0.38-0.25))$；

综上，2005-2011 年间，PPP 上升对对华反倾销调查数的影响是使得对华反倾销数下降 2.37 次。

五、结论和研究展望

（一）结论

1. 从对华反倾销实际影响因素来看，研究发现个体固定效应对反倾销潜在影响最大，两国实力对比、价格相对水平是影响对华反倾销的共同因素。要控制潜在反倾销数量，首先应针对具体的反倾销发起国采取具体的对等应对措施，发展经济提升真实 GDP 水平，提高出口产品质量档次从而提高价格可以有效抑制潜在反倾销数。继续扩大出口、继续推进出口多元化有利于降低潜在反倾销数。

2. ICP 轮次转换对对华反倾销数有拉低作用，因而需要寻求降低发展中国家 PPP 的方法并改进 ICP，逐步推进实现不同轮 ICP 之间发达国家和发展中国家 PPP 结果的内在一致性。

3. 从 PPP 对对华反倾销影响大小来看，影响并非很大，当前应当着重考虑从对华反倾销实际影响因素角度降低对华反倾销数量。

（二）进一步说明及研究展望

本文借助世界银行世界发展指标数据库中的 PPP，考察了与 PPP 相关的真实 GDP、相对价格水平对对华反倾销数量的潜在影响，PPP 作为国际比较项目的成果，其本身并不与任何实际变量相对应，其潜在影响一方面取决于转换因子本身的作用，类似于萨缪尔森加速数模型中的加速数，另一方面则由 ICP 项目本身的年度不连续性导致 PPP 时间序列数据"断层"带来。本文的研究发现主要基于 PPP 两方面的综合影响，在第二方面的潜在影响上唯一的发现是 2011ICP 相较于 2005ICP 具有更明显的降低 PPP 对对华反倾销潜在影响的性质。要更深入研究转换因子本身的作用，需要基于参考年 PPP 的计算方法，各国参考年 PPP 计算方法的不一致又带来了更大的困难。

就模型方法而言，本文作了单位根检验和协整检验，单位根检验指标多数显示存在异质单位根，协整检验显示存在整体协整，两两指标协整检验未通过，如何对变量进行对数变换或差分变化以实现两两协整，本文并未深入进行，原因是虚拟变量的存在使得这一变化不允许。

数据方面，被解释变量只使用了反倾销调查申请数。而反倾销调查数只是诸多反倾销数据中的一种，其他还有如反倾销诉讼数、反倾销实施数等，每一指标具有更特定的含义，只有多指标综合才能反映对反倾销影响的全貌，但是数据可得性状况不支持这一研究。

本文采用的方法或可应用于涵盖反倾销的更广泛的贸易争议范畴，因为社会倾销、技术壁垒、绿色壁垒等花样翻新、层出不穷的贸易争议形式均或多或少受到本文所选取的解释变量的影响，只有考虑了这一更广泛的贸易争议范畴，才能将反倾销国试图规避使用反倾销措施而代之以其他贸易争议形式的行为纳入模型，从而更能反映对反倾销的"潜在"影响。由于数据难以获取和不同贸易争议形式性质不同等原因，本文避开了这一研究路线。

参考文献

[1] Alesandro Nicitia, "Exchange rates, International trade and trade policies," International Economics, 135 - 136 (2013) 47-61.

[2] Christopher L.Erickson, Sarosh Kuruvilla, "Labor Cost and the Social Dumping Debate in the European Union," Industrial and Labor Relations Reviews, 1994, Vol.48, No.1.

[3] 范超,"购买力平价在国际组织中的主要应用",《中国统计》,2011 年第 12 期,第 56-57 页。

[4] 冯巨章,"国际反倾销报复表象分析",《国际贸易问题》,2009 年第 12 期,第 86-91 页。

---

① 中国 2005 ICP PPP 结果为 2.879,2011ICP PPP 结果为 3.506,假定世界上其他国家 PPP 保持不变,则外国和中国的两国 PPP 之比下降了 0.186。

[5] 冯巨章,"对华反倾销的趋势、国别分布与产品结构:1995~2008",《国际经贸探索》,2010年第1期,第75-80页。

[6] 国家统计局,"中国统计年鉴2012",北京:中国统计出版社,2012年。

[7] ICP 2011, Purchasing Power Parities and Real Expenditures of World Economies: Summary of Results and Findings of the 2011 International Comparison Program, 2014.

[8] 刘爱东、张静,"国外对华反倾销影响因素的统计分析及启示",《湖南财政经济学院学报》,2014年第2期,第48-56页。

[9] 李磊、漆鑫,"对外反倾销威慑力能否有效抑制国际对华反倾销?",《财贸经济》,2010年第7期,第76-81页和第137页。

[10] 宋伟,"中国遭遇反倾销的宏观决定因素及其影响效应",《经济与管理》,2008年第11期,第83-86页。

[11] Stéphane Lalanne, "Posting of workers, EU enlargement and the globalization of trade in services," International Labour Review, 2012, Vol.150 (3-4).

[12] 田玉红,"转轨时期中国应对国际反倾销战略的实证分析",《财政问题研究》,2009年第6期,第26-33页。

[12] 田丰,"对华倾销问题评估及对策",《国际经济合作》,2014年第2期,第39-41页。

[14] World Bank (2013), "Measuring the Real Size of the World Economy: The Framework, Methodology, and Results of the International Comparison Program," http://www.worldbank.org/reference/.

[15] 王斌,"购买力平价理论在国际经济实力比较中的应用",苏州:苏州大学硕士论文,2006年。

[15] 余芳东,"中国购买力平价(PPP)数据的合理性",《统计研究》,2013年第11期,第38-43页。

[16] 余芳东,"关于世界银行2005年ICP结果、问题及应用的研究",《统计研究》,2008年第6期,第3-10页。

[17] 袁卫、邱东、任若恩、李善同、许召元、何新华,"专家诠释ICP",《统计研究》,2008年第6期,第11-15页。

[18] 杨智华、于津平,"国外对华反倾销与人民币汇率关系研究",《国际经贸探索》,2013年第8期。

[19] 朱庆华、王鲁岩,"中国反倾销对国外对华反倾销有遏制作用吗?",《山东财政学院学报》,2013年第2期,第29-37页。

[20] 周灏,"中国遭受反倾销的影响因素及贸易救济体系研究",武汉:华中农业大学博士论文,2011年。

[21] 邹昆仑,"我国遭遇反倾销的双边影响因素分析——基于面板数据的研究",《当代财经》,2008年第8期,第103-106页。

国际比较视角下中国省际教育服务产出试算

王春云　阎海洋

（东北财经大学统计学院　大连　116025）

摘　要：欧盟—OECD 对教育服务的测算方法，一直用于国际比较层面。本文尝试将其用于一个国家内部不同地区的比较。文章使用了中国省际教育相关数据。实证研究表明，欧盟—OECD 教育产出法在一国不同区域具有一定的适用性；另一个重要发现是：中国"成本投入法"得到的教育服务产出值被高估了。

关键词：欧盟—OECD 教育产出法；教育产出；国际比较

The Education Output Comparison in Chinese Provinces Based on an International Comparison Method

Wang Chunyun　Yan Haiyang

(School of Statistics, Dongbei University of Finance and Economics, Dalian, 116025)

Abstract: The Eurostat-OECD education output method is used to compare the output values of education services internationally. This paper applies the method to compare education outputs at the subnational level in China using relevant provincial education data. The empirical research shows that the Eurostat-OECD education output method performs satisfactorily in comparing the education outputs of different provinces at the subnational level. This paper also finds that the output value of education services calculated using the input-price approach is overrated.

Key Words: The Education Output Method Employed By Eurostat and OECD; Education Service Output; International Comparison

一、引言

政府教育服务作为 ICP 正在讨论的三大特殊比较领域之一，需要特殊对待，进行深入研究。目前，ICP 无统一的方法进行教育国际比较，各区域一般采用各自的方法计算教育产出值，OECD 国家使用教育产出法计算区域内各国的教育产出值，而非经合组织国家采用劳动生产率调整的成本投入法计算教育产出值。这种做法，严重影响教育产出的国际可比性，并影响各国国内生产总值（GDP）的准确计算，进一步影响 GDP 的准确比较。

2006-2007 年期间，欧盟—OECD 特别小组对

---

* 基金项目：本文为国家社科基金一般项目（批准号：14BTJ001）与"辽宁省社科规划基金青年项目（批准号 L11DRK006）"的阶段成果，文责自负。

作者信息王春云，女，1987 年 6 月生，东北财经大学统计学院，硕士研究生，应用统计专业，研究方向：国际比较。阎海洋，女，东北财经大学统计学院，硕士研究生，应用统计专业，研究方向：国际比较。

非市场服务进行系统分析，从产出入手，为经合组织国家设计出一套基于质量调整基础上的数量测度的教育产出定向方法，开拓了教育国际比较的思路。2008年，欧盟—OECD对该方法试用，根据全日制学生个人实际教育支出以及PISA测评数据计算各国教育产出。为解决非经合组织国家的教育比较难题，在2010TAG会议上，相关专家根据欧盟提出的教育产出法以及非经合组织国家的实际情况，专家针对性的提出了数量指标和质量指标调整及估测方法。在TAG2011会议上，Alen利用教育产出法，根据59个欧洲及非洲国家的具体数据，计算各国教育产出值。研究发现，OECD产出法计算的教育产出值与成本投入法计算的产出值相比：(1)各国教育产出值数值普遍降低；(2)同一经济区域内的国家间教育水平的差异明显降低；(3)成本投入法下的教育产出极端值得以消除。

目前，中国仍以成本投入法计算的教育产出参与国际比较，即用一定时期内从事教育活动所发生的成本作为教育服务的产出。实际上，根据这种方法计算的教育产出只是一种成本，而非我们通常所说的"产出"，即包括新创造价值在内的产出①。成本投入法以错误概念为研究对象，显然不妥；其次，这对国际社会客观评价中国教育及其产出极为不利，因中国人口基数的作用，使用成本投入法计算的教育产出值有可能被高估，进而高估中国实际GDP；第三，教育部门的生产率将无法计算，因为生产率为投入产出的比率。若产出即投入，则生产率的计算就失去了意义；第四，成本投入法很可能导致教育部门对经济总体的贡献度预算失真②。以投入代替产出计算教育产出值，则教育部门投入越大，对国民经济贡献越大，由此，可能带来政府教育部门对资源的需求进一步增加，影响资源的合理有效的配置，引起资源利用效率低下，导致资源浪费。

鉴于ICP教育国际比较的现状及成本投入法的一系列的缺陷，本文在理解欧盟—OECD产出法基本思路的基础上，尝试性地将该方法用于中国省际间教育产出的比较，试图从"产出"入手计算中国的实际教育产出值，以开拓计算教育产出的思路及方法。根据中国数据现状，对OECD产出法中的指标进行适当调整，并计算了部分省区的教育购买力平价与实际教育产出值。经分析：在目前数据条件下，在中国全面实现OECD产出法，虽有难度，但具有发展前景与显著优势；OECD产出法用于一国的区域间教育比较具有可行性；成本投入法计算的各省教育值可能被"高估"。

二、本文使用的方法

欧盟统计局-OECD教育产出法（以下简称OECD产出法）将各国学生获取政府教育服务知识量转化为政府实际教育产出值，创造出用货币形式表示的经质量调整的数量产出法。这是对"成本投入法"测算政府教育服务产出的巨大变革，改变了具体的测算对象。"成本投入法"计算产出时，将政府教育服务所支付的雇员报酬作为政府教育服务的"价格"，这并非政府教育的实际产出。

（一）OECD产出法需要的三类指标

OECD产出法计算实际政府教育产出值，需要三类指标数据。第一类是数量指标：反映接受政府教育的学生数；第二类是质量指标：反映学生的知识及技能水平；第三类是转化指标：反映将知识量转化为货币形式的学生人均单位教育成本。其中，第二类指标为OECD产出法的特色指标，且该指标所需数据获取较为复杂，数据来源于国际学生评估项目（Programme for International Student Assessment，缩写为PISA）。另外，为比较产出法与投入法之间的差异，第三类指标在实际计算时，使用第二类指标进行质量调整，被细分为质量调整前的人均单位教育成本和质量调整后的人均单位教育成本。

教育产出法利用三类指标计算A国教育产出值，计算公式如式(1)所示。显然，能够得到三类指标的具体数值，即可得到一国的政府教育服务产出值。

---

① 蒋萍、金钰，"荷兰教育产出测算对我们的启示"《当代财经》，2003年第12期，第124-125页。
② 罗良清，"教育产出核算难点透视"，《统计教育》，2003年第3期。

$$E_A = P_A \times Q_A \times q_A \quad (1)$$

其中，E_A 为政府教育产出值；Q_A 表示 A 国政府教育的学生数，是第一类指标，即数量指标；q_A 反映 A 国学生的知识及技能水平，是第二类指标，即质量指标；P_A 表示 A 国学生人均单位教育成本，是将学生知识量货币化的转化指标，是第三类指标。

（二）欧盟教育国际比较实现的基本步骤

教育国际比较通过计算各国教育购买力平价 Power Purchasing Parity，得以实现，分四步计算：第一，计算各国人均单位教育成本，即上述第三类指标；第二，计算各国实际的人均单位教育成本，即上述第二类和第三类指标的乘积，它是计算教育购买力平价的基础数据；第三，计算教育购买力平价，使用的指数包含：Laspeyres 指数、Paasche 指数及 Fisher 指数；第四，使教育购买力平价获得传递性，OECD 选择了 EKS 法，有两点考虑，一是欧洲国家经济发展水平相当、消费模式相近；二是 EKS 法可使各国教育购买力平价获得传递性，便于各国政府教育产出值的直接比较。第五，各国政府教育服务产出的国际比较。OECD 产出法指出，各国政府教育实际教育产出为各国学生名义教育成本与教育 PPPs 的比值，用它比较各国教育水平间的实际差距。

（三）教育国际比较中购买力平价的具体计算

OECD 产出法使用教育 PPPs 实现国际比较，需要计算各国教育基本类双边 PPPs。用到的指数包含 Laspeyres 指数、Paasche 指数及 Fisher 指数。因 Fisher 指数本身不具有传递性，使用 EKS 法使教育 PPPs 获得传递性。

1. Laspeyres 指数的计算。Laspeyres 指数是按基国分阶段 AICE 支出权重进行加权的价格比率的算术平均数。式（2）所示。

$$L_{j/h} = \sum_{i=1}^{k} \left(\frac{P_{ij}}{P_{ih}} \right) \times \frac{w_{ih}}{\sum_{i=1}^{k} w_{ih}} \quad (2)$$

式中，h 为基国，j 为伙伴国，P_{ij} 和 P_{ih} 分别是产品 i 在 j 国和 h 国的价格，在教育这一比较项目里，指的是每种 ISCED 阶段的单位 AICE，W_{ih} 是产品 i 在基国 h 中的支出权重，即分阶段 AICE 占 AICE 总值的份额，W_{ij} 是产品 i 在伙伴国 j 中的支出权重，k 为存在于两国间的产品数量。

2. Paasche 指数的计算。Paasche 指数是按基国分阶段 AICE 支出权重进行加权的价格比率的调和平均数。式（3）所示。

$$P_{j/h} = \sum_{i=1}^{k} \frac{w_{ij}}{\sum_{i=1}^{m} w_{ij}} \Big/ \left(\frac{P_{ij}}{P_{ih}} \right) \quad (3)$$

一般来说，Paasche 指数在计算时，不能通过式（3）直接计算出来，一般通过由 j 作为基国，h 作为伙伴国的 Laspeyres 指数的倒数进行求解，即式（4）。

$$P_{j/h} = 1/L_{h/j} \quad (4)$$

3. Fisher 指数的计算。取 Laspeyres 指数与 Paasche 指数的几何平均数，即可求出 Fisher 指数，其计算如式（5）所示。

$$F_{j/h} = \sqrt{L_{j/h} \times P_{j/h}} = \sqrt{L_{j/h}/L_{h/j}} \quad (5)$$

4. EKS 公式的使用。两国间数据缺失无法取得 Fisher 指数时，可经第三国连接，间接估计 Fisher 指数。EKS 法是使 Fisher 指数获得传递性的方法，EKS 不是某种类型的指数或 PPP，它是使不具有传递性的双边指数强行具有传递性的方法，从而使任何指数公式都可用于双边比较。

假设有国家 j、h、l，定义国家 h 相对于国家 j 的双边 PPP 为 $PPP^{j,h}$，定义经国家 l 桥接后得到的国家 h 相对于国家 j 的间接 PPP 为 $^{l}PPP^{j,h}$，如式（6）所示。

$$^{l}PPP^{j,h} = PPP^{j,l} / PPP^{h,l} \quad (6)$$

（四）省际间比较的适用性分析

1. 教育购买力平价的内涵用于省际间教育产出值的计算与比较具有实际价值。

ICP 中 PPP 的作用在于作为货币转化因子求取各国实际国内生产总值，扣除了通货膨胀对国内生产总值的影响。据此，地区间的教育 PPP 可作为货币转换因子求得各地区实际教育水平或教育产出，消除各地区通货膨胀对教育产出的影响。若以全国平均水平作为基期的各省教育 PPP 大于 1，表示本地区的人民币的购买力弱于全国平均水平,即实际教育产出值比名义教育产出低。反之,若小于1,表示表示本地区的人民币的购买力强于全国平均水平,即实际教育产出值比名义教育产出高。

2. 三类指标数据在中国各省具有可获性。

使用 OECD 产出法进行中国省际间教育比较,需获取三类指标数据:第一类为计算数量指标的分水平在校学生数量数据,第二类为计算质量指标的各省 PISA 测评数据或其他可替代的成绩水平数据,第三类为计算单位教育成本指标的分水平教育收入数据。其中,第一类与第三类指标数据易得,可由历年教育统计年鉴获得。第二类指标的 PISA 数据,我国目前仅公布了浙江省、上海市及全国平均水平的 PISA 测评数据。

经上述分析,本文以浙江省与上海市为例,将 OECD 产出法用于省际间教育产出值的比较,具有可行性。

三、数据的获取

(一)第一类指标数据的获取

第一类是数量指标:反映接受政府教育的学生数,该数据的获得较容易。可通过各国类似《教育统计年鉴》的官方数据获得。本文在省际间教育产出值比较中即使用了该数据源。

(二)第二类指标数据的获取

第二类是质量指标:反映学生的知识及技能水平,该数据不易获得。目前 OECD 产出法借鉴了权威的国际测评项目 PISA 的结果数据。PISA 是由 OECD 统筹的学生能力国际评估计划,它测试学生们能否掌握参与社会所需要的知识与技能;测评对象为接近完成基础教育的 9 年级学生,测评内容包含学生的科学、数学及阅读能力;该测评每 3 年进行一次,从 2000 年开始已进行了 5 次测评,从最初的 43 个参加国发展到 2013 年的 67 个参加国,是目前世界上最有影响力的国际学生学习评价项目之一。中国以若干城市尝试参加了该项目,2013 年,中国的上海与香港两个城市参加了该测试,且上海排名第一,另外,在天津、河北、吉林、浙江、江苏、山东、湖北、海南、四川、宁夏、云南这 11 个省市进行 PISA 试测研究工作。本文在省际教育产出比较部分,即选用了参与 PISA 的城市的相关数据。

质量指标设计的思路在于,使用反映各国学生知识及技能水平的成绩值,教育水平高的国家的政府教育产出值得到提高,同时降低学生绝对数量占优势的国家的政府教育产出值。不可忽视的是,PISA 测评成绩,除受政府教育服务的影响以外,还受家庭、社会、经济环境及学生个人素质的影响。因此,OECD 产出法综合考虑各国学生在经济、社会、文化地位上的差别,会对各国已获的 PISA 值进行调整,从而取得第二类指标,理论公式如式(7)所示。

$$q_{ij} = \frac{s_{ij}}{\bar{s}_{gj}} \quad (7)$$

其中,q_{ij} 为 i 国 j 测评年份的质量指标,s_{ij} 为 i 国 j 测评年份修正分数总值,$\bar{s}_{gj}$ 为 j 测评年份区域内修正分数总值的总平均值。

(三)第三类数据的获取

第三类是转化指标:反映将知识量转化为货币形式的学生人均单位教育成本,OECD 产出法中该指标为各国政府教育总成本与接受政府教育服务的学生总量的比值。这两类数据来源于联合国教科文组织-经济合作与发展组织-欧盟统计局(简称 UOE)数据库,具体为:实际教育消费(Actual Individual consume of education,简称 AICE)数据与按教育国际标准分类(简称 ISCED)划分的全日制学生总量数据。理论公式可用式(8)表示。

$$C_{ij} = AICE_{ij} / Q_{ij} \quad (8)$$

其中,C_{ij} 表示 i 国第 j 类教育阶段的人均单位教育成本,$AICE_{ij}$ 表示 i 国第 j 类教育阶段的学生实际教育消费成本,Q_{ij} 表示 i 国第 j 类教育阶段的全日制学生总量。这些数据都是按照 ISCED 划分的不同教育阶段的数据,且为当期数据;其中,学生总量为接受政府教育服务的学生数量;AICE 不包含 ISCED 高等教育支出中的科研支出。

本文在省际教育产出比较部分,使用了《中国教育经费统计年鉴》中的各省教育经费总支出数据（也称为总收入）与《中国统计年鉴》中的学生总量数据。

四、实证分析：中国省际间教育产出的比较

根据OECD产出法进行教育国际比较的五个基本步骤，本文在获取上海市与浙江省数据资料的基础上，计算两地区的教育购买力平价，进而计算两省各自的实际教育产出值。

（一）人均单位教育成本数据的获取及计算

OECD产出法中，分阶段数据的使用是减小计算的教育产出值与实际教育产出值之间误差的方法。与OECD产出法中教育阶段的划分相同，中国也将教育体系划分为5个阶段，分别为：（1）高等教育：研究生、普通本专科、成人本专科与其他高等学历教育；（2）高中阶段教育：高中及中等职业教育，涵盖了普通高中、职业高中、普通中专、职业中专、职业高中、技工学校6种类别学校；（3）初中阶段教育：普通初中、职业初中、成人初中；（4）初等教育：普通小学、成人小学；（5）学前教育：幼儿园。

分阶段人均单位教育成本为各省各级学校的教育经费总支出与各级学校在校生总人数的比值。各省分阶段教育经费支出数据从《中国教育经费统计年鉴2011》中直接获取，注意，因高等教育经费支出中包含的科研经费支出应从中扣除，还需获取各省投入教育部门的R&D数据；在校生总人数由《中国教育统计年鉴》中各省各级学校每十万人口的在校生人数与各省人口数据这两类数据间接求得。具体数据如表1所示。

表1 分阶段单位教育成本的计算过程及结果

编号	地区	高等教育	高中阶段教育	初中阶段教育	初等教育	学前教育	调整后总值
1. 在校生人数（万人）							
1	上海	99.0	43.2	51.0	84.1	48.0	325.3
2	浙江	124.4	173.6	175.6	350.2	192.3	1016.1
3	全国	3000.1	4795.5	5420.5	10207.8	3056.3	26480.2
2. 教育经费总支出（万元）							
4	上海	3426938	1010756	924444	1111998	521278	7076373
5	浙江	3041663	2050990	1992192	2814197	630139	10937825
6	全国	56290771	33606559	34177408	48874755	7280143	190058008
3. 人均单位教育经费支出（元）（=2/1）							
7	上海	9339	25723	10219	88513	7599	22876.8
8	浙江	16019	16214	3589	31875	1175	10987.1
9	全国	11392	10192	1343	18879	868	7982.8

数据来源：《2011年中国教育经费统计年鉴》，教育部财务司、国家统计局社会和科技统计司编；中华人民共和国教育部网站http://www.moe.gov.cn/publicfiles/business/htmlfiles/moe/s7382/201305/152482.html。

注：各省分阶段教育经费总支出已扣除了R&D经费支出

表1中分阶段单位成本显示，上海对高中阶段以下学生的教育投入成本最大，尤其是初中阶段教育投入，远高于全国平均水平。

（二）质量指标的计算与调整

表2为目前可查得的PISA测评数据，为2009年测评中上海、浙江及全国测评数据，根据式（7）计算出各省质量指标值。在全国平均质量指标为1的假设前提下，上海质量指标为1.11，浙江为1.08。

表2 质量指标数据：根据PISA2009中国数据计算

省 份	上海	浙江	全国
阅 读	556	525	486
数 学	600	598	550
科 学	575	567	524
平均分	577	563	520
质量指标	1.11	1.08	1.00

鉴于PISA测评对象年龄为15周岁,根据中国入学年龄要求,质量指标仅对初等教育与初中阶段教育进行调整。经质量指标调整后的人均教育单位成本数据见表3。由计算结果得,上海及浙江两省的初等教育阶段的学生单位教育成本都在不同程度上得到了提高。

表3 质量调整后的单位教育成本 单位:元

地区	高等教育	高中阶段教育	初中阶段教育	初等教育	学前教育
上海	9339	25723	11343	98249	7599
浙江	16019	16214	3876	34425	1175
全国	11392	10192	1343	18879	868

(三)教育PPPs的计算

(1)全国为基期的省际Laspeyres指数。根据两省分阶段教育经费支出数据(已剔除科研支出),如表1第4-6行数据所示,计算分阶段单位教育成本的权重,即各分阶段教育支出占教育总支出的比重,计算结果见表4。

表4 分阶段单位教育成本的权重

地区	高等教育	高中阶段教育	初中阶段教育	初等教育	学前教育
上海	0.4328	0.1428	0.1306	0.1571	0.0737
浙江	0.2574	0.1875	0.1821	0.2573	0.0576
全国	0.2822	0.1768	0.1798	0.2572	0.0383

以全国为基期的上海的Laspeyres指数计算过程及结果:

$$L_{S/Q} = \frac{9339}{11392} \times 0.2822 + \frac{25723}{10192} \times 0.1768 + \frac{11343}{1343}$$
$$\times 0.1798 + \frac{98249}{18879} \times 0.2572 + \frac{7599}{868} \times 0.0383$$

同理,计算以全国平均分阶段单位教育成本为基期的浙江的Laspeyres指数。

(2)以全国为基期各省的Paasche指数。按照上述Laspeyres指数的求取方法,分别求以上海为基期的全国的Laspeyres指数,以浙江为基期的全国的Laspeyres指数,对其取倒数,即得以全国为基期的Paasche指数,计算公式参照式(2)与式(3)。

(3)省际教育PPPs。根据以全国为基期的Laspeyres指数和Paasche指数,按式(5)求得以全国为基期的省际Fisher指数,即省际以全国为基期的教育PPPs,各指数的结果见表5。其中的Q代表全国平均水平。

表5 各指数计算结果

省际 i	$L_{i/Q}$	$L_{Q/i}$	$P_{i/Q}$	$F_{i/Q}$
上海	3.87	0.64	1.57	2.46
浙江	1.72	0.56	1.83	1.77

五、实证结果分析

(一)欧盟—OECD产出法用于省际间教育产出的比较具有可行性

本文获取部分省区的三类指标数据,计算出各省的教育购买力平价,并赋予省际教育购买力平价新的内涵,即地区间的教育PPPs可作为货币转换因子求得各地区实际教育水平或教育产出,消除各地区通货膨胀对教育产出的影响,故OECD产出法作为比较各省教育产出的依据,具有可行性。

(二)省际政府教育产出值可能被高估

理论上讲,以全国平均水平为基期的省际教育PPPs大于1,表示该地区实际教育产出值比名义教育产出低。反之,若小于1,表示该地区实际教育产出值比名义教育产出高。表5中,上海教育PPPs为2.46,浙江为1.47。由此可见,上海和浙江两省的实际教育产出值均低于名义教育产出值。

以产出法计算的教育产出值是反映各省教育水平高低的重要指标,根据测算的教育PPP,可以对各省的名义教育产出值进行转换。上海的名义教育产出为7076373万元,教育PPP为2.46,实际教育产出值应为2876574万元,公式表示为2876574=7076373/2.46,浙江的实际教育产出值为6179562万元,如图1所示。

从计算结果看,经过教育PPPs这一货币转换因子的转换,上海和浙江两地的实际教育产出值与名义教育支出数值相比,都减少了近乎一半的值,这说明以成本投入法计算的政府教育产出被高估了。但该情况是否适用于全国其他省区,尚待验

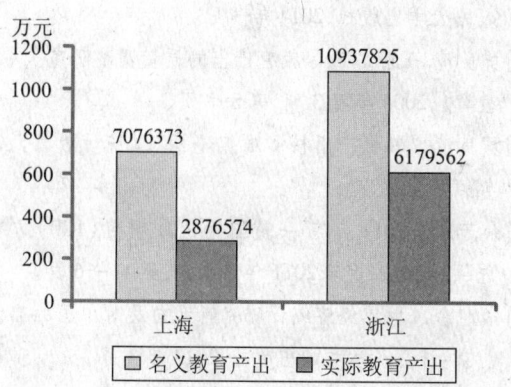

图1 上海、浙江"产出法"与"投入法"产出比较

证。另外,两地的政府教育产出差距由原来的3861452万元降低为3302988万元,体现了购买力平价法的特征。

六、研究展望

根据已有研究、上述对OECD产出法的分析及在中国省际间的试用结果,本文发现OECD产出法需改进的内容,可归纳为三个方面。

(一)关于根据实际教学时间调整全日制学生数量的可操作性[①]

由于以全日制学生数量计算的数量指标并非有效指标,有效数据是指接受政府教育服务的学生实际人数,对于没有知识量增加的那部分学生数量不应计入其内,如成绩差的中途辍学者、旷课学生等。有学者提出使用学生接受教育服务的实际时间调整学生人数,调整公式为式(9)。

$$调整的学生人数 = 学生人数 \times \frac{实际学习时间}{名义学习时间} \quad (9)$$

其中,名义学习时间是从EMIS中获取的学习时长,实际学习时间指有效学习时长。因教学设备匮乏、教师缺勤、学生旷课等各种因素的影响,学生接受教育的实际学习时间往往低于官方规定教学时长。假设某国小学生一个学期的课时长规定为480个小时,但部分学生、教师由于生病等原因缺席,导致实际学习时长变为400个小时,则实际接收教育服务的学生人数变为原来的83%。

使用实际学习时长对数量指标做调整具有合理性,但其可操作性不强。在中国,数据库中仍缺乏相应的实际学习时间统计数据,有必要进行一些相应的调查及统计,实际出勤率可能是一个较好的数据来源。在统计数据时,不仅要统计名义入学、升学人数,有必要对各校的出勤率数据进行统计与调查。

(二)可否完善或更改PISA缺失值的预测方法

在OECD产出法中,缺失PISA值的国家通过建立简单线性回归方程预测该国PISA分数。但基于学生成绩受社会、家庭、个人等多种复杂因素的共同影响的考虑,该线性模型过于简单化,与PISA真实值间存在较大误差,该预测模型的可行性有待商榷。本文认为对于缺失PISA数据的国家在使用OECD产出法时,应根据本国实际情况,选取其他与PISA相类似的测评数据计算本国政府教育实际产出。

(三)可否参考其他国际测评项目的数据信息

虽然现有的PISA测评具有测评广泛性、全面性、普遍性等优点,但其覆盖的教育阶段尚不全面,高中及以上教育缺乏质量调整所需数据,这必然造成所得的政府教育产出值与真实值间存在偏差。为了弥补这一不足,可否参考其他的测评项目,比如或许可以使用OECD关注教师专业发展和学校教学的国际教学调查项目(简称TALIS项目),或者调查高等教育学生学习情况的高等教育学习成果评价项目(简称AHELO),或者对16-65岁成人进行能力评估的国际成人能力测评项目(PLAAC)等。将这些相关项目的信息综合使用,或许是可行的。

参考文献

[1] "2005 International Comparison Program Methodological Handbook", 2010.

[2] "Eurostat-OECD Methodological Manual on Purchasing Power Parities", Luxembourg: Publications Office of the European Union, 2012.

---

① 蒋萍、金钰,"荷兰教育产出测算对我们的启示"《当代财经》,2003年第12期,第124-125页。

[3] Francette Koechlin and Paulus Konijn,"Linking Education for Eurostat-OECD Countries to Other ICP Regions", 8th Technical Advisory Group Meeting,2013.

[4] 胡皓,"服务产出核算若干问题研究",暨南大学,2011年5月1日.

[5] 胡雪峰,"非市场教育服务产出的核算方法探讨",《统计与决策》,2010年第18期,第10-12页.

[6] 蒋萍、金钰,"荷兰教育产出测算对我们的启示",《当代财经》,2003年第12期,第124-125页.

[7] 蒋萍等,《国民经济核算理论与中国实践》。北京:中国人民大学出版社,2014年3月.

[8] 罗良清、王静,"高等教育产出的质量调整研究",《统计教育》,2004年第3期,第5-8页.

[9] 罗良清,"教育产出核算难点透视",《统计教育》,2003年第3期.

[10] 余芳东,"2011年新一轮国际比较项目(ICP)方法改进",《统计研究》,2011年第1期,第11-16页.

[11] 张迎春,《世界经济统计研究新动向及对中国的启示》。北京:社会科学文献出版社,2013年3月.

物质流核算的投入产出分析框架研究

平卫英

(江西财经大学统计学院　南昌　330013
江西省应用统计研究中心　南昌　330013)

摘　要：物质流核算与分析(MFA)是对经济系统的物质流动展开定量分析，但其将经济系统视为"黑箱"的弊端需要依靠物质投入产出分析的工具来加以克服。物质投入产出分析能够详细、系统地分析经济系统内部的物质流动状况，将进一步拓宽物质流核算与分析的利用范围。文章设计了物质流核算的投入产出分析框架，希望以此作为物质流核算与分析的必要补充。

关键词：物质流核算与分析；物质投入产出分析

A Study on the Material Input-output Framework of MFA

Ping Weiying

(School of Statistics, JUFE, Nanchang Jiangxi 330013, China;
Applied Statistics Research Center, Nanchang Jiangxi 330013, China)

Abstract: Owing to the fact that MFA (Material Flow Accounting and Analysis) targets at checking the input, output, and existing amount of material flow in the economic system, makes it necessary to utilize the input-output analysis technology to further analyze the characteristics of material flow inside the economic system, thus filling up the deficiency of MFA. It gives the basic expressions of material input-output table, followed by detailed presentation of the basic balance of the table.

Key Words: MFA; Material input-output analysis

物质流核算与分析(Material Flow Accounting and Analysis, MFA)是在社会代谢论的基础上，定量描述经济系统与自然环境之间的物质交换，度量输入、输出以及经济系统内的物质存量，客观反映经济系统的代谢规模——物质吞吐量的方法。通过追踪物质从自然界开采到进入人类经济体系中，并经过经济活动在各种人类社会阶段中移动，最后回到自然环境中的整个过程，MFA既能反映经济活动创造的物质财富，又能体现经济活动对自然环境造成的压力，有利于揭示经济系统内物质的流动特征

---

* 基金项目：本文获国家社科基金青年项目(项目编号：13CTJ015)、全国统计科研一般项目(项目编号：2014LY021)、第56批中国博士后科学基金面上项目(项目编号：2014M561868)的资助。

作者简介：平卫英，1979年生，女，汉族，2009年6月毕业于中南财经政法大学统计学专业获经济学博士学位，江西财经大学统计学院、江西省应用统计研究中心副教授，主要研究方向：国民经济核算、经济应用统计。

和转化效率。由于 MFA 既考虑了经济发展的环境成本,同时避免了许多非直接进入经济体系却对环境造成影响的物质因无货币价值而被人类所忽略的问题,能够更加真实具体地展现经济发展与自然环境的关系,因此被认为是可持续发展定量研究可行和有效的手段。

一、MFA 的产生和发展

MFA 作为研究社会经济系统中物质流动的方法,起源于欧洲,基本思想的发端可追溯到1968年 Ayres 和 Kneese 的文章①,文章中第一次进行了基于经济学观点的国家尺度物质流分析的尝试。1978年,Ayres 首次提出了利用"物质平衡原理"考察国民经济的物质流动,G·Wernick 和 Aushel 在 Ayres 的基础上针对美国的物质流平衡,提出了国家物流分析的基本框架。此后,社会代谢、物质平衡等理论的不断完善为 MFA 应用于整个经济系统进行研究奠定了坚实的基础。

早在20世纪90年代,一些欧盟成员国和欧洲自由贸易联盟(European Free Trade Association, EFTA)成员国就将物质流核算列为国家统计体系的一部分。1996年欧洲委员会成立"一致性行动"(Concerted Action)的"协调账户(Con Account)计划"平台,该平台的成立可认为是经济系统物质流核算与分析国际合作的里程碑。2001年欧盟统计局(EUROSTAT)运用 MFA 方法对欧盟15国的物质输入进行了统计分析,这是物质流核算与分析方法第一次也是迄今为止唯一一次应用于区域经济系统,编辑并出版了第一部经济系统物质流分析研究方法指导手册②,该手册的出版对经济系统物质流核算与分析的研究起到了很重要的作用。2002年欧盟统计局也发布了其所有成员国以及欧盟地区的物质流输入和消费统计结果。此外,得益于欧盟委员会的基金资助和欧洲一些科研机构的努力,玻利维亚、哥伦比亚、巴西和委内瑞拉等亚马逊国家的 MFA 分析结果也于2001年完成。世界资源研究所(World Resources Institute, WRI)也一直致力于 MFA 的研究,1997年该机构对德国、日本、奥地利、荷兰和美国的物质投入量进行分析,完成了"工业经济的物质基础"的研究报告。2000年 WRI 又完成了"国家之重"的研究,对德国、日本、奥地利、荷兰和美国的物质流排放进行了系统分析。

总的来看,MFA 方法已得到世界上许多国家的承认和重视,目前已经对本国经济系统进行过完整的物质流核算与分析的国家有美国、意大利、芬兰、瑞典、英国、德国、日本、荷兰、奥地利、丹麦等国家。这些国家利用 MFA 方法对经济系统运行中的物质投入、输出和存量进行定量分析,客观地社会、经济系统的代谢规模——物质吞吐量,并结合物质流分析衍生指标测度经济活动对生态环境造成的压力,为相关政策的制定提供理论依据。此外,巴西、哥伦比亚等南美洲国家和泰国、菲律宾等东南亚国家的 MFA 分析也在研究之中。值得关注的是目前物质流分析多集中于国家层面,低于国家层面的物质流研究,由于数据的可获得性还有待解决,将是未来物质流分析的热点和难点之一③。

二、MFA 在我国的研究状况

我国的物质流核算与分析最早由北京大学的陈效逑等于2000年引入,在《中国经济—环境系统的物质流分析》一文中,陈效逑等运用欧盟指导手册中的研究框架,对我国1989-1996年间的社会经济与环境系统的物质流动进行了统计分析,计算得到上述年份的物质需求总量、物质消耗强度和物质生产力等指标。

从国家层面上看,国内相关研究往往依据欧盟给出的物质流核算与分析指导性文件进行操作,研究框架与数据都比较容易获得,因此这部分的研究成果较为丰富。刘敬智、王青等(2005)以德国

---

① Ayres R U, Kneese A V. Production. Consumption & Externalities [J]. America Economic Review, 1969, 59(3): 282-297.

② EUROSTAT. Economy-wide Material Flow Accounts and Derived Indicators: Methodological Guide Luxembourg: EUROSTAT, 2001: 9-15.

③ Bringezu, H. Schutz, and S. Moll. Rationale for and Interpretation of Economy-wide Material Flow Analysis and Derived Indicators Journal of Industrial Ecology, 2003, 24(2): 43-64.

Wuppertal 研究所提出的物质流账户系统为基础进行 MFA 分析，计算了我国 1990-2002 年间经济系统的直接物质输入总量，并进行了减量化分析，表明我国经济发展主要依赖自身资源的支持。测算结果与发达国家进行比较显示，我国的直接物质使用效率虽然在上升，但对比发达国家明显偏低，预计到 2050 年其应实现现在的 5 或 10 倍数革命。张天柱、徐明（2005）同样根据欧盟指标体系，以中国经济系统 1990-2002 年的物质输入量为研究对象，进行物质流分析，得出的结论是：实现经济发展去物质化的必要途径是既要保持较低的人口增长率，又要提高技术水平和资源生产率。王亚菲（2010）在《经济系统可持续总量平衡核算——基于物质流核算的视角》一文中，运用物质流分析方法，以 1990-2008 年中国物质流总量指标为研究对象，从物质维度研究视角观察中国经济的可持续性，研究结果表明：除 1998 年外，我国经济系统的物质消耗量在逐年增加并且速率较快，物质效率呈现四段式的发展趋势，通过结论反映政府在"八五"、"九五"、"十五"和"十一五"期间由于实施不同的宏观经济政策所产生的不同的作用效果。

在区域 MFA 分析方面，清华大学的徐一剑、张天柱（2004）等参照欧盟指导手册，根据贵阳市的实际情况做必要的修正，选取若干指标构造了贵阳市的区域 MFA 分析框架，通过资源投入量和污染排放总量，给出了贵阳市 2000 年物质流全景分析，还测算了贵阳市 1978-2002 年的资源投入、1996-2002 年的污染排放的总量、结构、强度与人均规模的变化，研究结果表明转变传统经济发展模式，积极推动循环经济发展是实现贵阳可持续发展的根本途径。黄松林等（2010）以深圳市 1992-2007 年的物质输入输出的规模为研究对象，进行了动态分析，并将物质强度与物质效率与其他区域的相关研究进行了比较。吴开亚、刘晓薇（2013）根据物质流核算指标和数据，采用脱钩模型和环境库兹涅茨曲线理论，分析了 1990-2007 年安徽省经济增长与环境压力之间的关系，结果表明安徽省经济增长与环境压力基本实现相对脱钩，但经济增长仍然依靠高物质投入和高污染排放。改变现有经济增长方式，提高资源生产力，是实现经济增长与环境压力绝对脱钩的最优路径。

国内企业层面的 MFA 分析相对较少，研究往往偏重于能源矿产业，且集中于具体元素和产业部门。在具体元素方面，主要是研究铁、铜、锌、铅、铝等对国民经济有着重要意义的元素的物质流，及砷、汞等对环境有较大危害的有毒有害物质流。

根据国内研究的总体情况来看，有关 MFA 的研究还处于起步阶段，且越来越受到重视和应用。已有的研究成果大都是根据欧盟的研究框架，以我国国家层面或省级层面的经济系统为研究对象，对不同年份输入和输出经济系统的物质流进行核算和分析。国家层面的物质流核算与分析框架比较规范统一，区域层面的方法体系还有待完善，企业和产业部门的物质流分析相对较少，且偏重能源矿产采掘业，其他物质生产部门关注较少，应用范围不够广泛。另外，研究大多侧重于实证分析，理论分析相对薄弱。针对国内相关社会经济与生态环境统计调查口径的差异，对国外物质流核算分析与研究框架在我国的适用性分析，以及相应的模型修正，涉足很少。

三、MFA 与物质投入产出分析

（一）MFA 的基本思想

物质流核算与分析遵循质量守恒定律即热力学第一定律——任何物质无论其形态如何变化，其总质量守恒，这是物质流分析的基本平衡原则。根据质量守恒定律，一定时期内输入一个系统的物质量等于同时期该系统的存储量与输出该系统的物质量之和。即：

物质的投入量 = 物质的产出量 + 物质存量的净变化量

此定律适用于一切层次上的物质流核算与分析，对于社会经济系统来说，自然环境所提供的输入物质进入经济系统，经过加工、贸易、使用、回收、废弃等过程，一部分成为系统内的净存储，其余部分的输出物质返回到自然环境，整个过程的输入量恒等于物质的输出量与物质存量的净变化之和。

对于一个给定的物质流来说，物质平衡的性质可表达为：

源＝汇（如：资源开采＝资源使用）

所有的物质流都有"源"和"汇"，并且源的总量与汇的总量相等，只是在生产和消费过程中物质的形式发生改变。当运用物质平衡这一性质为一些特定种类的物质在经济系统建立平衡关系时，原材料与其最终的释放量或废物的排出量有关。

正是在这一基本平衡原则的基础上，MFA对进入经济系统的物质量、经济系统的物质存量以及输出经济系统的物质量进行系统核算。

但是，物质流核算与分析的主要弊端在于其只能对经济系统的输入、输出以及物质存量进行描述和刻画，对于物质在经济内部的流动这一复杂过程缺乏必要的反映。实际上，正是经济系统内部的物质流动，影响着经济系统的物质输入和输出，也反映着经济系统的运行情况。由此，物质投入产出分析应运而生，借助投入产出表的分析工具，物质投入产出分析的目的是将经济系统内部的物质流动清晰地展示出来。

（二）物质投入产出分析

国际上关于物质投入产出分析的相关研究开展的时间较短，理论研究和实践操作都处于不够成熟的阶段，关于物质投入产出表的编制还没有形成规范的框架或国际规范。

目前为止，实践中只有德国、丹麦、奥地利、芬兰、意大利、日本等国家进行过物质投入产出表的编制，其编表格式与价值型投入产出表类似，虽然形式相似，但投入产出表中象限的具体分类和内容并不相同，采用的单位一般是物质的质量单位吨。

德国是编制物质投入产出表最早的国家，先后发布了1990年和1995年物质投入产出表，1990年物质投入产出表包含58个部门，1995年物质投入产出表包含60个部门。德国还以物质投入产出表为基础，建设了物质和能源流动信息系统 MEFIS（Material and Energy Flow Information System），为社会提供资源消耗以及污染排放方面丰富的数据资料。

芬兰在1990年编制了包括水泥、钢材、造纸等物质的物质投入产出表，随后"生态效率的芬兰"项目对1970-1997年芬兰的物质投入进行了系统的测算，并完成了1995年芬兰的物质投入产出表，该表涉及32个部门，190个行业、1300种产品和1200种物质型货物。

丹麦也是编制物质投入产出表较早的国家之一，其编制的1990年三维物质投入产出表包括27个部门，还开创性地在投入产出表中加入了有关废弃物循环利用的信息，但相关信息还并不完备。

奥地利和意大利的学者都分别编制过本国的4部门以及5部门的物质投入产出表，但由于部门分类过粗，导致分析意义不够明显，降低了物质投入产出表的利用价值。日本的学者森口谥一较早对三维物质投入产出表进行了研究，但未能投入实践编制当中。

我国对物质投入产出分析的研究开展较晚，徐一剑等（2006，2007）等率先应用物质投入产出表对义马市的实际数据展开了物质流分析，并构建了完善的区域物质流分析模型，李健等（2007）以天津的汽车生态产业链为研究对象，构建了基于物质投入产出分析框架的产业链物质流分析模型。单永娟（2007）将物质流分析与物质投入产出表结合，提出了区域经济系统物质投入产出表的设计思路。王亚菲（2012）给出了"基本的"物质投入产出分析框架和"扩展的"物质投入产出分析框架，在二者的基础上，详细论述了带有包装物、残余物、循环物质和存量变化的"完整的"物质投入产出分析框架的构建方法，核心是将扩展的物质投入产出分析框架生产过程分为结构生产过程和辅助生产过程。

物质流分析是对经济系统的物质流动展开定量分析，但其将经济系统视为"黑箱"的弊端需要依靠物质投入产出分析的工具来加以克服。物质投入产出分析能够详细、系统地分析经济系统内部的物质流动状况，将进一步拓宽物质流分析的利用范围。但物质投入产出分析有关的研究还未形成体系，没有形成如MFA一样完整的分析核算框架。

四、物质流核算的投入产出分析框架构建

对于反映经济系统内部的物质流动特征,投入产出分析提供了有力的工具。本文在综合国内外相关文献的基础上,提出了较为系统的物质投入产出分析框架。在构造的框架中,针对物质质量加总问题,通过给出详细的部门分类、资源分类、废物分类,使分类别加总更具现实意义。另外,考虑我国实际的资源环境数据基础情况,力图最大限度地整合现有分散的资源环境数据。

(一)物质投入产出分析涉及的分类问题及基本概念

1. 分类问题

有效的分类在投入产出分析框架中是必不可少的,物质在经济系统内的流动路径是设立投入产出分析框架中各项分类的主要依据。

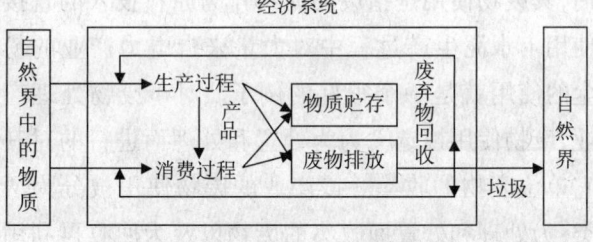

图1 物质在经济系统内的流动路径示意图

由图1可看出:首先,自然界的物质通过系统边界进入经济系统内部,主要用于生产和消费过程;其次,生产过程利用自然界的输入物质生产产品并同时产生废弃物和污染排放,生产的产品提供给消费过程。而消费过程既直接使用自然界物质,也耗费生产过程提供的产品,同时产生废弃物和污染排放。产生的废弃物和污染排放,经过回收利用后又作为物质输入进入生产和消费过程,因此,为反映废弃物的排放及循环利用情况,有必要在生产部门中包括废物处理部门。废物处理部门的作用是将经济系统排放的废弃物,进行回收及再利用。最终没能被废物处理部门回收以及不能被再循环利用的废弃物作为垃圾被排出经济系统。因此,物质流核算的投入产出分析框架中部门的分类可与一般投入产出分析框架中的分类一致,这样既满足物质流核算的需求,同时也有利于综合分析物质流量数据与投入产出表中提供的经济数据。

另外,为保证分析过程的连贯性,物质流核算的投入产出分析框架中的资源分类、废物分类与物质流核算与分析中的分类保持一致,在此不再详述。

2. 基本概念

在物质投入产出分析框架中,横行表示使用去向,即资源(废物)的消费,纵列表示资源(废物)的生产(来源),以下给出详细的说明。

正如在物质流核算与分析中定义的那样,资源是经济中基本的物质和能源要素,如矿物、能源、木材、水等,所有我们消费的产品,都是以各种方式从这些基本要素中获得。

资源生产——是指当资源被某个经济单位在环境中从其自然状态下开采出来随之进入经济系统中,或者用于市场销售,或者被其生产者自身消费掉。

资源使用——是指资源被其生产者出售给其它经济单位(国内或国外),或者作为其生产活动的投入被消耗掉。后者例如热电厂所使用的冷水,在这种情况下,电厂既是资源的生产者(因为水是由电厂抽取出来的),也是资源的使用者(因为抽取出来的水是在电厂内被使用掉的)。

废物在物质流核算中被定义为任何对于生产者没有价值并且直接排放到环境中或者不给予生产者任何补偿由其它经济单位对其进行处置的物质和能源。

废物的生产——是指某个经济单位在从事经济活动的过程中所产生和处置的对其没有用途的物质和能源。废物可能是生产或消费过程中出现的没有用途的副产品,也可能是在其被使用后对其所有者没有利用价值的物质和能源。

废物的使用——是指任何经济单位负责处理废物或者把废物作为其生产过程的投入。例如,当政府或废物处理企业收集废物进行处理,这时它们就是废物的使用者。同样地,如果一个企业接受另一个企业的废物作为其原料投入直接使用,那么接受方就表现为废物的使用者。如果没有负责处理

废物的单位，也就是废物直接在环境中被处理掉了，那么环境就被认为是废物的使用者。

（二）投入产出分析框架的基本表式

在以上分析的基础上，为反映物质能源在经济系统内的流动和循环情况，本文构建了如下表1所示的投入产出表的基本表式。

如表1所示，矩阵 V_{rp} （$n \times r$）表示产业部门的资源生产，反映每个产业生产的各种资源的实物数量。与传统投入产出账户的 V 矩阵相比较，V_{rp} 以实物单位记录了 V 矩阵的资源当量，大部分以价值单位记录在矩阵 V 中的流量也以实物单位被记录在矩阵 V_{rp} 中。但是记录中也存在差异，V 矩阵记录的仅仅是那些在市场上交易的资源，而产业部门资源生产矩阵 V_{rp} 既记录在市场中交易的资源的生产，也记录自用资源的生产。以木材为例，由林业企业采伐的木材和由住户砍伐的柴火都记录在产业部门资源生产矩阵。但由住户直接砍伐并消费的柴火却被排除在生产矩阵 V 之外，原因是这些活动没有市场交易的发生。为了对经济系统中发生的所有物质和能源流量进行核算，交易的和未交易的资源流量都必须包括在矩阵 V_{rp} 中。一般说来，未交易的资源流量与交易的资源流量相比是很小的。对于废物处理产业，虽然它不生产任何原始资源，但它生产一些在主要功能上与原始资源相类似的回收利用的废物原料，同样将这些回收利用的废物作为资源处理。

矩阵 U_{ru} （$r \times n$）用以体现每个产业部门在特定时间内使用的每种资源的实物量。不仅包括国内资源的使用，也包括进口资源的使用和作为资源替代品的回收利用的废物原料的使用。因此，各产业部门消费的所有资源，不论其来源，都在矩阵 U_{ru} 中予以记录。另外，和产业部门资源生产矩阵 V_{rp} 一样，产业部门资源使用矩阵对交易和未交易的资源使用都进行记录。例如，自给的灌溉用水在矩阵 U_{ru} 中记录为农业的资源使用。矩阵 V_{rp} 和矩阵 U_{ru} 详细记录了与产业部门活动相关的资源流量。

矩阵 V_{wp} （$n \times w$）显示每个产业部门在特定时间内所产生的每种废物的实物数量。废物的定义是指任何对其生产者没有价值并被直接排放到环境中或通过其它经济单位对其生产者不给予任何补偿予以处理的物质或能源。不管废物在被产生出来以后是如何进行处理的，都必须在 V_{wp} 中予以记录，即使废物被用作其它产业的投入或者被用于回收利用，只要对其生产者来说，不存在经济上的收益，那么该流量就应该被记录为该产业的废物生产。另外，产业部门中的废物处理产业具有特殊性，由于废物处理产业是从其它废物生产者（企业、住户和政府）那里收集废物进行处置和处理，故它生产的废物可分为两种类型：第一种是指废物处理产业自己的生产活动所产生的废物。第二种是指它收集和处理其它生产者的废物所产生的废物。因此对废物处理产业所产生的这两种废物流量需要分别予以记录。

矩阵 U_{wu} （$w \times n$）用以反映每个产业部门对每种废物的使用。记录在这个矩阵中的废物使用分为两种类型：对于除废物处理产业外所有的产业部门，其废物使用是指废物原料作为原料投入的直接使用。水泥生产过程中对大量来自电力产业的粉尘的使用就是一个很好的例子。对于废物处理产业，废物使用被定义为为处置和处理而进行的对其它单位废物的收集。该产业的废物使用被分为两类：为处理和处置而收集的废物以及为回收再利用而收集的废物。回收利用的废物的使用没有在矩阵 U_{wu} 中予以记录，如前所述，回收利用的废物在分析框架中被作为资源来看待，因此其使用被记录在产业部门资源使用矩阵 U_{ru} 中。

住户和政府是废物和资源的主要生产者和使用者。矩阵 H_{rp}（$h \times r$）显示了住户部门的资源生产情况。住户部门资源的生产虽然和企业部门资源的生产比较起来规模偏小，但却有着特殊的意义，表示住户为自用而生产的资源数量。矩阵 G_{rp}（$g \times r$）代表各级政府部门资源的生产情况。和住户部门一样，政府部门资源的生产相对于企业部门来说规模也是偏小的，但是很有意义，例如为市政供给而抽取的水资源。政府回收利用的废物原料的生产也记录在矩阵 G_{rp} 中。

表 1 基于物质流核算的投入产出表基本表式

		产品部门 (1,2,…,m)(价值量)	资源 (1,2,…,r)(实物量)	废物 (1,2,…,w)(实物量)	产业部门 (1,2,…,n)	最终需求						废物处置		合计		
						个人消费 (1,…,h)	政府消费 (1,…,g)	固定资本形成 (1,…,k)	存货净增	出口	进口	环境 (1,…,j)	废物处置场 (1,…,z)	产品	资源	废物
产品部门	1 2 … m	V			U	H	G	K	i	x	m			q		
最初投入	1 2 … p				YI	YF								n		
资源	1 2 … r	V_{rp}			U_{ru}	H_{ru}	G_{ru}		i_{ru}	x_{ru}	m_{ru}	E	Z		r	
废物	1 2 … w	V_{wp}			U_{wu}	H_{wu}	G_{wu}			x_{wu}	m_{wu}					w'
产业部门(1…n)																
生态包袱			ER											g		
居民(1…h)			H_{rp}	H_{wp}												
政府(1…g)			G_{rp}	G_{wp}												
非当期经济活动(1…t)				S										e		
合计	产品	q'			g'											
	资源		r'													
	废物			w												

H_{ru}(r×h)和G_{ru}(r×g)反映了住户部门和政府部门资源的使用情况。类似地,政府部门和住户部门对于资源的直接消费相对于企业部门来说较小,它们所消费的大部分资源都间接地来自从企业部门所购买的成品,但水资源的直接消费例外。和产业部门的情况一样,H_{ru}和矩阵G_{ru}不仅体现住户部门和政府部门对于国内资源的消费,也包括发生在这两个部门内的任何进口资源的消费。

住户的废物生产的处理方式与其资源生产的处理方式类似。H_{wp}(h×w)用于体现住户部门废物的生产,包括所有与住户消费活动相关的废物,从汽车的尾气排放到生活垃圾到污水和报废的家用电器等。G_{wp}(g×w)反映政府部门废物的生产,既包括出于自己的活动目的而生产的废物,也有为收集和处理经济中其它部门所生产的废物而产生的废物。为了使直接与政府活动相关的废物的生产与对经济中其它部门所生产的废物进行收集和处理而产生的废物区分开来,在矩阵G_{wp}中对这两种废物流量要分别予以记录。

H_{wu}(w×h)和G_{wu}(w×g)分别体现住户部门和政府部门废物的使用情况。住户部门关于废物的使用很少,例如废物的后院堆肥。政府部门废物的消费代表政府部门对住户和产业部门废物的收集和处理。和废物处理产业的废物使用一样,政府废物使用在矩阵G_{wu}中也分为两类:为处理而收集的废物和为回收再利用而收集的废物。

向量x_{ru}(r×1)表示一国对其它国家的资源出口。向量m_{ru}(r×1)表示一国对其它国家的资源进口。向量x_{wu}(w×1)表示一国企业为在其它国家进行废物的处理和回收再利用而发生的废物出口。向量m_{wu}(w×1)表示其它国家所生产的输入到一国国内进行处理和回收再利用的废物。

废物使用除了产业部门使用、住户使用和政府使用以及出口外,最重要的使用去向就是废物处置。废物处置的最终去向有两个:一个是通过空气、水和土地被释放到环境中去;另一个是在特定的控制性场所处理掉。这两个方式的废物处置对环境和人类健康的影响是不同的,因此在废物处置栏里做了区分,矩阵Z用以记录在废物处置场所每年处置的各种废物的实物数量。矩阵E表示废物在有控制的废物处置场以外的环境中处置的实物量。

资源在出售之前通常以存货形式持有一段时间,为了核算框架的平衡,还必须对资源存货进行核算,向量i_{ru}(r×1)显示资源存货的实物净增加。

对于直接与当前经济活动相关的废物,都已在废物生产矩阵内反映。但还有一些情况比较特殊。如"耐用品废物",对耐用品(指那些使用年限超过一年的货物)进行处置的时候就是废物的生产,但这种在当前被处置的货物的数量并不与当前经济活动密切相关,把这种废物的生产和那些真正与当前经济活动相关的废物的生产进行合并是错误的,可能会对核算中分析当前经济活动和与之相关的废物生产的关系的作用构成限制。为避免混淆,在投入产出分析中对耐用品废物单独予以记录。另外对于灾难性废物溢出和废物处置场的废物泄露而言,也与当前经济活动无直接联系。在处理中,均将以上废物来源在矩阵S(t×w)中予以反映。

(三)投入产出分析框架的总量平衡关系

以上物质流核算的投入产出分析框架中的总量平衡关系如下:

1. 向量r表示国内生产资源的总使用,平衡关系如下:

$$r = \sum_n U_{ru} + \sum_f (H_{ru} + G_{ru} + i_{ru} + x_{ru} - m_{ru})$$

向量r′表示国内资源的总生产,是向量r的转置,资源的生产和使用是相等的。

2. 向量w表示经济系统中废物的生产总量,但必须指出的是,向量w测算的是总废物生产,其中可能包含大量的重复计算。这是由于同一笔废物生产在框架里可能不止一次被记录。为了计算净废物生产,有必要从总的国内废物生产中扣除所有为经济目的使用的废物:

净废物生产 =
$$w - \left(\sum_n U_{wu} + \sum_f (H_{wu} + G_{wu} + x_{wu} - m_{wu}) \right)$$

总废物生产和净废物生产之间的区别在于包不包含由于回收利用和其它废物重新利用活动而

回到经济中去的废物。净废物生产是指在控制性的废物处置场所或环境中被处置的废物的数量。

在以上投入产出表各项基本平衡关系的基础上,可进一步深入分析经济系统内物质流动的基本特征,综合考察各个部门对资源的利用程度以及对环境形成的压力。如可以计算产业产出的资源强度、产业产出的废物强度、住户消费的资源强度、住户消费的废物强度、净出口的资源强度、净出口的废物强度、总能源生产中可再生能源的比例和总资源使用中回收再利用资源的比例等。

五、结语

以上给出了物质流核算的投入产出分析框架的初步设计思路,可以看到,投入产出分析框架在反映物质能源在经济系统内的流动特征方面,具有明显的优势,可作为物质流核算与分析的有益补充。依据投入产出分析框架对基础数据的要求,可以使分散的资源环境数据综合在一起,并可以将资源、废物流量数据与宏观核算中的经济数据进行连接,形成强大的分析能力,对于经济管理、政策研究都将产生重要的指导作用。另外,对比资源环境的价值量核算,物质流核算的投入产出分析框架采取实物量的核算方式,核算具有相对独立性,现实可操作性更强。

但是,物质流核算的投入产出分析框架对基础数据的要求较高,因而其在实践应用中开展的难度较大,可先将核算基础较好的水、能源、温室气体等纳入分析框架,循序渐进。在未来的发展中,要进一步完善我国统计信息收集系统,并探讨如何运用较为先进的投入产出分析技术进一步挖掘物质流核算的投入产出分析框架中蕴含的深层次内容。

参考文献

[1] Amann, C., Bruckner, W., Fischer-Kowalski, M., Grünbühel, C. Material flow accounting in Amazonia: A tool for sustainable development. Working Paper.No.63.IFF Social Ecology, Vienna, 2002.

[2] Andersen, J. P., Hyman, B. Energy and materials flow models for the US steel industry.Energy, 2001, 26(2), 137-159.

[3] Bringezu, S., Fischer-Kowalski, M., Klein, R., Palm, V. Regional and national materialflow accounting: From paradigm to practice of sustainability. ConAccount workshop 21-23, Leiden, 1997.

[4] Bringezu, S., Schütz, H. Total material resource flows of the United Kingdom, Finalreport. EPG 1/8/62. Wuppertal Institute, Wuppertal, 2001.

[5] De Marco, O., Lagioia, G., Pizzoli Mazzacane, E. Materials flow analysis of the Italianeconomy. Industrial Ecology, 2001, 4(2), 55-70.

[6] EUROSTAT. Economy-wide Material Flow Accounts and Derived Indicators: Methodological Guide. Luxembourg: EUROSTAT, 2001.9-15.

[7] 高敏雪等主编,"资源环境统计",北京:中国统计出版社,2004年,第38-39页。

[8] Giljum, S. and Hubacek K.. Approaches of physical input-output analysis to estimate primary material inputs of production and consumption. Economic Systems Research, 2004, 16(3):301-310.

[9] Hubacek, K and S. Giljum. Applying physical input-output analysis to estimate land appropriation (ecological footprints) of international trade activities.Ecological Economics, 2003(44):137-151.

[10] Koji Takase, Yasushi and Ayu Washizu. An Analysis of Sustainable Consumption by the Waste Input-Output Model.Journal of Industrial Ecology, 2005(1):201-219.

[11] 刘敬智、王青、顾晓薇等,"中国经济系统直接物质投入与减量分析",《资源科学》,2005年第1期,第46-51页。

[12] Mulalic, I. Material flows and physical input-output tables-PIOT for Denmaik 2002 based on MFA. Statistics Denmark, 2007.

[13] OECD. Recommendation on Material Flows and Resource Productivity.Adopted by the OECD Council on 21 April 2004.Paris: OECD, 2004.

[14] 陶在朴,"生态包袱与生态足迹——可持续发展的重量及面积观念",北京:经济科学出版社,2003年,第15-20页。

[15] 王亚菲,"经济系统物质投入产出核算框架设计",《统计研究》,2012年第4期,第27-31页。

医疗健保产业统计分类：
国际标准的比较及其对中国的启示*

艾伟强　王勇

（大连民族大学经济管理学院　大连　116600
东北财经大学统计学院　大连　116025）

摘　要：在 SNA(2008)框架下，涵盖医疗健保产业的统计分类标准主要有两类：一类是隶属于中心框架的 ISIC 分类，一类是隶属于附属框架的 ICHA-HP 分类。其中，ICHA-HP 分类派生于 ISIC 分类，以 ISIC 分类中的医疗卫生服务行业大类为核心，同时还纳入 ISIC 分类中的医疗卫生相关服务行业以及其他未体现在 ISIC 分类中的部门。因此，从医疗健保产业角度看，二者既存在共性也存在差异。本文在明确医疗健保产业分类内涵的基础上，从基本结构、生产范围以及核算角度等方面将 ICHA-HP 与 ISIC 作比较，重点探寻二者在上述方面存在差异的原因，并得出可供中国参考和借鉴的内容，为中国开展全口径医疗卫生产业统计提供分类基础。

关键词：医疗健保产业；ISIC4.0；ICHA-HP；SNA(2008)

Statistical Classification of Health Care Industry:
Comparison of International Standards and Its Enlightenments

Ai Weiqiang[1]　Wang Yong[2]

(1. *School of Economics and Management, Dalian Nationalities University, Dalian* 116600;
2. *School of Statistics, Dongbei University of Finance and Economics, Dalian* 116025)

Abstract: The international standard of statistical classifications of the health care industry under SNA(2008) is divided by two levels: one is ICHA-HP associated central framework, the other is ISIC associated affiliated framework. ICHA-HP derived from ISIC, which takes the ISIC high class on health care industry as the core, and includes health service related industry and sectors excluded from ISIC4.0. From the view of health care industry, the two kinds of classifications are quite similar but with many differences. Based on clarifying the meaning of health care industry, this paper will explore the reasons of the differences, summary the enlightenments can be used for China, and provide the classification can be available for the statistics of healthcare industry on whole scope in china.

Key Words: Health Care Industry; ISIC4.0; ICHA-HP; SNA (2008)

---

* 基金项目：本文得到国家社会科学基金青年项目(14CTJ003)、辽宁省社会科学规划基金青年项目(L11CTJ005)和辽宁省社会科学规划基金一般项目(L14BTJ003)的资助。

作者信息：艾伟强，男，1982年生，辽宁北票人，2011年毕业于东北财经大学，获经济学博士学位，现为大连民族大学经济管理学院讲师。研究方向为国民经济核算，医疗卫生统计。王勇，男，1988年生，山东临沂人，2014年毕业于东北财经大学，获经济学博士学位，现为东北财经大学统计学院讲师。研究方向为国民经济核算，投入产出分析。

一、引言

医疗健保产业①又称医疗健康产业、卫生保健产业和医疗卫生产业等。近年来,在世界经济发展水平的提高、居民生活条件的改善以及健康意识的增强等因素的共同驱动下,各国国民的医疗保健需求得以快速增长和持续释放,促使医疗健保产业在世界范围内迅速兴起。美国经济学家保罗·皮尔泽在《财富第五波》(The Wellness Revolution)一书中预测:"医疗健保产业将会成为继IT产业之后的下一个兆亿美元产业,即全球财富的第五波。"但是,与医疗健保产业快速发展相矛盾的是:该产业的统计核算体系不完善,运用现行统计核算方法仍旧无法全面测算医疗健保产业的规模、结构、质量和效益等。产生这一问题的原因是SNA(2008)框架按照ISIC4.0中的行业大类统计和汇总数据,在这一核算规则的指引下,现行医疗卫生统计核算的基础是医疗卫生服务行业;同时,由于医疗健保产业分散在国民经济的多个行业之中,因此,通过现行的医疗卫生统计核算体系难以将医疗健保产业的增加值完全细分和汇总出来。

根据国内外现有的研究成果可知,解决上述难题的最佳途径是构建医疗健保产业统计核算体系,即卫生卫星账户(Health Satellite Accounts, HSA)。在SNA(2008)中,HSA被正式纳入附属核算框架,其重要意义不仅体现在完善了SNA(2008)的结构和分析功能,更主要的是实现了对ISIC4.0口径下医疗卫生服务行业统计的补充。目前,HSA仍处在逐步完善的过程,其中,医疗健保产业统计分类体系是有待完善的核心问题。由于医疗健保产业涉及到众多基层单位和经济行为,明确的生产活动分类可以为HSA提供统一的调查范围和统计口径,并为其下设子体系提供科学、规范的结构框架,可以说,设置科学、客观的医疗健保产业分类是构建HSA的基础。

在SNA(2008)框架下,涵盖医疗健保产业的统计分类标准主要有两类:一类是隶属于中心框架的ISIC分类,一类是隶属于附属框架的卫生保健提供机构分类(International Classification for Health Accounts-Healthcare Provider,简称为ICHA-HP)。在这两种分类体系中,分类项目既存在共性也存在差异,因此,本文在界定医疗健保产业内涵的基础上,首先介绍ISIC4.0与ICHA-HP2.0的基本结构,总结二者在医疗健保产业划分方面存在的差异,探寻产生差异的原因,从而明确医疗健保产业统计分类的基本内容,得出有益于中国统计核算理论与实践工作的启示。

二、ISIC视角下的医疗健保产业分类

ISIC是国民经济生产活动的统计分类标准,是SNA核算范围划分的基础,即SNA框架下的核算过程是ISIC口径下的行业核算。ISIC现行的版本是ISIC4.0,该分类体系从全社会产品生产的角度,根据生产活动的同质性,将国民经济整体划分为21个门类、88个大类、233个中类和419个小类。因此,在ISIC4.0的影响下,一提到医疗卫生统计,大多想到的是医疗卫生服务行业统计,也即归属在"卫生和社会工作"门类下的"卫生"大类统计。同时,人们还极易将医疗卫生服务行业与医疗健保产业的概念相混淆,在对医疗健保产业的分析过程中,使用医疗卫生服务行业的相关统计指标加以替代,从而导致医疗健保产业的经济价值被低估。

2008年,欧盟统计局(Eurostat)、经济合作与发展组织(OECD)联合世界卫生组织(WHO)将医疗健保产业界定为医疗卫生活动的集合,并对医疗卫生活动进行科学、客观的归纳,即:"医疗卫生活动以增进公众健康为目的,包括医疗卫生服务和医疗卫生相关服务,以及为上述服务提供支持的各项活动",这是迄今关于医疗健保产业较为权威的阐释。从上述定义可知,医疗健保产业不仅包括医疗卫生服务的提供活动,还包括医疗卫生实物产品的生产活动,如医疗器械的生产、药品的生产等,该类活动

---

① 2013年7月9日,国家统计局统计科学研究所召开"医疗健保产业分类及行业指标推算研究"课题专家研讨会,会议上首次提出并使用"医疗健保产业"这一名称。

归在制造业,属于第二产业;还应包括归在第一产业的原材料生产活动,如西药制品中用到的玉米等辅料、中药制剂中用到的农牧产品和动植物等;还应包括归在第三产业的医疗卫生产品的运输与销售环节等。如果将医疗健保产业作为一个整体,或者说立足于产业角度而非行业角度来看,医疗健保产业分类应细分为分别属于第一、二、三产业的医疗卫生生产活动分类。根据医疗健保产业的内涵,可以将医疗健保产业在ISIC4.0中的分布归纳为核心层、相关层和扩展层三个层次。

(一) 核心层:医疗卫生服务行业

在ISIC4.0中,医疗健保产业核心层对应的是医疗卫生服务行业,包括所有提供医疗卫生服务活动的部门,即门类Q—人体健康和社会工作活动,该门类下设Q86(人体健康活动)、Q87(留宿护理活动)和Q88(不配备食宿的社会服务)3个大类,Q8610(医院活动)、Q8710(留宿护理活动)和Q8810(为老年人和残疾人提供的不配备食宿的社会服务)等9个小类,具体内容见表1。医疗卫生服务行业所从事的活动仅限于服务的提供,主要包括医疗卫生服务与护理服务两部分。

表1 ISIC4.0医疗卫生服务行业分类表

ISIC code		内容描述
Q86	861 / 8610	医院活动
	862 / 8620	医疗和牙科治疗活动
	869 / 8690	其他人体健康活动
Q87	871 / 8710	留宿护理活动
	872 / 8720	面向有智障、精神疾病和药物滥用问题人群的留宿护理活动
	873 / 8730	面向老年人和残疾人的留宿护理活动
	879 / 8790	其他留宿护理活动
Q88	881 / 8810	为老年人和残疾人提供的不配备食宿的社会服务
	889 / 8890	其他不配备食宿的社会服务

另外,是否与患者直接接触也是将医疗健保产业核心层与其他层次区分开的标准,根据这一标准,可以将医疗卫生服务行业划分为医疗卫生服务的主要提供者和次要提供者[①]两个部分:主要提供者从事的主要活动是医疗卫生服务,例如,医院、诊所和卫生院等;次要提供者在从事其主要活动的同时,将提供医疗卫生服务作为其次要活动,例如,福利院、疗养院和护理机构等,并且,次要提供者从事的主要活动大多是提供社会服务,但往往也提供诸如老年病护理和职业病治疗等服务。

(二) 相关层:医疗卫生相关服务行业

在ISIC4.0中,医疗健保产业的相关层是指与医疗卫生服务相关的其他服务行业,可以称之为医疗卫生相关服务行业,主要被纳入ISIC4.0中的G(批发和零售业)、J(信息和通信业)和K(金融和保险业)等8个门类,4610(药品批发)、4721(营养和保健品零售)和5811(图书出版)等26个小类,具体内容见表2。归纳起来,医疗健保产业相关层主要包括健康管理与促进服务业、健康保险和保障服务业以及其他与健康相关的服务业。其中,前两部分是相关层的重点内容,以维护与促进人类身体健康状况或预防健康状况恶化为主要目的;后一部分是与健康服务相关的行业,包括相关健康产品的批发、零售和租赁服务。

健康管理与促进服务可细分为六个部分:一是政府与社会组织健康服务,涵盖8412一个小类,指国家卫计委、食品药品监管局以及各级政府部门的行政管理服务;二是健康科学研究和技术服务,涵盖7120和7210两个小类,7120小类指对药品和医疗器械等健康相关产品的质量检验服务,7210小类指医学研发服务;二是健康教育服务,涵盖8522、8530和8549三个小类,8522小类指中等职业学校中医疗教育、临床护理教育等与健康相关的职业教育服务,8530小类指高等教育中医疗教育、临床护理教育等与健康相关的高等教育服务,8549小类指与健康相关的职业技能培训服务;四是健康出版服务,涵盖5811、5813和5920三个小类,5811小类指医药、卫生等图书出版服务,5813小类指医药、卫生等报纸和期刊出版服务,5920小类指医药、卫生等

---

① 在SNA(1993)和ESA(1995)中,机构单位的主要活动是指对本单位增加值贡献份额最大的活动;次要活动是指机构单位从事的其他任何活动,其创造的增加值必须少于主要活动创造的增加值,产出用于向第三方提供商品或服务。

音像制品出版服务；五是体育健身服务，涵盖9311、9312和9319三个小类，可将三者总称为体育健身服务；六是健康咨询服务，涵盖7020一个小类，指医药、医疗等与健康有关的专业咨询服务。

健康保险和保障服务可细分为两个部分：一是健康保险服务，涵盖6511和6520两个小类，6511小类指商业健康保险服务，6520小类指与健康有关的其他保险服务；二是健康保障服务，涵盖8430一个小类，指基本医疗保障服务和补充医疗保障服务等。

其他与健康相关的服务可细分为三个部分：一是健康相关产品批发服务，涵盖4610、4630和4659三个小类；二是健康相关产品零售服务，涵盖4721、4763、4772和4773四个小类；三是健康设备和用品租赁服务，涵盖7721、7730和7740三个小类。

（三）扩展层：医疗卫生服务支持行业

之所以说现行的医疗卫生统计体系无法反映医疗健保产业的全貌，其中一个重要原因是医疗健保产业不仅包括医疗卫生服务的提供，还包括医疗卫生实物产品的生产。从中国投入产出表（2007）中可以看出，医疗健保产业涉及的国民经济行业大类多达90余个，其中，涉及第一、二产业的行业达到近70个。因此，现行的医疗卫生统计体系未能反映属于第一产业的医疗卫生生产活动，也未能反映属于第二产业的医疗卫生生产活动。中国投入产出表数据显示：2007年，第一产业对医疗卫生服务行业的总投入为58.9亿元，其中，农业占绝大部分，投入数量为58.2亿元；第二产业中总共有60个行业对医疗卫生服务行业提供了中间投入，总投入累计达到5965.3亿元，其中，医药制造业和其他专用设备制造业的投入数量较大，分别为3767.6亿元和464.7亿元，说明第二产业中不仅包括了医疗卫生生产活动，而且该活动的规模庞大，对医疗健保产业乃至整个国民经济都具有非常显著的影响。

实际上，SNA（2008）中心框架描述的是国民经济总体的运行过程与结果，从研究框架与内容上看，它是完整的，这种完整性是对整个国民经济而言的，不是对某一个行业或某一个领域而言。换句话说，中心框架提供的国民经济总体的数据是完整的，分行业数据就不一定是完整的。因此，为了从产业链角度观察医疗卫生活动，并进一步观察医疗健保产业对社会经济的推动作用，医疗健保产业分类应纳入用于医疗卫生服务最终消费过程的中间产品（例如，农产品、药品、医疗器械、血液制品、纱布和绷带等），同时，设置医疗卫生支持活动分类。由于医疗卫生支持活动较多，以下仅列出其中主要的几个方面（见表3）。

表2 ISIC4.0医疗卫生相关服务行业分类表

ISIC code			内容描述
G46	461	4610	药品批发
	463	4630	营养和保健品批发
	465	4659	医疗用品及器材批发，体育用品及器材批发
G47	472	4721	营养和保健品零售
	476	4763	体育用品及器材零售
	477	4772	专卖店中药品和医疗用品、化妆品及盥洗用品的零售
	477	4773	眼睛、助听器和其他医疗用品的零售
J58	581	5811	图书出版
	581	5813	报纸、期刊出版
	592	5920	音像制品出版
K65	651	6511	人寿保险机构
	652	6520	其他保险机构
M70	702	7020	管理咨询活动
M71	712	7120	技术测试和分析
M72	721	7210	医学研究与试验发展
N77	772	7721	娱乐和体育用品的出租和租赁
	773	7730	其他机械、设备和有型商品的出租和租赁
	774	7740	知识产权服务
O84	841	8412	对提供保健、教育、文化服务和其他社会服务（社会保障除外）活动的监管部门
	843	8430	强制性社会保障机构
P85	852	8522	技术和职业中等教育
	853	8530	高等教育
	854	8549	医学教育与培训机构
R93	931	9311	体育设施的运营
	931	9312	体育俱乐部的活动
	931	9319	其他体育活动

表3 ISIC4.0医疗卫生服务支持行业分类表

ISIC code			内容描述
C21	210	2100	药品、药用化学品及植物药材的制造
C26	266	2660	辐射、电子医疗和电子理疗设备的制造
	267	2670	光学仪器和摄影器材的制造
	268	2680	磁性媒介物和光学媒介物的制造
C32	325	3250	医疗、牙科工具和用品的制造
C33	331	3319	其他设备的修理
…	…	…	…

三、ICHA-HP视角下的医疗健保产业分类

医疗卫生供方①分类(International Classification for Health Accounts – Healthcare Provider,简称为ICHA-HP)是HSA的核心分类体系之一②。ICHA-HP从医疗卫生活动提供者的角度出发,将核算主体定位于医疗卫生及相关服务行业,不仅包括医疗卫生服务行业,也包括医疗卫生相关服务行业,即医疗健保产业的核心层和相关层两部分。但是,ICHA-HP不包括医疗卫生实物产品的生产、销售和原材料的生产行业,因此,可以将ICHA-HP定义为医疗健康服务业分类。2000年,OECD公布了ICHA-HP1.0版,2011年,OECD、Eurostat和Word Bank共同对ICHA-HP1.0做出修订,在此基础上,公布了ICHA-HP2.0版。

(一)ICHA-HP1.0的分类设置

ICHA-HP1.0采用三位编码法,分为9个大类、27个中类和9个小类,分类项目包括五个部分,分别为:主要提供住院服务的供方(HP.1和HP.2)、主要提供门诊服务的供方(包括门诊医疗用品的零售商)(HP.3和HP.4)、提供公共卫生管理和保险服务的供方(HP.5和HP.6)、其他供方(HP.7)和国外(HP.9),大类划分见表4。

根据医疗卫生体系内经济单位的法律地位、经济核算、组织机构和运行结构等方面的特点,可以将ICHA-HP1.0中的医疗卫生供方划分为医疗卫生服务的主要供方、辅助供方、家庭、职业护理机构和

表4 ICHA-HP1.0分类表

ICHA-HP1.0 code	医疗卫生供方
HP.1	医院
HP.2	专业护理和社区保健机构
HP.3	门诊服务供方
HP.4	医疗用品的零售商或其他供应商
HP.5	公共卫生计划的提供和管理部门
HP.6	医疗卫生管理和保险机构
HP.7	其他行业(国内经济体的其余部分)
HP.9	国外

医疗卫生相关服务机构五个部分。需要注意的是ICHA-HP1.0不包括为医疗卫生服务提供中间产品的生产商,ICHA-HP1.0基本结构见图1。

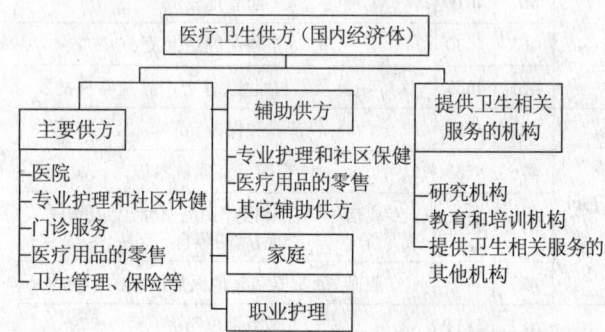

图1 ICHA-HP1.0界定的医疗卫生供方示意图

医疗卫生服务的主要供方是指将提供医疗卫生服务作为其主要活动的机构,例如,医院和门诊服务供方等;医疗卫生服务的辅助供方是指将提供医疗卫生服务作为其辅助活动的机构,例如,社区保健院和福利院等,福利院主要提供食宿,同时也将提供某些护理和治疗服务作为其辅助活动;职业护理机构是指将职业医疗卫生服务作为辅助生产的企业,在卫生核算的过程中,职业护理服务纳入卫生服务的最终消费,例如,对职员健康的监督和单位内外提供的治疗保健服务等;家庭是指提供家

---

① SHA(2000)首次提出医疗卫生供方的概念,并将其界定为:由于交换或提供医疗卫生核算范畴之内的产品或服务而得到资金回报的实体。

② HSA的基本分类主要包括医疗卫生功能分类(ICHA-HC)、供方分类(ICHA-HP)和筹资方案分类(ICHA-HF)三种。此外,还有与这三个维度密切联系的补充分类,如医疗卫生提供要素分类(ICHA-FP)等。

庭护理服务的部门,家庭护理服务是"无酬服务",主要指"住户为提升家庭成员的健康状况而提供的没有货币报酬的护理服务",由于该类服务数量庞大,并且具有经济价值,因此,ICHA-HP1.0将家庭纳入其中;医疗卫生相关服务机构是指医学教育和培训机构等,主要从事医疗卫生从业人员的教育和培训,医疗卫生产品的研发、医疗卫生相关现金福利的提供和管理等。

(二)ICHA-HP2.0 对 ICHA-HP1.0 的调整与补充

近年来,研究者发现 ICHA-HP1.0 存在范围覆盖不全面的缺陷,ICHA-HP 分类的目的是什么?ICHA-HP 应该包括医疗卫生体系内所有的经济单位,还是只包括直接参与为患者提供医疗卫生服务的经济单位?Christopher Mackie(2008)指出:"由于医疗卫生体系内的经济单位关系到医疗卫生产品和服务的消费、提供、筹资和管理等各个方面,ICHA-HP 将医疗卫生体系内的所有经济单位都包括在内非常重要"。因此,ICHA-HP2.0 在 ICHA-HP1.0 的基础上,纳入了新的医疗卫生供方,将从事生产、流通和为供方活动提供支持的生产单位都包括在内,例如,医学院校和医学科研机构等。ICHA-HP2.0 分为 9 个大类、24 个中类和 8 个小类,大类划分见表 5。

表 5 ICHA-HP2.0 分类表

ICHA-HP2.0 code	医疗卫生供方
HP.1	医院
HP.2	可居住长期护理机构
HP.3	门诊服务机构
HP.4	辅助性服务机构
HP.5	医疗用品零售机构
HP.6	预防服务机构
HP.7	卫生行政与筹资管理机构
HP.8	其他生产/机构单位
HP.9	国外

从表 5 可以看出,ICHA-HP2.0 对 ICHA-HP1.0 的修订可以分为调整和补充两类,具体内容如下:

1. 对 ICHA-HP1.0 原有类别的调整。主要包括四项:一是在 ICHA-HP1.0 中,家庭作为小类被归在 HP.7 中,ICHA-HP2.0 充分考虑到家庭在医疗卫生服务提供中的特殊作用,即家庭首先是医疗卫生服务的消费者,也是家庭护理服务的提供者,同时为医疗卫生服务提供资金,因此,ICHA-HP2.0 将家庭单独提出,作为中类(HP.8.1)纳入国内其他供方(HP.8)分类;二是 ICHA-HP2.0 将原门诊机构(HP.3)中的医学和诊断实验室(HP.3.5)、其他门诊机构(含急救服务机构、血液中心等)(HP.3.9)单独列出,在 ICHA-HP2.0 中划分为辅助性医疗服务提供机构(HP.4),包括病人转运和急救机构(HP.4.1)、医学和诊断实验室(HP.4.2)、其他辅助性服务提供机构(HP.4.9);三是将原药品和其他医疗用品零售机构(HP.4)中的中类进行简化和调整,调整为药房(HP.4.1)、药品零售和医疗器械零售机构(HP.4.2)、其他医疗用品零售机构(HP.4.9);四是在 ICHA-HP1.0 中的医疗卫生管理和保险机构(HP.6)中,政府卫生行政管理机构(HP.6.1)不同于医疗保险的管理机构(HP.6.2—HP.6.4),因此,ICHA-HP2.0 将 HP.6.1 与 HP.5 归并。

2. 在 ICHA-HP1.0 的基础上,纳入新的医疗卫生供方。ICHA-HP2.0 在遵循 ICHA-HP1.0 基本标准的基础上,新增其他产业中类(HP.8.9)。同时,ICHA-HP2.0 新增提供医疗卫生技术等人力资本和医疗卫生知识的单位,例如,医学院校和科研机构等。另外,ICHA-HP2.0 还增加非西方医学体系的医院(HP.1.3)一项,引入此类别是为了纳入诸如印度的传统医学和中国的中医这类非西方医学体系的医院。最后,ICHA-HP2.0 还将许多低收入国家的各种非正式的,或资质稍差甚至是不被法律所认可的医疗卫生供方也包括在内。

四、双重分类标准的比较

(一)ICHA-HP2.0 以对 ISIC4.0 的整合为基础

根据 ICHA-HP2.0 与 ISIC4.0 的分类设置可知,ICHA-HP2.0 仅包括 ISIC4.0 的核心层(医疗卫生服务行业)和相关层(医疗卫生相关服务行业)两部分,不包括扩展层(医疗卫生服务支持行业),因此,可以将ICHA-HP2.0称为健康服务业分类,具体包括以维护和促进人类身心健康为目标的各种服务活动,例如,医疗卫生服务、健康管理与促进服务、健康保险和保障服务以及其他与健康相关的服务等。总体上看,ICHA-HP2.0以ISIC4.0为基础,是对ISIC4.0中符合健康服务业范畴相关活动的再分类。

从二者的对应关系上看,ISIC4.0中的门类Q(人体健康和社会工作活动)与ICHA-HP2.0中的医疗卫生主要供方和辅助供方的大部分内容相对应,即对应于HP.1—HP.3三个部分,但是,医疗卫生辅助供方中的HP.5(医疗用品零售机构)与ISIC4.0中医疗卫生相关服务行业的小类4610、4630、4659、4721、4763、4772和4773等相对应。同时,ICHA-HP2.0中的HP.6(预防服务机构)和HP.8(其他生产/机构单位)等提供医疗卫生相关服务的机构则与ISIC4.0中医疗卫生相关服务行业的其他部分相对应。值得注意的是,ICHA-HP2.0中的职业护理供方HP.4(辅助性服务机构)在ISIC4.0中没有对应分类,原因是辅助活动未被纳入SNA(2008)的生产范围。另外,HP.8(其他生产/机构单位)中的HP.8.1(家庭)和HP.9(国外)在ISIC4.0中也没有对应分类。

(二)ICHA-HP2.0扩展了ISIC4.0的生产范围

ISIC4.0不仅遵循SNA(2008)的核算规则,而且遵循其概念模式,二者的生产范围具有一致性。但是,对于ICHA-HP2.0而言,其遵循HSA的概念模式,由于SNA(2008)将HSA界定为外部卫星账户①,因此,ICHA-HP2.0在中心框架生产范围的基础上,又纳入了以下两部分内容:

一是职业医疗保健服务。SNA(2008)指出:"当一些经济活动以辅助活动的形式存在,并仅限于为本单位的主要活动或次要活动提供支持时,SNA(2008)不视其为独立的基层单位,其生产活动被视为本单位的中间消耗"。中心框架对辅助活动采取这一处理方式的原因是:首先,ISIC4.0并未建立关于辅助活动的专门分类,导致辅助活动及其相关产品不能以独立产品的形式出现;其次,辅助活动用于对主要活动或次要活动提供支持,相对于国民经济总体而言,其产出价值较小。因此,ISIC4.0分类只包括作为主要产品或次要产品提供给第三方的服务,而将职业医疗保健服务视为辅助活动,并将其产出视为中间消耗。但是,从HSA的角度看:首先,职业医疗保健服务广泛存在于基层单位之中,其产出具备一定的规模;其次,ICHA-HP2.0分类的目的是覆盖医疗卫生服务活动的全貌,实现该目标不仅需要将次要活动从主要活动中分离出来,而且需要识别和确定医疗卫生辅助活动。因此,职业医疗保健服务是医疗健保产业的重要组成部分,有必要将其纳入ICHA-HP2.0中。

二是住户无酬护理服务。住户部门提供的家庭护理服务是"无酬服务",中心框架将为住户自身最终消费提供的全部服务作为住户部门的非市场性生产,不计入其生产范围,因此,家庭成员之间相互提供的、用于家庭内部最终消费的护理服务不能在ISIC4.0中体现。但是,有必要将住户无酬护理服务纳入ICHA-HP2.0,理由是该服务数量庞大、具有经济意义,其提供过程伴随着各种生产要素的投入,并且该服务的生产同样是在机构单位——住户的控制和负责下进行的,与付酬的住户护理服务一样,提供了服务,就应该有对应的收入,也应该有对应的使用。

(三)ISIC4.0侧重于生产统计,ICHA-HP2.0立足于需求统计

实际上,ISIC4.0中的"医疗健保产业"分类与ICHA-HP2.0中的"健康服务业"分类具有各自的特点与功能:

ISIC4.0是从生产角度定义的,反映的是全社会医疗卫生服务、相关服务及医疗卫生产品的生产,

---

① SNA(2008)指出:"根据与中心框架生产范围的一致性与否,卫星账户可以分为两类:一类是内部卫星账户,一类是外部卫星账户。内部卫星账户未改变SNA(2008)的基本概念,生产范围与中心框架相同,例如,旅游卫星账户、环境保护卫星账户等;外部卫星账户以对SNA(2008)概念的替代为基础,生产范围会发生一些变化"。

目的是将整个国民经济(或某一经济体)作为一个整体,以保证国家层面测算结果的完整性。虽然从研究框架与内容上看,ISIC4.0是完整的,但是,这种完整性是对整个国民经济而言的,不是对某一个行业或某一个领域而言的。换句话说,根据中心框架提供的国民经济总体的数据是完整的,分行业的数据就不一定是完整的。

ICHA-HP2.0是从需求角度定义的,立足于需求统计,反映的是社会公众的医疗卫生需求。从核算角度上看,ICHA-HP2.0与ISIC4.0是性质不同的两个概念。由于SNA(2008)侧重于对国民经济生产成果的统计,建立在以生产或供应为导向的理论框架内,核算角度定位于宏观经济角度,根据经济活动的相似性(工艺和生产技术等),将医疗卫生生产活动分成各个具体的行业。但对于个体来说,对于住户来说,对接更紧密的是需求,而不是生产,居民个人从事生产的目的在于维持劳动力的再生产,满足人的生存需求。所以,从国家的层面来看,更关注生产,从住户的层面来看,更关注需求。因此,ICHA-HP2.0弥补了ISIC4.0的核算局限,着眼于中观经济角度,立足于需求统计,具有不可替代性。

五、启示

目前,我国的医疗健保产业已经形成并初具规模,即将成为国民经济新的增长点和重要的支柱产业,其发展具有以下三大特征:一是从生产角度看,医疗健保产业对国民经济的影响力逐年提升;二是从最终消费角度看,社会公众对医疗卫生服务和医疗卫生产品的需求量持续增加;三是从产业政策与结构调整角度看,医疗健保产业进一步发展的空间较大①。在此背景下,准确反映中国医疗健保产业的规模、结构和发展速度意义重大。但是,中国现行医疗卫生统计的范围是同样是医疗卫生服务行业,在国民经济行业分类(GB/T4754-2011)中,医疗卫生服务行业特指"卫生和社会工作"门类下的"卫生"大类。因此,中国同样存在着对医疗健保产业统计不全面的难题,也同样需要科学、完整的医疗健保产业分类,以摆脱传统行业统计的束缚,将医疗健保产业的各组成部分从国民经济各行业中剥离出来,从而对医疗卫生生产活动进行无遗漏地统计,以摸清医疗健保产业的家底。

综合上述,构建医疗健保产业分类是开展医疗健保产业全口径统计,强化医疗健保产业化发展意识,促进医疗健保产业更好更快发展的重要举措,同时也是现阶段中国国民经济核算体系改革与完善的重要方面。因此,现阶段中国有必要积极开展构建医疗健保产业分类的研究与实践工作。但是,由于中国医疗卫生统计的基础薄弱,在充分借鉴国外先进经验的基础上,上述工作仍需在以下三个方面逐步推进:

(一)尽快实现中国国民经济核算体系向SNA(2008)的转变。

对于开展医疗健保产业统计而言,中国国民经济核算体系与SNA(2008)的差距主要表现在:①中国医疗卫生统计侧重于"事业统计",而非"产业统计"。目前,中国的医疗卫生统计大多集中在医疗卫生服务方面,并将服务提供视为非营利性的,所使用的指标大多反映的是投入,如卫生总费用等。然而,SNA(2008)已经将HSA纳入其附属核算框架,这是中国国民经济核算体系所欠缺的。②中国医疗卫生统计现有的分类体系不能满足医疗健保产业统计的需求,存在分类不匹配的情况。因此,实现中国国民经济核算体系向SNA(2008)的转变对中国构建医疗健保产业分类,进而开展医疗健保产业统计意义重大。

(二)将中国的医疗卫生机构分类国际化。

根据医疗卫生体系的现状,中国已经按照机构法分类标准将全部医疗卫生机构分为七类:医疗机构、护理保健机构、门诊卫生服务机构、药品零售和其他医用商品提供机构、公共卫生服务机构、卫生行政管理机构和其他机构。医疗卫生机构分类迈出了与ICHA-HP2.0分类接轨的第一步,但由于中国的医疗卫生体制与OECD国家不同,二者差异仍

---

① 艾伟强,中国医疗卫生服务统计的局限及对策研究,中国卫生统计,2014年6月。

然较大。因此,如何使医疗卫生机构分类既具有中国特色,又能够满足国际比较的需要至关重要。本文提供的思路是:首先,参照 ICHA-HP2.0,扩大医疗卫生机构分类的范围。相对于 ICHA-HP2.0,中国的医疗卫生机构分类范围较狭窄,因此,应将尽可能多的医疗卫生供方纳入其中;其次,将医疗卫生机构分类的类别与 ICHA-HP2.0 分类相匹配,例如,ICHA-HP2.0 中有专门的牙医分类,因此,应将牙医从医疗卫生机构中拆分出来,单独列为一类。真正实现我国医疗卫生机构分类的国际化需要医疗卫生体制的转变,这是一个漫长的过程,也是需要继续跟踪研究的问题。

(三)设计调查制度,定期发布医疗健保产业统计数据。

现行的《全国卫生统计工作管理办法》是 1999 年 2 月由卫生部颁布并实施的,在第三章中规定了医疗卫生统计的调查制度,主要包括定期报表制度、抽样调查和专项调查制度等。同时,为深入贯彻落实《国务院关于促进健康服务业发展的若干意见》精神,满足国家制定健康服务业相关政策以及加强对健康服务业宏观管理,科学界定健康服务业统计范围,建立健康服务业统计调查体系的需要,国家统计局于近期公布了《健康服务业分类(试行)》。因此,在设计医疗健保产业统计的调查制度时,应以既有的规定为基础,并加以补充完善,例如,在企业一套表的设计上加入医疗健保产业的相关内容,并将其纳入经济普查的范围等,从而建立以基层单位为基础的全国医疗健保产业统计数据库,以此试算我国现阶段医疗健保产业发展的相关指标,并将分析结果定期向社会发布。

参考文献

[1] 艾伟强、蒋萍,"卫生卫星账户:ISIC 口径下医疗卫生服务统计扩展的有效途径",《统计研究》,2013 年第 12 期,第 24—30 页。

[2] 艾伟强,"卫生服务供方国际分类体系的比较及启示——基于 ISIC 和 ICHA-HP 的研究",《调研世界》,2010 年第 11 期,第 38—41 页。

[3] BEA. Health Satellite Accounts " http://www.bea.gov/health_satellite_account.htm.

[4] Christopher Mackie, Rapporteur. Strategies for a BEA Satellite Health Care Account: Summary of a Workshop ", Washington, D.C.: The National Academies Press, 2008.

[5] 蒋萍,"核算制度缺陷、统计方法偏颇与经济总量失实",北京:中国统计出版社,2011 年。

[6] 蒋萍、刘丹丹、王勇,"SNA 研究的最新进展:中心框架、卫星账户和扩展研究",《统计研究》,2013 年第 3 期,第 3—9 页。

[7] 刘丹丹,"住户无酬劳动核算国际进展及对中国的启示",《统计研究》,2012 年第 12 期,第 53—59 页。

[8] 联合国、欧盟委员会、世界银行等,"国民账户体系(2008)",北京:中国统计出版社,2012 年。

[9] OECD. A System of Health Accounts", Paris: OECD Publishing, 2000.

[10] OECD. Towards Measuring Education and Health Volume Output: An OECD Handbook ", Paris: OECD Publishing, 2007.

[11] OECD, Eurostat, WHO. A System of Health Accounts" Version 2, Paris: OECD Publishing, 2011.

[12] PAHO. Satellite Health Account Manual ", http://new.paho.org/hq/2005.

[13] PAHO. Satellite Health Account Manual ", http://new.paho.org/hq/.2005.

[14] 王亚菲,"经济系统物质投入产出核算框架设计",《统计研究》,2012 年第 4 期,第 27—31 页。

[15] 王勇,"中国投入产出核算:回顾与展望",《统计研究》,2012 年第 8 期,第 65—73 页。

[16] 王勇、蒋萍,"《统计研究》与中国国民经济核算",《统计研究》,2014 年第 9 期,第 20—27 页。

中国R&D资本存量与资本服务指数估算:1995-2013*

席 玮

(北京师范大学统计学院 北京 100875)

摘 要:测度研发资本及其对生产的贡献一直是理论研究的重点问题,文章参照国民经济核算体系(SNA)对R&D资产的论述,界定了R&D资本的核算范围,应用年龄—效率剖面计算了我国1995-2013年R&D资产的生产性资本存量和资本服务指数,发现我国研发资本投入在规模和增长方面都有待增强,内部结构的演化趋势也不利于创新的可持续发展。应用效率损失参数推导的折旧率计算同期财富性资本存量,发现生产性资本存量高于财富性资本存量,而以往对这种差异的忽视会低估生产中的研发贡献。

关键词:资本服务;R&D;生产性资本存量;财富性资本存量

Measuring the Capital Stock and Capital Services Index of R&D in China:1995-2013

Xi Wei

(School of Statistics, Beijing Normal University, Beijing 100875)

Abstract: Measure R&D capital and their contribution to production has been a key issue in theoretical study. Referring to the SNA discussion of R&D assets, apply age-efficiency profile to calculate the productive capital stock and capital services index of R&D from 1995 to 2013 in China, this paper found that R&D investment in China needs to be increased in terms of both size and growth, and the evolutionary trend of the R&D′s internal structure is not conducive to the sustainable development of innovation. By calculate the wealth capital stock with the same period, this paper found that productive capital stock is higher than wealth capital stock, and the neglect of this difference will underestimate the contribution of R&D to production.

Key Words: Capital Service; R&D; Productive Capital Stock; Wealth Capital Stock

一、问题提出与研究综述

研究与开发(R&D)对生产与增长的贡献是发展经济学的重要命题之一,估计R&D在生产过程中的投入是研究的前提。最初的实证研究中人们用研发经费的当期投入或其滞后结构来衡量创新投入,随着R&D资本属性认识的加深,研究者开始用R&D资本存量作为变量对知识生产函数进行估计

---

* 基金项目:本文为中央高校基本科研业务费专项资金资助(SKZZY2013004,SKZZX2013011)、国家社科基金青年项目(12CTJ004)研究成果之一。

作者简介:席玮,1980年12月生,北京师范大学统计学院讲师,研究方向为宏观经济统计分析。

(Griliches，1979)。这里存在两个问题，其一是计算 R&D 资本存量所使用的基础数据，即 R&D 的资本范畴问题，其二是资本存量是否是估计资本投入的最佳变量。

第一个问题涉及到对 R&D 资本性质的认识。最新的国民经济核算体系(System of National Accounts，SNA2008)首次将 R&D 支出被作为固定资本形成处理，这部分"新"形成的资本改变了 GDP 产出水平，也对资本核算产生深刻影响。美国和日本就率先在 2013 年调整了各自的 GDP 历史数据。虽然 R&D 被作为资本处理，但并不是所有的 R&D 都是资本，决定 R&D 是否属于资本范畴的界限在于它能否给其所有者带来经济收益。换言之，不能带来经济收益的 R&D 支出仍属于中间消耗，不是资本。仅从目前来看，国内尚没有研究对此加以区分。

第二个问题涉及到资本投入的测度方法。在宏观经济学中，很长一段时间内人们用"耐用品存量"来定义和测度资本，R&D 资本存量的计算也是据此进行的。后来很多经济学家意识到，是资本服务的流量而不是资本存量决定产出，即应该用一段时间内资本品所提供的资本服务量作为资本投入项。对此，最新修订的 2008 年 SNA 专门引入了资本服务一章来介绍作为流量的资本投入是如何在生产中核算与记录的，相关的方法理论来源于 OECD 的资本测量手册和生产率测量手册。

由于将 R&D 作为资本进行核算的时间很短，目前中国仅有存量层次上的 R&D 资本核算。如吴延兵(2006)在研究工业行业生产效率时，运用中国大中型工业企业的面板数据，测量了以 1993 年为基期的工业 R&D 资本存量；王俊(2009)估算了我国 1998-2005 年 28 个制造业 R&D 资本存量；肖敏、谢富纪(2009)对我国 2000-2006 年 31 个省市自治区的 R&D 资本存量进行测算，发现其中的空间分布特征；王孟欣(2011)基于美国 R&D 卫星账户，对美国经济分析局(BEA)关于 R&D 资本存量的测算方法进行了介绍与分析。总的来看，这些研究都还止于对 R&D 资本存量的研究，没有考虑到 R&D 资本服务的流量水平。

在资本投入的流量核算上，目前中国仅有固定资产范畴的资本服务估算，R&D 资本部分的测度还未有涉及。如孙琳琳和任若恩(2005)最先对资本投入的相关理论进行综述，并基于资本服务的概念测算了我国的全要素生产率。随后，孙琳琳和任若恩(2008)又估计了 1981-2000 年我国行业层次的资本投入指数。由于无限几何折旧模式与资产使用的实际情况有所出入，蔡晓陈(2009)首次应用年龄—效率剖面计算了 1978-2007 年的我国总量层面上的资本投入指数。曹跃群和秦增强等(2012)估算的 1978-2010 年的中国资本服务指数，与之前的研究相比较，在折旧率的选择等技术细节的处理上最为完善，但生产性资本存量小于资产财富净额的计算结果与资本服务测度的基本理论有所矛盾。

综上所述，目前关于我国资本服务的测度存在着研究数量少、研究视角局限，以及研究方法未成体系等问题。并且，在国际标准核算体系已将 R&D 列入固定资产的背景下，资产范围扩展后的资本服务测度还完全处于空白。基于此，本文以 R&D 资本为研究对象，运用资本服务的测度方法，对 1995-2013 年的中国 R&D 资本投入指数进行估算，可为量化资本对经济增长贡献等研究提供数据和文献基础。

二、R&D 资本投入的测度框架

在生产过程中，各种要素对生产的贡献体现为增加值。其中，劳动对生产的贡献被视为雇员报酬，相应地，资本对生产的贡献被视为资本服务。在生产核算中，雇员报酬之外的增加值还包括固定资本消耗和营业盈余两部分。当所有资产对生产的贡献都能被充分考虑时，这两部分之和就是资本服务。

(一) R&D 资本的核算范围

根据 SNA2008 规定，产生资本服务的资产是那些对生产有贡献的非金融资产。具体包括固定资产、存货、自然资源和那些在生产中使用的合约、租约和许可。R&D 作为固定资本形成的新组成部分，也产生相应的资本服务。然而并不是所有的 R&D

支出都可以列作资本,其必要条件是能为其所有者带来经济收益。

R&D活动是科技活动最基本的和核心的内容,经济合作与发展组织(OECD)成员国从60年代开始开展了有关R&D活动的统计调查,《弗拉斯卡蒂手册》是对这一系列科技活动调查进行规范化和标准化的基础。此后,一些非OECD国家也逐步按照《弗拉斯卡蒂手册》实施了本国的R&D活动调查。联合国教科文组织(UNESCO)也以该手册为核心内容,分别于1978年和1979年提出了《科技统计国际标准化建议案》和《科技活动统计手册》。

根据《弗拉斯卡蒂手册》的统计口径,R&D活动分为基础研究、应用研究和试验发展三种类型。如果以市场产品作为取得经济收益的标志,那么显然基础研究距离资本的概念最远,应用研究次之,而试验发展最有可能作为产品进入市场。虽然大部分的基础研究行为比较类似于公益活动,预期收益不甚明显,但作为应用研究和试验发展的上游产品,其经济价值会内嵌在后续研发出的产品中,并没有被消耗掉。因此,本文认为基础研究与其他两种R&D活动的区别更多地体现在资本转化率上的差异,并据此设定基础研究的资本转化率为50%,应用研究的资本转化率为80%,试验发展设为全部转化。

(二)R&D资本投入的测度路径

资本服务的计算从资本形成数据开始,首先需要得到资产的退役模式($Y(t)$)和年龄—效率剖面($g(t)$)信息,由此可以计算出一个中间产出——生产性资本存量($K^p(t)$);而收益率(r)和使用者成本信息(f_0)是在得到生产性资本存量的基础上,作为加总权重服务于资本服务指数的测算。其中,使用者成本数据的计算来自于折旧模式和年龄-价格剖面。由于年龄-价格剖面和年龄—效率剖面存在一一对应的关系,因此,计算资本服务指数关键在于如下参数和变量的选择:

1. 年龄—效率剖面

年龄—效率剖面是用来描述单一资产随时间变化的效率下降状况,年龄—效率剖面的具体形式是一个实证问题,实践中双曲模式和几何模式是比较常见的剖面形式。在几何模式下,资产的生产效率在使用初期快速下降,而在后期缓慢减少。双曲模式恰好相反,在使用初期生产效率缓慢下降,而在使用后期快速减少。对于R&D产品而言,在研发出的最初时段内,比较容易保持技术垄断,使用效率下降并不明显;而在使用寿命的后期,受技术溢出和新技术替代等影响,使用效率会明显下降,因此可以认为双曲模式更适合R&D产品的实际情况。

$$g_s^i = \frac{T^i - s}{T^i - b^i s} \quad (1)$$

式(1)描述了双曲型年龄—效率剖面的函数形式。i代表资产类型,$s = 1, \cdots\cdots T^i$,表示资产的年龄,T^i是资产的最大服务年限。由于资产不会在一个时期同时退役,T^i是一个分布服从于退役模式的随机变量。g_s^i满足$1 = g_0^i > g_1^i > \cdots\cdots g_T^i > g_{T+1}^i = 0$。由于新资产的效率是1,$g_s^i$代表了不同年龄资产对比于新资产的相对效率。$b$表示效率递减因子,根据资产的使用年限不同,基础研究为0.7,应用研究为0.6,试验发展为0.5①。

2. 退役模式

年龄—效率剖面给出了单一资产的函数形式,当整个资产队列被考虑时,所有的资产不会在同一时间退出生产,这时需要应用退役分布。在众多分布中,钟形分布是普遍的选择,其具体函数形式为:

$$Y(t) = \left[\left(\frac{1}{s}\right) \times 2\pi^{-\frac{1}{2}}\right] \times EXP\left[\left(-\frac{1}{2}\right)\left(\frac{t-\bar{T}}{s}\right)^2\right] \quad (2)$$

其中,$Y(t)$为资产在使用t年后的退出比例,$\bar{T}$为资产的平均使用年限,s为标准差(一般地,$s = \bar{T}/4$)。将年龄—效率剖面和退役模式相结合,可以得到投资流的综合效率向量参数$h^i = (1, h_1^i, h_2^i, \cdots\cdots h_{T-1}^i)$。

3. 生产性资本存量

生产性资本存量是与财富性资本存量相对应的一个概念。投资随时间的变化既可以反映在资

---

① 一般使用寿命越长,b取值越高,Australian Bureau of Statistics (2000)给出数据库产品的b值为0.5。

产效率的下降上，也可以反映在资产价格的下降上。生产性资本存量用对年龄—效率剖面刻画，财富性资本存量则用年龄-价格剖面来刻画。

$$K_t^p = K_{t-1}^p(1-\delta) + I_t = \sum_{\tau=1}^{\infty} h_\tau^i I_{t-\tau} \quad (3)$$

式(3)中的 K_t^p 表示生产性资本存量，对生产性资本存量进行测度的原理与永续盘存法(Perpetual Inventory Method, PIM)是一致的，只是这里的 δ 不再对应价格下降的折旧率，而是对应效率损失的参数，h_τ^i 是包含了退役模式的综合效率参数。

4. 使用者成本

生产性资本存量是物量指标，使用者成本则表示这个物量指标的单位价格。租金是使用者成本的通俗名称，但由于不是所有的资本都存在租赁价格，大量的资本属于自有使用，因此可观测的租金是不完善市场的资本服务价格，为与之区分，研究中大多应用"使用者成本"概念。

对于总资本服务指数而言，由于涉及到三种不同 R&D 资产的加总问题，还需要考虑指数公式的选择和加总权重的确定。链式超越指数是比较适合的指数公式，这里具体采用 Tornqvist 的指数形式。对于加总权重，资本服务的权重则应为各种类型资产的资本报酬占总资本报酬的比例，资本报酬是使用者成本与资本服务的乘积，因此需要每种资产的使用者成本信息。

$$f_t^i = q_t^i \times (r_t^i + d_t^i) - (q_t^i - q_{t-1}^i) \quad (4)$$

式(4)是根据资产定价公式导出的使用者成本表达式，q_t^i 和 q_{t-1}^i 分别为 t 和 $t-1$ 年的资本品购置价格，r 为资本品的收益率，d 为资本品折旧率。如此，使用者成本由三项构成：资本回报、资本消耗和通货膨胀带来的资本价值变动。

5. 收益率

使用者成本中的收益率有两种计算方法：内部收益率和外部收益率。当所有资产对生产的贡献都能被充分考虑时，固定资本消耗与营业盈余之和就是资本服务，内部收益率就是根据这一恒等关系来计算的，具体公式是：

$$\sum_i f_t^i K_t^i = \sum_i q_t^i \times \left(r_t^i + d_t^i - \frac{q_t^i - q_{t-1}^i}{q_t^i}\right) \times K_t^i \quad (5)$$

等式左边是总的资本报酬之和，数据可由生产账户得到，此方程解出的 r 即是内部收益率。外部收益率不考虑账户的这种平衡关系，直接指定 r 等于债券收益率或者借贷利率。使用何种收益率在学术上并没有定论。使用时内部收益率需要假设所有的资产都被考虑，不存在不能观测的资产，否则估计结果会有偏差。并且由于非市场部门的存在，内部收益率会有被低估的倾向。对此，本文采用外部收益率进行计算，参照国内企业债券收益率和银行中长期贷款利率水平，这里设定 R&D 资本的收益率为 10%。

三、R&D 资本投入的实证分析

(一)效率参数和折旧率

R&D 资本存量有生产性和财富性之分，而以往研究都集中于财富性资本存量的计算，这里先分别计算两种存量，然后对二者进行比较。需要说明的是，两种存量的测度原理都与永续盘存法(PIM)是一致的(见式(3))，只是参数 δ 在生产性资本存量中对应生产效率损失，在财富性资本存量中对应价格下降的折旧率。

代表生产效率损失的综合效率参数已在式(1)和式(2)中描述，代表 R&D 产品价格下降的折旧率的确定通常有四种方法：生产函数方法、分期摊销模型、专利展期模型和市场估价模型。这些方法均存在各自的局限。国内外实证研究中还有一种普遍的做法，就是根据经验直接设定 R&D 的折旧率为 15%，这显然也存在一定的主观性。

不同于以上方法，本文折旧率采用内生过程推导。在资本服务理论中，折旧率由年龄-价格剖面刻画，效率参数由年龄—效率剖面刻画，且年龄—效率剖面同年龄-价格剖面之间存在一一对应的关系，由此，折旧率的计算也可由效率参数推导而来，即有

$$\frac{p_s^i}{p_0^i} = \frac{(h_s^i + h_{s+1}^i/(1+r) + h_{s+2}^i/(1+r)^2 + \cdots)}{(1 + h_1^i/(1+r) + h_2^i/(1+r)^2 + \cdots)} \quad (6)$$

等式左边不同年限资产价格的比率反映的是折旧水平,由等式右边可知这种折旧程度是由年龄—效率剖面(h)和收益率(r)来刻画的,当根据式(1)和式(2)确定了年龄—效率剖面后,便可内生求得资产折旧率,如表1所示。

表1 分资产类型综合效率与折旧率

资产年龄	H1	H2	H3	D1	D2	D3
1	0.999736	0.998650	0.991802	0.102038	0.206970	0.322554
2	0.977379	0.924425	0.700572	0.112189	0.227254	0.351348
3	0.948046	0.742363	0.158891	0.118891	0.227195	0.263422
4	0.901419	0.403225	0.004684	0.124853	0.194026	0.060873
5	0.819399	0.113325	0.000011	0.127918	0.109323	0.001799
6	0.685343	0.013650	—	0.124139	0.031264	—
7	0.504281	0.000613	—	0.109468	0.003794	—
8	0.312762	0.000008	—	0.083834	0.000171	—
9	0.157764	—	—	0.053523	—	—
10	0.062904	—	—	0.027560	—	—
11	0.019358	—	—	0.011151	—	—
12	0.004491	—	—	0.003467	—	—
13	0.000762	—	—	0.000811	—	—
14	0.000089	—	—	0.000138	—	—
15	0.000006	—	—	0.000016	—	—

注:H表示包含了退役模式的综合效率参数,D表示资产年龄别的折旧率。数字1,2,3分别表示基础研究、应用研究与试验发展。

表1给出了基础研究、应用研究、试验发展三种R&D资产的综合效率参数与分年龄别折旧率。计算过程中需要应用三类R&D资产的平均使用年限信息,根据Fraumeni(1997)的估计,计算机软件(包括自有与购买)的平均使用年限为5年,版权产品的平均使用年限为15年。在我国,一般认为专利的平均寿命是6年。本文认为具体到三类R&D资产,其寿命应在上述估计范围内,并据此设定基础研究的平均寿命为15年,应用研究的平均使用寿命8年,试验发展的平均寿命为5年。

从表1可以看出,在双曲型效率模式下,资产使用效率在使用初期逐渐降低,而在平均寿命年限的后期会大幅下降。与效率参数有很大不同,R&D资产的折旧率在使用初期下降较快,而在平均寿命年限的后期下降变缓。由于生产性资本存量与财富性资本存量的计算不仅基于相同的R&D资产,而且计算时采用原理也一致,因此二者的主要差异就来源于效率参数和折旧率的差距上。在衡量物质及知识资本对生产绩效的贡献时,显然代表生产效率的生产性资本存量要比代表价值的财富性资本存量更具有理论意义,而以往的研究通常将基于折旧率计算出的财富性资本存量用于生产函数的估计,隐含着价值与效率相等的假定,通过表1可以认为,二者的变化趋势是极为不同的。因此,生产性资本存量和资本服务指数的测度也是具有理论和现实意义的。

(二)两种R&D资本存量的测算与比较

根据前文测度框架和参数选择,估算我国1995-2013年的R&D资本生产性资本存量和财富性资本存量所需要的变量还包括:R&D经费支出分类别的年度投资序列、价格指数、基期存量等信息。

1. 投资数据

严格来说,资本核算中的投资流量的基础数据应为年度资本形成数据,由于国内尚未对R&D资本形成进行统计,这里以资本化的R&D内部支出序列来替代。根据《中国科技统计年鉴》的解释,R&D内部支出指调查单位在报告年度用于内部开展R&D活动的实际支出。不包括生产性活动支出、归还贷款支出以及与外单位合作或委托外单位进行R&D活动而转拨给对方的经费支出。各类型R&D支出的资本转化率参照前文设定,计算数据来自于历年《中国科技统计年鉴》。

2. 价格指数

为消除通货膨胀给资本服务计算带来的影响,计算中使用的投资序列需要经过价格指数调整得到不变价数据。R&D价格指数的构造一直是创新经济学中的棘手问题,目前的做法有:a. 将R&D支出价格指数设定为非金融企业中工资价格指数与GNP隐含价格指数的加权平均;b. 将R&D支出价格指数设定为消费价格指数与固定资产投资价格指数的加权平均;c. 将R&D支出价格指数设定为原材料购进价格指数与固定资产投资价格指数的加权平均。可见,在R&D价格指数构造问题上,还没有统一的规范与合理的依据。本文参照第2种做法,并设定消费价格指数与固定资产投资价格指数的权重各为0.5。

3. 基期R&D存量

对于式(3)由于不能取得长于研究时段的投资流量,需要确定基期的资本存量。由于存在生产性存量和财富性存量两种指标,相应的基期存量也有两组数据。对基年R&D存量的确定需要假设资本存量的平均增长率等于R&D支出的平均增长率,即

$$\frac{K_t - K_{t-1}}{K_{t-1}} = \frac{I_t - I_{t-1}}{I_{t-1}} = v \quad (7)$$

其中 v 为R&D支出的平均增长率。当 $t=1$ 时,根据式(3)与式(7)有

$$K_0 = \frac{1+v}{v+\delta} I_0 \quad (8)$$

式(8)中的 δ 在生产性资本存量中表示相对效率的下降 $1-h_1$;在财富性资本存量中表示折旧率 d_1。由此可分别计算出1995-2013年我国 *R&D* 生产性资本存量与财富性资本存量,如表2所示。

表2 生产性资本存量与财富性资本存量 单位:亿元

年份	K^P1	K^P2	K^P3	K^P	K1	K2	K3	K
1995	67.8	524.7	857.1	1449.5	42.5	270.9	529.1	842.5
1996	76.9	596.0	1107.1	1780.0	46.4	272.0	534.0	852.4
1997	86.6	639.7	1070.1	1796.4	50.8	264.0	453.8	768.7
1998	95.3	601.3	685.0	1381.5	53.4	227.0	351.8	632.3
1999	103.3	463.9	616.9	1184.1	55.3	191.8	359.2	606.3
2000	111.2	320.8	754.8	1186.8	58.4	163.7	447.2	669.3
2001	115.7	278.1	865.8	1259.6	61.2	162.0	577.8	801.0
2002	118.6	298.6	954.5	1371.7	66.0	181.5	555.7	803.2
2003	119.9	338.9	1034.2	1493.0	71.2	208.5	600.9	880.6
2004	126.0	393.6	1158.3	1677.9	80.0	323.3	677.2	1080.6
2005	134.1	430.5	1339.4	1904.0	87.8	260.2	785.5	1133.6
2006	145.1	451.7	1518.5	2115.4	95.6	268.4	886.5	1250.5
2007	155.4	442.7	1709.5	2307.5	101.2	257.4	998.5	1357.1
2008	168.4	436.4	1944.2	2549.0	109.1	254.7	1137.4	1501.2
2009	183.2	453.4	2230.5	2867.1	118.7	271.1	1305.9	1695.8
2010	198.8	490.0	2503.4	3192.2	129.1	297.3	1459.9	1886.3
2011	218.6	532.6	2813.8	3565.0	143.1	322.3	1643.8	2120.3
2012	241.4	570.2	3121.9	3933.6	159.2	342.1	1818.7	2320.1
2013	263.9	596.1	3401.6	4261.7	173.9	354.9	1977.4	2506.3

注:K^P 表示生产性资本存量,K 表示财富性资本存量,数字1、2、3分别代表基础研究、应用研究、试验发展。

表2显示,研究时段内中国三种R&D资产的生产性资本存量和财富性资本存量均不断增长,总量上生产性资本存量从1995年的1449.5亿元增长到2013年的4261.7亿元,增长了2.94倍,财富性资本存量从1995年的842.5亿元增长到2013年的2506.3亿元,增长了2.98倍。将本文计算的资本存量与现有研究结果进行比较,发现本文的测度值低于王俊2009年的计算结果,如果转为相同的研究基期,也比其低2/3;本文的测度值高于李小胜2007年的计算结果,转化为同样的研究基期后,本文比其高出一倍多;同时,本文的测度值接近于吴延兵2006年的计算结果。除研究基期的影响外,R&D资产的核算范围、使用寿命、折旧率等参数选择的不同都会对测度结果产生一定影响。

在生产性资本存量结构方面,试验发展的比重从研究时段初期的59.1%变动上升至2013年的79.8%;基础研究的份额从初期的4.7%先增加到2000年的9.4%,随后逐渐下降至2013年的6.2%;应用研究份额在研究时段的初期略有波动,并从1998年开始不断下降,由36.2%逐渐降至2013年的13.9%。在财富性R&D资本存量结构方面,基础研究份额研究时段内在5%-9%的区间内徘徊;应用研究份额基本呈下降趋势,波动范围在14%-36%;试验发展份额的变动区间在56%-79%。总的来说,财富性资本存量的结构变化与生产性资本存量的情况有些类似,但在趋势上表现得更加平滑。

从生产性资本存量与财富性资本存量的对比来看,各种R&D资产的生产性资本存量要高于相应的财富性资本存量:生产性基础研究存量比财富性基础研究存量平均高64%;生产性应用研究存量比财富性应用研究存量平均高84%;生产性试验发展比财富性试验发展平均高76%;总的来说,在研究时段内的生产性R&D资本存量平均是财富性R&D资本存量的1.78倍。这一结果与理论经验比较符合。以灯泡使用为例,使用了一年的旧灯泡在生产效率上(表现为生产性资本存量)并没有比新灯泡有显著降低,但在资产价值上(表现为财富性资本存量)却显著廉价于新灯泡。对于超出寿命年限的资产也存在同样的例证,为人熟知的摩尔定律即表达了价值淘汰高于生产率淘汰的思想。因此,在实证测度上也表现出生产性资本存量高于财富性资本存量的特征是符合理论逻辑的。

4. R&D资本服务指数

资本服务被定义为每一时期从资本资产流向生产过程的生产投入,因而实际中决定产出的是资本服务而不是资本存量。但二者具有一定联系:生产性资本存量通常被认为是一个物量概念,而资本服务被看作是生产性资本存量的一个比例,因此对单一资产而言,其生产性资本存量随时间变化的指数就是其资本服务指数。因此,应用上文计算出的生产性资本存量与式(4)可以合成R&D资本服务指数,如表3所示。

表3 R&D资本服务指数   单位:1

年份	指数1	指数2	指数3	总指数	年份	指数1	指数2	指数3	总指数
1996	1.135	1.136	1.292	1.231	2005	1.064	1.094	1.156	1.134
1997	1.126	1.073	0.967	1.012	2006	1.082	1.049	1.134	1.111
1998	1.100	0.940	0.640	0.769	2007	1.071	0.980	1.126	1.092
1999	1.084	0.772	0.901	0.872	2008	1.084	0.986	1.137	1.106
2000	1.077	0.691	1.223	1.052	2009	1.088	1.039	1.147	1.125
2001	1.040	0.867	1.147	1.076	2010	1.085	1.081	1.122	1.113
2002	1.025	1.074	1.102	1.089	2011	1.099	1.087	1.124	1.116
2003	1.011	1.135	1.084	1.089	2012	1.104	1.071	1.109	1.103
2004	1.051	1.161	1.120	1.127	2013	1.093	1.045	1.089	1.082

注:数字1,2,3分别代表基础研究、应用研究、试验发展。

从资本服务指数的平均值来看,研究时段内试验发展的资本服务指数最高,平均为 1.090;基础研究指数次之,平均为 1.079;应用研究指数最低,平均为 1.016;资本服务总指数在研究时段内的均值为 1.072。与世界其他国家的资本服务指数相比较,1970-2004 年比利时电子光学仪器行业的全资产资本服务指数增长率在 6.3%-7.3% 之间,略低于表 3 的计算结果;1978-2005 年美国包含无形资产在内的全资产资本服务指数增长均低于 7%;1990-2001 年主要 OECD 国家(澳大利亚、加拿大、法国、德国、意大利、日本、英国等)的软件产品资本服务指数基本维持在 10% 以上的增长速度。可见,近年来我国的 R&D 资本服务物量指数不仅低于同期的 GDP 增长速率,也低于世界主要发达国家的相关资本服务指数,我国的研发投入的支出力度还有待进一步提高。

从资本服务的指数变化来看,基础研究的资本服务指数相对稳定,研究时段内始终保持增长,1995-2000 年增速略高于 8%,2001-2005 年增速略低于 7%,之后保持 7% 以上的速度一路增长。应用研究的资本服务指数增长较慢且有一定波动性,并在 1998-2001 年、2007 年和 2008 年出现了负增长。试验发展资本服务指数的增速最快,2004 年以后基本可以维持 10% 以上的增长速度,但在研究初期的 1997-1999 年也出现了负增长。受试验发展权重较高的影响,总资本服务指数表现出类似的变化特征,在研究时段的后期速度较快并且增速稳定,而在研究初期甚至出现了负的增长,这主要是由于 R&D 资产的平均使用年限很短,基期存量的折旧很快。一般来说,基期存量对资本核算的影响会随着研究时段的加长而减弱,由于我国 R&D 支出统计的时间较短,这里显然还不能完全忽略基期对研究结论的影响。

四、结论与建议

在宏观经济学中,R&D 投入测度及其对生产的贡献一直都是理论界的研究热点。尽管 R&D 已经作为资本形成纳入到 GDP 核算中,但由于市场的有效程度不同和数据基础差异等多种原因,在 R&D 资本测度的实践中仍存在着许多技术细节需要完善。本文以 R&D 资产对象,参照 2008 年 SNA 对资本服务概念和范畴的论述,充分地利用了现有的数据资料,应用 PIM 方法对我国 1995-2013 年 R&D 资本存量和资本服务指数进行测算,研究发现:

首先,在双曲型年龄—效率剖面下,资产的效率损失与价值损失在演化趋势上有很大不同,这将直接导致分别基于二者计算出的生产性资本存量与财富性资本存量存在显著差异,由于生产性资本存量而不是财富性资本存量是衡量生产中资本投入的基础,因此,以往研究对此差异的普遍忽略,不仅给资本投入的实证测度带来系统性偏差,并且由于生产性资本存量通常要高于财富性资本存量,这种忽视也会低估资本对生产的贡献。由于资本服务估算在我国属于较新的研究内容,本文对两种资本存量差异的关注可为量化资本对经济增长贡献等研究提供相应的数据和文献基础。

其次,就总量而言,我国的 R&D 资本存量规模还很有限;就动态趋势而言,我国的 R&D 资本服务指数增长也严重滞后于世界大多数发达国家;就发展结构而言,基础研究存量在研究初期的增速很快,而试验发展在研究后期的增速很高,应用研究增速则表现出不确定性,我国的 R&D 投资出现了从基础研究向试验发展倾斜的现象。这些实证发现说明不仅在总量上我国的研发支出力度需要进一步增强,并且在支出结构上,我国的研发支出应该对基础研究和应用研究有所重视,以便保障研发与创新对经济绩效贡献的可持续性。

最后,由于资本存量核算中部分资产的使用年限较长,因此需要的基础数据跨度很大。从现有的基础性数据来看,近期的数据分类较细,早期的数据分类较粗,因此时间上越往前测算的难度越高,这不仅容易夸大测度结果对参数变动的敏感度,也限制了相关研究向纵深发展。荷兰、日本和韩国是开展常规资本存量调查的国家,应当借鉴这些先进经验,采用常规调查或抽样调查等方式,建立我国的生产资产数据库,完善资本的基础统计工作。

参考文献

[1] Australian Bureau of Statistics, "Australian National Accounts: Concepts, Sources and Methods". http://www.abs.gov.au, 2000.

[2] 蔡晓陈,"中国资本投入:1978~2007——基于年龄-效率剖面的测量",《管理世界》,2009年第11期,第11-20页。

[3] 曹跃群、秦增强、齐倩,"中国资本服务估算",《统计研究》,2012年第12期,第45-52页。

[4] Fraumeni, B. M., "The measurement of depreciation in the U.S. national income and product accounts", Survey of Current Business, July, 1997.

[5] Griliches, Z., "Issues in assessing the contribution of research and development to productivity growth", The Bell Journal of Economics, 10(1), 92-116, 1979.

[6] OECD, "OECD Measuring Capital Manual", http//:www.oecd.org/, 2001a.

[7] OECD, "OECD Measuring Productivity Manual", http//:www.oecd.org/, 2001b.

[8] Paul Schreyer, W. Erwin Diewert, Anne Harrison. "Cost of Capital Service and the National Accounts". Issues paper for the July 2005 AEG meeting, 2005.

[9] 孙琳琳、任若恩,"资本投入测量综述",《经济学(季刊)》,2005年第4期,第823-842页。

[10] 孙琳琳、任若恩,"我国行业层次资本服务量的测算(1981~2000年)",《山西财经大学学报》,2008年第4期,第96-101页。

[11] 王俊,"我国制造业R&D资本存量的测算(1998-2005)",《统计研究》,2009年第4期,第13-18页。

[12] 王孟欣,"美国R&D资本存量测算及对我国的启示",《统计研究》,2011年第6期,第58-63页。

[13] 吴延兵,"R&D存量、知识函数与生产效率",《经济学(季刊)》,2006年第3期,第1129-1156页。

[14] 肖敏、谢富纪,"我国R&D资本存量的空间分布特征",《科技管理研究》,2009年第8期,第435-439页。

中国区域资源消耗与经济发展的解耦关系分析

谢清华[*]

（山东大学（威海） 威海 264209）

摘　要：中国经济在迅速发展的同时资源消耗持续增加，实现经济发展与资源消耗之间的解耦是向低碳、节省资源的绿色经济过渡的必要条件。本文在区域层次上详细分析资源消耗与经济发展的解耦关系，为中国区域经济可持续发展提供参考。本文核算了中国30个省（市、区）的1998-2011年的区域内物质消耗，利用解耦因子和解耦弹性系数两种因子分析中国30个省（市、区）的经济发展与资源消耗的解耦关系。结果显示在1998-2011年期间除宁夏、浙江、海南外中国其余地区的物质消耗与经济增长存在相对解耦状况；除海南、河北、宁夏、浙江几个各省（市、区）的资源消耗和经济增长处于增长连结外其余省（市、区）资源消耗与经济增长存在弱解耦关系，两种方法的结论基本一致。中国大部分地区资源消耗与经济发展存在相对解耦关系，而提高资源利用效率是实现绝对解耦的关键。

关键词：区域内物质消耗（Domestic material consumption，DMC）；解耦因子；解耦弹性系数

Analyzing on the Decoupling Relationship between Resource Consumption and Economic Growth of Regions in China

Xie Qinghua

(*Shandong University*(*Weihai*), *Weihai* 264209, *China*)

Abstract: As the Chinese economy surges, the resource consumption increasing rapidly, the aim to decoupling economic development from resource consumption is necessary to a green economy which saves resources and has low carbon emissions. This article analyzes the decoupling relationship between resource consumption and economic development at the regional level in order to provide the reference information for the sustainable development of Chinese regional economy. Domestic material consumption (DMC) for Chinese 30 provinces from 1998 to 2011 is measured, Using a pair of decoupling factor and the GDP elasticity of DMC, We examine decoupling DMC from gross domestic product (GDP) for 30 provinces in China. We find that during 1998-2011, except Ningxia, Zhejiang and Hainan, the rest provinces have relative decoupling between DMC and GDP; except Ningxia, Zhejiang, Hainan and Hebei the other Chinese provinces have weak decoupling between DMC and GDP, two method has nearly the same result. The key measure is to improve the efficiency of resource in order to the absolute decoupling GDP from material consumption for every province.

Key Words: Domestic material consumption; decoupling factor; decoupling elasticity

---

[*] 作者简介：谢清华，1980年2月生，女，山东大学（威海）讲师，北师师范大学统计学院在读博士，研究方向为经济统计。

一、引言

实现经济与环境的"解耦"是中国循环经济深入发展的目标和标准,物质减量化是解耦的核心(李慧明与王磊等,2007)。而中国的物质消耗在逐年增加,联合国环境规划署(United Nations Environment Programme)指出亚太地区的物质消耗从1970年62亿吨到2008年的375亿吨,中国资源消耗占亚太地区总消耗的60%(UNEP,2013)。而Schandl和West认为中国经济结构的转变及经济发展加大了中国对各种资源的需求,已经成为是全球最大的资源使用国家(Schandl,2012)。中国的经济增长表现为粗放型,是高投入、低效率的增长模式。长期粗放的经济发展模式,需要大量的资源投入,对环境产生了巨大的压力。随着经济的持续发展对资源的需求继续增加,特别是不可再生资源的消耗,如果不改变资源消耗的生产模式,经济发展势必受资源瓶颈的制约。经济的可持续发展要求,经济的发展不以增加环境压力为代价。联合国环境规划署执行主任Achim Steine认为:经济增长速度与自然资源消耗速度"解耦"在经济、社会和环境方面都很有意义。"解耦"是向低碳、节省资源的绿色经济过渡的必要部分,只有这样才能促进经济增长、创造体面就业和消除贫困,使人类不至于从地球上消失灭迹(危玮与顾震球,2011)。《中华人民共和国循环经济促进法》明确提出发展循环经济要"减量化",节约利用资源,因此研究中国各省(市、区)经济发展增长与资源消耗增长之间的关系对区域经济的可发展具有重要意义。

资源使用和废物排放与经济发展的关系,特别是发展中国家,经常呈现出耦合关系(Azar and Holmberg et al.,2002)。众多学者的研究表明,资源使用和废弃物的排放应该与GDP相解耦,最起码应该是相对解耦。例如孙耀华和李忠民研究表明中国除海南省之外其余各省(市、区)的碳排放与经济发展存在弱解耦状态(孙耀华与李忠民,2011)。吴丹(吴丹,2013)、刘怡君等(刘怡君与王丽等,2011)、宋伟等(宋伟与陈百明等,2009)、王崇梅(王崇梅,2010)、陈百明等(陈百明与杜红亮,2006)等国内学者对中国的经济增长和资源的消耗之间解耦关系进行了一定的分析研究,但是这些研究主要限于单一物质资源比如能源、水资源、耕地等物质消耗与经济之间的解耦关系分析。物质流分析方法为我们提供了一个地区物质资源消耗总量的核算方法,可以从资源消耗总量基础上分析资源消耗与经济发展的关系。其中余亚东等利用国内物质开采使用量(Domestic extraction used,DEU)指标分析资源开采与经济发展解耦关系,而物质流分析方法中能更好反映一个地区资源消耗的指标为区域内物质消耗(Domestic material consumption,DMC)(余亚东与朱兵等,2011)。王鹤鸣等用DMC分析中国1998-2011年资源消耗与经济增长的解耦关系,研究结果表明中国在大多数年份资源消耗与经济增长是存在相对解耦关系的(王鹤鸣与岳强等,2011)。而基于全国区域层次的研究目前并没有。中国经济发展呈现区域不同特色,不同地区在资源禀赋、经济结构、城镇化水平、工业化进程等方面存在显著的差异性,经济发展不平衡会导致对资源使用不同。本文首先在区域层次上研究中国各省(市、区)经济发展与资源消耗的解耦关系。

二、解耦理论分析

(一)解耦概念

解耦英文为"decouple",也翻译为"脱钩"。UNEP于2011年发布的名为《将自然资源使用和环境影响与经济发展解耦》的报告,报告中基于可持续发展的观点对经济增长与资源使用和环境影响解耦的概念进行界定,以及实现他们之间解耦必要性和可能性(UNEP,2011)。OECD(2001)在21世纪前十年的环境战略政策书中提到解耦的概念,只是简单的将解耦理解为打破"经济的好"和"环境的坏"之间的关系(OECD,2001)。联合国环境规划署国际资源专家委员会(International Resource Panel,简称IRP)用可持续发展的观点来解释解耦,其含义是每单位的经济产出使用更少的资源,降低任何资源的使用及经济行为对环境产生的压力(UNEP,

2011)。图1更好的描述了解耦的两层含义,资源解耦和压力解耦。实现经济的可持续发展就是要在经济增长同时不要破坏环境,经济的增长不要以环境的破坏为代价。这要做到两层次的解耦,一方面要实现资源解耦,经济增长的同时资源利用应该减少;另一方面要实现环境压力解耦,经济增长同时不要对环境产生更大的压力。根据解耦程度的大小可以分为绝对解耦和相对解耦,绝对解耦是指经济增长的同时,资源消耗或者环境压力绝对的减少;而相对解耦是指增长率之间的对比,经济增长的速度高于资源消耗或者产生环境压力大小的增长速度。区域内物质消耗,反应了一个地区的自然资源物质消耗,同时该指标也是一个重要环境压力的重要指标,因此本文利用该指标来分析中国各省(市、区)的资源消耗与经济发展的解耦关系。

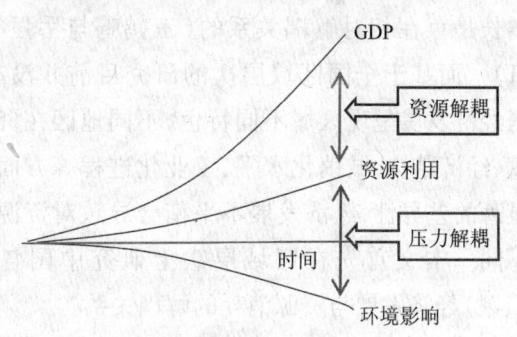

图1 解耦概念图示

(二)解耦的度量方法

到目前为止,有许多研究提出检测解耦的科学性因子,目前采用比较广泛指标之一是 OECD 提出的解耦指数(OECD,2002),利用该因子量化分析解耦关系。Kovanda and Hak (Kovanda and Hak, 2007)、Tachibana et al. (Tachibana and Hirota et al., 2008)、Wei et al(Wei and Zhou et al.,2006)等用该解耦因子对多个国家的解耦程度进行了度量。余亚东等也是利用该因子对 DEU 与经济发展的解耦关系进行量化分析(余亚东与朱兵等,2011)。

其表达式见式(1):

$$D_f = 1 - \frac{(EP/DF)_t}{(EP/DF)_{t_0}} \qquad (1)$$

其中:D_f 为解耦因子;EP 为环境压力,可用资源消耗或者废弃物排放来表示;DF 为驱动力,一般用 GDP 来表示。本文选择环境压力指标为 DMC,驱动力为以1998年不变价表示的 GDP,公式(1)变为式(2):

$$D_f = 1 - \frac{(DMC/GDP)_t}{(DMC/GDP)_{t_0}} \qquad (2)$$

解耦因子取值范围为 $[-\infty,1]$,该值大于零说明资源消耗和经济增长存在解耦关系,越大说明两者之间的解耦性越好;如果解耦因子小于零说明资源消耗和经济增长存在耦合关系;DMC 增加,GDP 也增加,D_f 大于零,则资源消耗与经济发展存在相对解耦关系;DMC 降低,而 GDP 增加,则资源消耗与经济增长处于绝对解耦状态。

第二种因子是弹性系数,弹性为两个变量的百分比变动之比。在实证研究中,一系列的弹性系数被用来分析环境压力和其他驱动力的关系,例如生态弹性(York and Rosa et al.,2003)、价格弹性(Van der Voet and S. De Bruyn,2005)、收入弹性(Steinberger,2010;Steinberger,2011)。Tapio引入货运量的 GDP 弹性因子以测度货运量的增长与经济增长的解耦关系(Tapio,2005)。

定义解耦弹性系数见式(3):

$$e = \frac{\%\Delta VOL}{\%\Delta GDP} \qquad (3)$$

e 表示运输的 GDP 弹性,$\%\Delta VOL$ 表示运输量的百分比变化,$\%\Delta GDP$ 为 GDP 百分比变化,这个因子被成功的引入到欧洲运输的解耦分析。赵一平(赵一平与孙启宏等,2006)、UNEP(UNEP,2011)应用该弹性系数分析中国的能源消耗、水资源消耗和废物排放等环境压力与经济增长之间的关系。

Tapio 根据解耦弹性系数的大小对解耦状况进行分类细化,表1是根据 Tapio 分类将资源消耗和经济发展的解耦关系进行整理。经济增长与物质消耗都增加的时候,解耦因子在[0,0.8]之间,则为弱解耦;若在[0.8,1.2]之间则为增长连结;超过1.2则为扩张负解耦;当资源消耗减少,经济增加时则为强解耦。

表1 中国经济发展与资源消耗的解耦状态划分

解耦种类	GDP（经济驱动力）	DMC（环境压力）	解耦弹性系数e	解耦类型
负解耦	增长	增长	e>1.2	扩张负解耦
	减小	增长	e<0	强负解耦
	减小	减小	0<e<0.8	弱负解耦
解耦	增长	增长	0<e<0.8	弱解耦
	增长	减小	e<0	强解耦
	减小	减小	e>1.2	衰退解耦
连接	增长	增长	0.8<e<1.2	增长连结
	减小	减小	0.8<e<1.2	衰退连结

弹性系数e与解耦因子D_f,不受统计量纲变化的影响,本文为了细化分析中国区域资源的消耗与经济发展的解耦关系,首先用 OECD 提出的解耦因子D_f分析,然后用第二种方法进一步细化分析解耦的程度。

三、区域物质消耗核算使用的方法、数据来源

社会工业和社会经济系统物质代谢经常被用来描述国家经济的资源使用,物质流核算方法和相关指标据此应运而生,度量和分析国家经济的社会工业物质代谢,迅速发展为重要的研究领域。物质流穿越环境和经济的系统边界,可以被看作是环境退化的间接压力指标。欧盟统计局出版了第一部经济系统的物质流分析研究手册,确定了物质流核算方法的国际标准。之后欧盟统计局不断对手册进行了发展,2007 年发布了经济系统物质流账户编写手册,2009、2012 年进行了修订。本文以 2012 年欧盟最新修订的物质流编制手册为指导对中国省域 DMC 进行核算。

本文主要选取 DMC 为资源消耗指标的度量,DMC 为区域内直接物质消耗,DMC 等于区域内直接资源开采量加上进口物质量减去出口物质量,形式上与 GDP 更加接近,而 GDP 是一个地区经济的度量指标,因此我们选择 DMC 为各个地区资源消耗的指标,该指标可以反映一个经济系统的资源使用总量情况。由于西藏地区一些数据不完备,本文只核算除西藏外的其余 30 个省(市、区)①的区域物质消耗。核算时间为 1998－2011 年,核算时间选择从 1998 年开始,主要原因是因为统计数据的可获得性,《中国国土资源统计年鉴》从 1998 年开始统计全国各省(市、区)的矿产资源的开采量,而这是我们核算非生物开采量的主要依据。

区域内直接物质开采种类主要分为 4 类:生物质、金属矿物、化石燃料、非金属矿物。本文核算的生物质包括农作物、使用的农作物秸秆、饲料作物、放牧生物质、林产品、捕获的野生动物(主要核算了渔业捕捞)等,数据来源于《中国农村统计年鉴》、《中国农业年鉴》、《中国林业年鉴》。金属矿物开采量主要核算了铁矿和有色金属的开采量,数据来源《中国矿业年鉴》、《中国工业经济统计年鉴》、《中国有色金属工业年鉴》。化石燃料开采量主要是计算三种主要能源煤炭、石油、天然气,数据来源于《中国能源统计年鉴》。非金属矿物核算数据来源于《中国国土资源统计年鉴》。

对于中国各省之间物质资源调入调出数据的核算是难点,各省区调入调出物质量不仅包括与世界其他国家的进出口物质量,也包括本地区与全国其他地区之间的贸易物质量。刘平(刘平,2010)、徐明(徐明与贾小平等,2006)、姚星期(姚星期,2009)、李刚等(李刚与王蓉等,2011)、张雪源(张雪源,2012)等文献对区域物质调入调出数据核算存在一定的问题,有的直接用进出口数据代替、有的用能源消耗数据来代替、或者核算不明确。由于缺乏相关统计数据,对区域间调入调出数据现有研究一般采用一定方法进行估算。Niza 分析里斯本(葡萄牙首都)的物质流状况,调入调出数据的核算利用交通部的数据估算(数据统计不全,缺少 3 吨以下运输工具的统计量)(Niza and Rosado et al.,2009)。Kovanda 对捷克共和国的区域物质流分析中对于调入调出数据的估算,通过一定的比例来分配全国的进出口数据,在以获得全国总量基础上,

---

① 中国有 34 个地区,由于数据的可获得性和统一性,我们没有核算香港、澳门、台湾、西藏,本论文所指的中国省(市、区)是除上述四个区域外其余 30 个省(市、区),论文在此处说明。

根据该区域增加值比值来分配该区域的进出口量(Kovanda and Hak,2007)。

投入产出表为我们提高了全国各省市之间的贸易价值量数据,Zhang提出利用价值投入产出表来估算区域间的调入调量(Zhang,2013),本文也用类似的方法来估算区域间的物质流。本文参考Liang在构建城市物质投入产出表中使用的估算城市的物质调入调出方法,来核算我国省域间的物质调入调出量(Liang,2011)。由于我国能源数据统计比较完整,我们可以通过各省(市、区)的能源平衡表核算出各省(市、区)的能源调入调出数据。对于省域间的非能源物质流,我们用下面式(4)来估算省域间的物质调入量:

$$i_i = mi_i / mx_i \times x_i \qquad (4)$$

i_i表示某个省(市、区)产业部门i调入物质量,mi_i表示该省(市、区)部门i调入物品的货币价值,mx_i表示该省(市、区)部门i总产出价值,x_i为该省(市、区)部门i的物质产出。mi_i和mx_i通过各省的投入产出表可以获得,但是我国各省(市、区)的投入产出表每五年编制一次,在1998-2011核算期内,我们可以利用1997年、2002年、2007年的投入产出表计算各部门的调入产品价值占本地区该部门总产出的比值,而对于没有编制投入产出表年份的比值我们利用线性插值获得。x_i为该省(市、区)部门i的产品的总质量,我们将部门产品产量乘以单位产品质量得到该部门以质量单位表示的产出

x_i。将所有涉及物质调入的产业部门的物质调入数据相加可以得到该省(市、区)全部调入的物质资源量。以上是调入物质的核算,对于调出物质流也用同样的方法获得。调入的物质资源量减去调出的物质资源量,即为该地区的调入调出物质量,该值为正即表示该省(市、区)有物质资源的净调入,该值为负值表示物质资源的净调出。本部分数据来源于《中国统计年鉴》和《中国能源统计年鉴》以及各省(市、区)的投入产出表。

四、资源消耗核算结果及与经济发展的解耦关系解析

(一)中国资源消耗现状

中国区域物质消耗总量存在明显的地域差异(见图2),2011年河北、山东、江苏、浙江、辽宁、广东等地区的物质消耗相对较大,而青海、宁夏、北京、海南、天津、上海等地区的物质消耗相对较小。区域内物质消耗包括区域内开采和调入调出,物质消耗在核算过程中,对于矿产资源的开发主要采用原矿核算,所以矿产资源丰富的地区的物质消耗会较大。河北省物质消耗最大,超过10亿吨。河北省是农业大省,其生物质开采仅次于山东、河南,位居第三;并且该省矿产资源比较丰富,2011年矿产资源开采量是全国除内蒙古、山西、浙江外第四大省份。这两项资源开采都位居中国各省前列。2011年物质消耗最小的地区是青海省,约为1亿吨。青

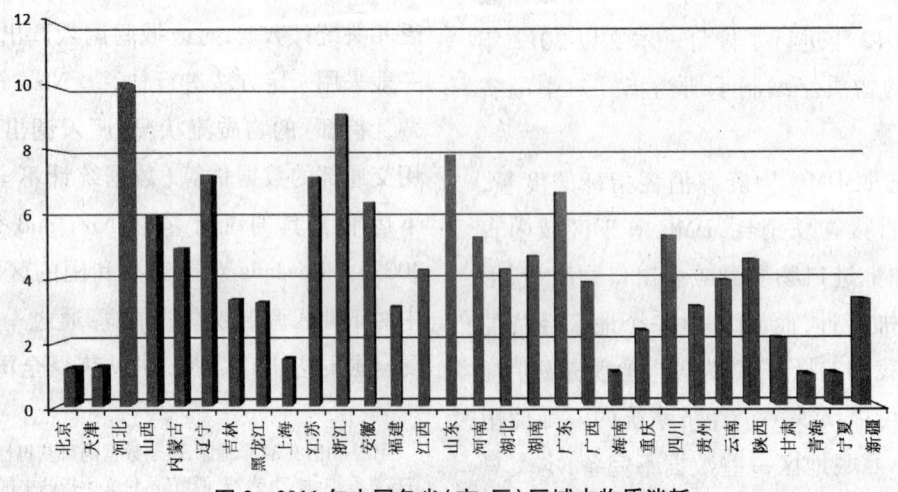

图2 2011年中国各省(市、区)区域内物质消耗

海省其经济发展相对落后,人口数量少,生物质和矿物质开采都较少,且有净物质调出,因此区域内物质消耗相对较小。

(二)中国区域资源消耗与经济发展的解耦关系解析

图3是全国30个省(市、区)(除西藏)以1998年为指数100,经济增长率(GDP)与DMC的增长率解耦关系的分析。通过该图可以看出,全国大部分省(市、区)的经济增长的同时物质消耗量也在增加,经济增长与物质消耗之间不存在绝对的解耦关系。中国大多数省份的经济增长和省内物质消耗的增长存在相对解耦关系。

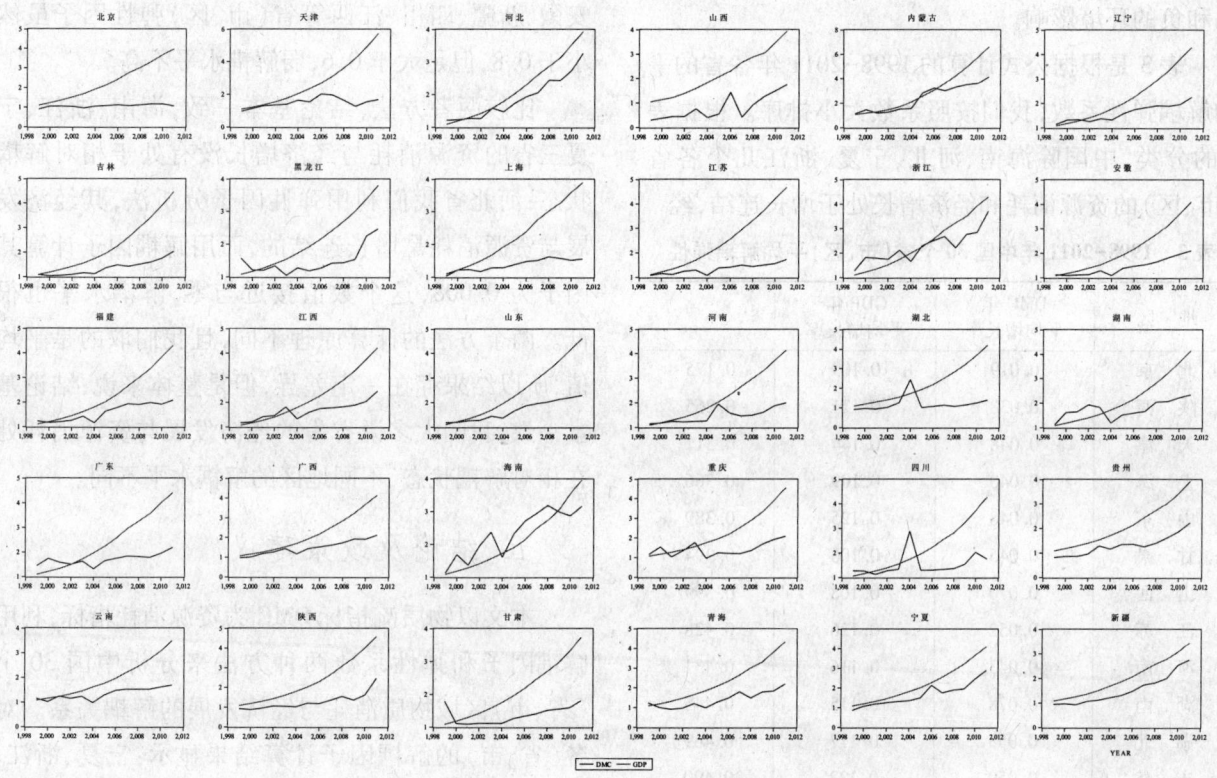

图3　1998-2011年中国30个省(市、区)经济增长与物质消耗解耦图

表2是通过计算各省1999-2011年每年解耦因子,然后取其平均值整理得到。宁夏、浙江、海南的解耦因子为负值,说明经济增长速度低于物质消耗的增长速度,经济增长与物质消耗之间不存在明显的解耦关系。其余各省市解耦因子为正值,经济增长与物质消耗存在相对解耦关系。中国各省市的解耦因子在-0.03到0.099之间,浙江等三省的解耦因子虽然是负值,但是绝对值很小,接近零,其余各省经济增长和物质消耗之间解耦因子也不是很大,说明中国区域经济增长与物质消耗之间的解耦水平不是很高。

表2　1998-2011年中国30个省(市、区)平均解耦因子

区域	宁夏	海南	浙江	河北	黑龙江	新疆	内蒙古	天津	甘肃	江西
解耦因子	-0.030	-0.024	-0.003	0.008	0.018	0.019	0.022	0.023	0.027	0.029
区域	安徽	贵州	湖南	青海	辽宁	四川	广东	重庆	云南	福建
解耦因子	0.031	0.032	0.032	0.036	0.038	0.041	0.044	0.044	0.049	0.055
区域	湖北	广西	吉林	上海	山西	河南	江苏	山东	陕西	北京
解耦因子	0.055	0.056	0.056	0.062	0.063	0.065	0.065	0.069	0.075	0.099

我国30省(市、区)区域物质消耗随着经济增长而增加,除宁夏、浙江、海南外其余地区物质消耗与经济增长存在相对解耦现象。要实现资源的可持续利用,我们必须做到经济增长和资源使用的绝对解耦,这需要国家采取节约资源、提高资源利用率的政策。降低经济发展带来的环境成本、资源耗竭和负的环境影响。

表3是根据公式计算的1998-2011年各省的平均解耦弹性系数,我们按照系数大小排序。根据表1的分类,中国除海南、河北、宁夏、浙江几个各省(市、区)的资源消耗和经济增长处于增长连结,经济增长速度和物质消耗的增长速度呈现一致性。其余省(市、区)处于弱解耦状态,说明我国大多数省份资源消耗的增长低于物质消耗的增长速度。北京、陕西、天津、上海、山东等地区的弹性因子相对较小,处于弱解耦状态下的弹性因子越小,说明相对解耦效果越好。广东、贵州、辽宁、青海、重庆、安徽、新疆、四川、江西等省(市、区)弹性因子虽然小于0.8,但是大于0.6,弱解耦水平不高。

比较两者方法,结论基本一致,海南、浙江、宁夏三省的资源消耗与经济增长没有处于相对解耦状态;河北省我们利用弹性因子分析法,其经济发展与资源消耗是增长连结的,而用解耦因子计算其因子为0.008,这个数值接近与零,解耦水平也很低。两个方法的计算原理不同,且我们取的是平均值,所以结果存在一定差异,但是整体来说,结论基本一致,我国大多说省份的经济发展与资源消耗处在相对解耦状态,不同地区的解耦水平不同。

五、结论及政策建议

本文以物质流指标DMC为资源消耗指标,利用解耦因子和弹性系数两种方法来分析中国30个(省、市)区域物质消耗与经济发展的解耦关系。对各(省、市)的解耦因子计算结果显示:宁夏、浙江、海南解耦因子为负值,说明这三个省的经济增长速度低于物质消耗的增长速度,经济增长与物质消耗之间不存在明显的解耦关系;其余各省市解耦因子为正值,经济增长与物质消耗存在相对解耦关系,但是解耦因子值不是很大,中国区域经济增长与物质消耗之间的解耦水平不是很高。而解耦弹性计算结果显示:中国除海南、河北、宁夏、浙江四省(市、区)的资源消耗和经济增长处于增长连结,其余省(市、区)处于弱解耦状态;北京、陕西、天津、上海、山东等地区的弹性因子相对较小,这些地区相对解耦效果越好;而广东、贵州、辽宁、青海、重庆、安徽、新疆、四川、江西等省(市、区)弹性因子虽然小于0.8,但是大于0.6,这些省市的弱解耦水平不高。

中国除宁夏、浙江、海南和河北四省外其他区

表3 1998-2011年中国30个省(市、区)平均解耦弹性

地区	DMC年平均增长率	GDP年平均增长率	e
北京	0.019	0.109	0.175
陕西	0.038	0.121	0.265
天津	0.048	0.144	0.311
上海	0.040	0.109	0.366
山东	0.048	0.125	0.389
甘肃	0.045	0.106	0.394
山西	0.070	0.108	0.399
江苏	0.052	0.126	0.428
河南	0.043	0.116	0.431
湖南	0.078	0.115	0.445
湖北	0.055	0.117	0.469
吉林	0.059	0.122	0.490
福建	0.058	0.120	0.497
广西	0.053	0.116	0.500
黑龙江	0.038	0.109	0.501
内蒙古	0.058	0.154	0.505
云南	0.047	0.101	0.529
广东	0.070	0.120	0.639
贵州	0.075	0.110	0.653
辽宁	0.075	0.118	0.676
青海	0.078	0.119	0.682
重庆	0.073	0.124	0.706
安徽	0.079	0.114	0.726
新疆	0.079	0.099	0.727
四川	0.064	0.118	0.754
江西	0.084	0.117	0.791
海南	0.090	0.110	0.879
河北	0.102	0.111	0.909
宁夏	0.147	0.114	1.049
浙江	0.121	0.118	1.109

域资源消耗和经济发展处于相对解耦状态,要实现经济的可持续发展,需要经济的发展不以资源消耗和增加环境压力为代价,必须实现经济与资源消耗的绝对解耦。宁夏、浙江、海南和河北等地区要进一步节约资源消耗,提高资源利用效率,以实现资源消耗和经济发展的相对解耦。而其他地区,虽然资源消耗与经济发展处于相对解耦状态下,但是解耦水平不高,也需要进一步提高资源利用效率,进一步提高解耦水平。

随着我国各(省、市)经济的持续增长、人口增加、城镇化进程的加快,对资源消耗会进一步加大。短时间内实现资源消耗和经济发展的绝对解耦是存在困难的,但绝对解耦是全国各地区长期奋斗目标,绝对解耦是经济可持续发展的必然要求。目前,中国各省(市、区)经济发展和资源消耗的解耦水平并不高,这需要各省(市、区)根据区域经济发展不同、资源消耗的不同结构,调整资源消耗结构,倡导资源节约型社会;并需要进一步提高技术,向低耗能、低排放的产业结构调整,加大资源消耗和经济发展相对解耦力度,继而达到绝对解耦。

绝对解耦是资源的可持续发展的目标,经济增长同时,资源消耗下降。节约资源,提高资源利用效率,是实现经济发展和资源消耗解耦的关键。我们要创建资源节约型、环境友好型社会,就需要提高资源产出率。而提高资源产出率的关键是技术创新,利用科技提高资源利用效率,优化资源利用结构。不同地区资源利用结构、经济结构存在区域差异,提高资源利用效率因地制宜。各地区应该根据自己的产业结构、消费结构进一步优化资源管理结构。

参考文献

[1] Azar C, Holmberg J, Karlsson S. Decoupling-Past Trends and Prospects for the Future. Swedish Environmental Advisory Council, Stockholm (Sweden), 2002.

[2] 陈百明、杜红亮,《试论耕地占用与Gdp增长的脱钩研究》[J],《资源科学》,2006(05)。

[3] Kovanda J, Hak T. What are the Possibilities for Graphical Presentation of Decoupling? An Example of Economy-Wide Material Flow Indicators in the Czech Republic. Ecological Indicators. 2007, 7(1): 123-132.

[4] Kovanda J, Weinzettel J, Hak T. Analysis of Regional Material Flows: The Case of the Czech Republic. Resources, Conservation & Recycling. 2009, 53(5): 243-254.

[5] 李慧明、王磊、张菲菲,"'解耦'——中国循环经济深入发展的目标和标准"[J],《中国软科学》,2007年第9,第43-48页。

[6] 刘怡君、王丽、牛文元,"中国城市经济发展与能源消耗的脱钩分析"[J],《中国人口·资源与环境》,2011年1月。

[7] 刘平,"基于物质流分析方法的广东省循环经济研究",湖南农业大学,2010年。

[8] 李刚、王蓉、马海锋,等,"江苏省物质流核算及其统计指标分析"[J],《统计与决策》,2011年6月,第99-102页。

[9] Liang S 和 Z T. Data Acquisition for Applying Physical Input-Output Tables in Chinese Cities. Journal of Industrial Ecology. 2011, 15(6): 825-835.

[10] Niza S, Rosado L, Ferr O P. Urban Metabolism. Journal of Industrial Ecology. 2009, 13(3): 384-405.

[11] Oecd. OECD Environmental Strategy for the First Decade of the 21St Century. Paris, 2001.

[12] Oecd. Indicator to Measure Decoupling of Environmental Pressure From Economic Growth. 2002.

[13] Schandl H 和 W J. Material Flows and Material Productivity in China, Australia, and Japan. Journal of Industrial Ecology. 2012, 16(3): 352-364.

[14] Steinberger J K 和 K. Material and Energy Productivity. Environmental Science & Technology. 2011, 45(4): 1169.

[15] Steinberger J K 和 K. Global Patterns of Materials Use: A Socioeconomic and Geophysical Analysis. Ecological Economics. 2010, 69(5): 1148-1158.

[16] 孙耀华、李忠民,"中国各省区经济发展与碳排放脱钩关系研究",《中国人口·资源与环境》,2011年,21(5),第87-92页。

[17] 宋伟、陈百明、陈曦炜,"常熟市耕地占用与经济增长的脱钩(Decoupling)评价",《自然资源学报》,2009年9月。

[18] Tachibana J, Hirota K, Goto N, et al. A Method for Regional-

Scale Material Flow and Decoupling Analysis: A Demonstration Case Study of Aichi Prefecture, Japan. Resources, Conservation and Recycling.2008,52(12): 1382-1390.

[19] Tapio P.Towards a Theory of Decoupling: Degrees of Decoupling in the EU and the Case of Road Traffic in Finland Between 1970 and 2001. Transport Policy.2005,12(2): 137-151.

[20] Unep.Recent Trends in Material Flows and Resource Productivity in Asia and the Pacific 2013.2013.

[21] Unep.Decoupling Natural Resource Use Andenvironmental Impacts From Economic Growth.2011.

[22] Unep.Decoupling Natural Resource Use and Environmental Impacts From Economic Growth. UNEP. Http://Www.Unep. org/resourcepanel/Publications/Decoupling/tabid/56048/Default.Aspx.A Ccessed N Ovember 2011.2011.

[23] Van der Voet E L V O,S.De Bruyn M S A G.Policy Review On Decoupling: Development of Indicators T O a Ssess Decoupling of Economic D Evelopment a Nd Environmental P Ressure in the E U-25 and AC-3 Countries . CML Report 166. Leiden, the Netherlands: Leiden University, Department Industrial Ecology.2005.

[24] 危玮、顾震球,"联合国环境规划署呼吁将资源消耗与经济增长'脱钩'",新华网。

[25] 吴丹,"中国经济发展与水资源利用脱钩态势评价与展望",《自然资源学报》,2013年。

[26] 王崇梅,"中国经济增长与能源消耗脱钩分析",《中国人口·资源与环境》,2010年3月。

[27] 王鹤鸣、岳强、陆钟武,"中国1998-2008年资源消耗与经济增长的脱钩分析",《资源科学》,2011年9月,第1757-1767页。

[28] Wei J,Zhou J,Tian J,et al.Decoupling Soil Erosion and Human Activities On the Chinese Loess Plateau in the 20Th Century.Catena.2006,68(1): 10-15.

[29] 徐明、贾小平、石磊等,"辽宁省经济系统物质代谢的核算及分析",《资源科学》,2006年28(5),第127-133页。

[30] 余亚东、朱兵、陈定江等,"中国资源利用与经济增长间关系的解耦分析——基于国内资源开采使用量",《技术经济》,2011年30(10),第49-53页。

[31] York R,Rosa E A,Dietz T.STIRPAT,IPAT and ImPACT: Analytic Tools for Unpacking the Driving Forces of Environmental Impacts. Ecological Economics. 2003, 46(3): 351-365.

[32] 姚星期,"基于物质流核算的浙江省循环经济研究",北京林业大学,2009年。

[33] 赵一平、孙启宏、段宁,"中国经济发展与能源消费响应关系研究——基于相对'脱钩'与'复钩'理论的实证研究",《科研管理》,2006年27(3),第128-134页。

[34] 张雪源,"基于Mfa的辽宁省可持续发展研究",东北财经大学,2012年。

[35] Zhang N L T.Estimation of Regional Physical Imports and Exports of EW-MFA in China Using Monetary Input-Output Tables.中国环境科学与工程前沿:英文版.2013, 7(2): 242-254.

北京市空气质量统计分析*

杨晓华[1]　李园园[1]　刘　琳[2]　马汉楚[3]

(1. 北京工商大学经济学院 北京 100048
2. 中国邮政储蓄银行总行 北京 100808
3. 郑州大学商学院 郑州 450001)

摘　要：近年来北京市空气质量受到持续高度的关注,本文首先采用描述性统计分析方法分析近几年北京市日度、月度和年度空气质量状况,对空气质量做出整体评价。接下来进行实证分析,用主成分分析法对影响近几年北京市市区空气质量的监测因子 PM2.5、PM10、CO、NO2、O3、SO2 进行分析,提取主成分,并分析不同月份北京市空气污染的主要影响因素差别及可能原因。最后对北京市空气质量情况以及治理方面提出建议。

关键词：空气质量；污染因子；主成分分析

A statistical Analysis of Beijing′s Air Quality

Yang Xiaohua[1]　Li Yuanyuan[1]　Liu Lin[2]　Ma Hanchu[3]

(1. School of Economics, Beijing Technology and Business University, Beijing 10048
2. Head office of China Post Savings Bank, Beijing 100808
3. Business School, Zhengzhou University, Zhengzhou 450001)

Abstract：Beijing′s air quality is highly concerned in recently years. This paper firstly used descriptive statistics methods to analyze daily, monthly and yearly air quality in Beijing, and made a general conclusion on air quality in Beijing. Then it utilized Principal component analysis to analyze main pollution factor PM2.5, PM10, CO, NO$_2$, O$_3$, SO$_2$, and took two main principal components, and analyzed the difference of main pollution factor in different months and the possible reasons. In the end, this paper provided some suggestions on how to control air pollution.

Key Words: Air quality; Pollution factor; Principal component analysis

---

* 基金项目:本文受到杨晓华主持的国家社科基金项目(项目编号:14CTJ013)、北京高校教师队伍建设青年英才计划项目(项目编号:YEIP1462)、北京市教委科研基地建设—科技创新平台—现代商科特色项目(项目编号:PXM2015_014213_000063)、北京市优秀人才培养资助项目(项目编号:2012D005003000011)、北京市属高等学校创新团队建设与教师职业发展计划项目(The Project of Construction of Innovative Teams and Teacher Career Development for Universities and Colleges Under Beijing Municipality)价格波动研究创新团队(项目编号:IDHT20130505)的资助。

作者简介:杨晓华,女,1979年生,任教于北京工商大学经济学院,经济学博士,副教授,研究方向为能源环境统计分析。

一、引言

近年来,频发的雾霾天气使得北京市的空气质量受到政府和社会的持续高度关注。从如何保持APEC蓝,到北京马拉松遭遇重度雾霾,再到两会人民最关注的雾霾话题,到为申请冬奥会改善空气质量,北京市的空气质量治理越来越受到重视。"同命运,共呼吸",柴静的一部《穹顶之下》引起国人的轩然大波,雾霾这个话题又重置桌上。随着经济的不断增长,人们对空气质量的期望也就越高,然而作为首都的北京,空气质量却更让人堪忧,一年只有不到一半的时间能看见蓝天,出门必备口罩已经成为多数人的习惯。空气污染使得对空气质量的关注度不断升温,空气质量关乎我们的身体健康和人身安全,污染和雾霾较多的地区含有大量致癌物会引发各种呼吸道疾病和致命疾病。伴随社会对空气质量的诉求愈发强烈,政府以促进空气质量治理的必要性越发凸显。

我国目前社会经济运行中突出存在的燃煤和燃油消耗量大、相对低质,前端缺少清洁、末端排放缺乏控制,以及在空气治理中管理与执法的困境。2012年上半年北京开始执行新的《中华人民共和国环境空气质量标准》(GB3095-2012),新标准中空气质量指数的形成在原有的SO_2、NO_2和$PM10$三种污染物的基础上,增加了CO、$PM2.5$和O_3三种新空气污染物。新空气质量标准的执行能够更加客观、准确的反映城市的空气质量,从而有利于人们研究空气污染的特征并在此基础上找出治理对策。在此基础上加强对北京市空气质量的统计分析,对于改善空气质量,缓解社会矛盾,促进经济、社会和谐发展具有十分重要的现实意义。

二、相关文献综述

关于空气质量的研究,我国的学者进行了大量的研究,尤其是近些年,这些研究比较多。这些研究大体上可以分为两大类,一类是对城市的空气质量进行评价和预测的,另一类是污染物和空气污染主要影响因素进行分析的。

在第一类的研究中,燕丽等(2014)根据我国74个城市PM2.5年均浓度监测数据,分析PM2.5的污染状况和区域分布特征,并提出了不同城市PM2.5的年均浓度达标策略。陈起凤等(2014)利用相关分析方法研究台北市PM2.5和PM10的历年变化趋势,以及与其他空气污染物和气象条件的相关性。梁春丽和周影(2014)用ARMA模型、主成分分析和神经网络模型对黑龙江省的空气质量数据进行分析和预测。黄冬梅等(2015)应用模糊综合评判法建立了2个保定市环境空气质量的综合评价模型,运用主成分分析法确定影响保定市环境空气质量的各因素权重和主要影响因素。

在第二类的研究中,许婉婷和陈娜芃(2015)用主成分分析法研究了上海的6种空气污染物,得到了6种污染物之间的关系和上海市空气的时空特征。王占山等(2015,2015)量化探讨了北京市2013年NO_2的时间分布特征、空间分布特征和大气氧化性的相关关系,估计了2014年烟花爆竹燃放对PM2.5中的化学组分的贡献率,探讨污染源减排和烟花爆竹燃放对北京空气质量造成的影响。张云芳(2015)用汇总图表分析了太原市各污染源的对PM10的贡献率,得出不同月份之间空气质量影响因素。赵婉君和冯良机(2015)运用主成分法评价各城市空气质量,得到海口、拉萨、南宁空气质量最好,乌鲁木齐最差。运用因子分析法研究影响各城市空气质量的主要污染源,得出北方城市以燃煤排放为主,南方城市以汽车尾气排放为主。

综上所述,近年来我国在空气质量方面的研究还是比较显著的,但是目前对北京空气质量研究内容以及不同月份之间的连续时间尺度研究相对较少。因此本文拟分析不同日度、不同月份平均空气质量以及影响月份空气质量的原因进行分析,并对北京市的主要污染因子和因子对空气质量造成的污染情况进行分析。

三、北京市空气质量描述性分析

(一)日空气质量统计分析

图1是2013年11月1日-2015年5月31日北

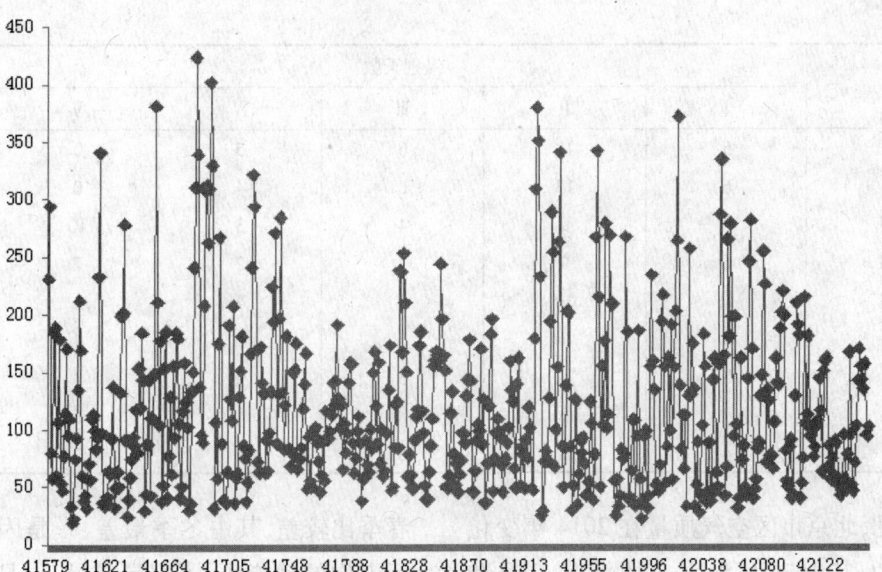

图1 北京市空气质量指数折线图

京市空气质量指数(AQI)①折线图。从图中初步可以看出在两个时间段北京市的空气质量指数较低,也即空气质量相对较好。这两个区间分别是2014年4月18日至2014年10月5日,和2014年4月9日至5月31日。由于没有更多的年份的数据可以查询,但是大体上可以看出这两个时间段是北京的夏季和初秋季节。从580个数据期来看,空气质量最差出现在2014年2月15日,当日空气质量指数AQI数值为424。空气质量最好出现在2013年11月18日,该日空气质量指数为19。利用这个样本期可以计算平均的空气质量指数为117,虽然这一数值不算很高,平均来看属于轻度污染水平,但是空气质量指数的标准差也很大,为73。

(二)月平均空气质量分析

国家环境空气质量标准(GB 3095-2012)把空气质量分为三级。根据环境空气质量功能区的分类及标准分级北京市区执行二级标准。2013年10月至2015年4月各个月份北京市市区的空气质量状况见表1。

表1 北京市市区空气质量级别

月 份	级别天数					良好率%
	Ⅰ	Ⅱ	Ⅲ	Ⅳ	Ⅴ	
2013年10月	0	2	0	1	1	50
2013年11月	6	11	4	5	3	59
2013年12月	9	13	4	1	3	73
2014年1月	5	7	9	6	2	41
2014年2月	5	2	8	2	11	25
2014年3月	5	11	3	7	5	52
2014年4月	0	14	9	5	3	45
2014年5月	3	15	11	3	0	56
2014年6月	3	20	5	3	0	74
2014年7月	4	9	6	8	5	41

① 数据来自天气后报网 www.tianqihoubao.com。

续表

月份	级别天数					良好率%
	I	II	III	IV	V	
2014年8月	5	13	6	5	0	62
2014年9月	6	13	6	4	0	66
2014年10月	5	9	4	3	10	45
2014年11月	6	9	7	2	7	48
2014年12月	11	12	3	4	2	72
2015年1月	4	9	6	6	4	45
2015年2月	8	4	3	9	3	44
2015年3月	4	9	8	4	6	42
2015年4月	4	12	6	5	2	55

由表1可见,北京市区空气质量在2014年变化还是比较明显的,其中3月、5月、6月、8月、9月和12月总计6个月份的良好率超过了50%。2014年1月份和2月份的良好率最低,二级以上天数各位12天和7天,分析1-2月份处于采暖期,可能供暖对空气污染较大,而在非供暖期的4月、5月和6月二级天数各为14天、18天和23天,二级以上天数则有明显的提升。

从季度上来看,6-9月份的空气良好率以及达到空气质量达到二级以上天数明显高于1月、2月、和11月,这说明2014年北京市的空气质量冬季和春季比较差,其中冬季最差,一是因为冬季气温低,污染物的动能小,不容易扩散;二是因为2014年冬季长时间出现静稳天气,气压高、风速小、雨水少,使得污染物更加不容易扩散。三是因为北方地区冬季供暖期急剧增长的能源消耗排放的大气污染。秋季最好,一是因为8-10月份这个月的气温仍然比较高,污染物动能大,很容易扩散;二是因为这3个月雨水比较多,风速比较大,气压比较低,静稳天气很难形成;三是因为茂盛的植被和城市的热岛效应非常有利于改善空气的质量。

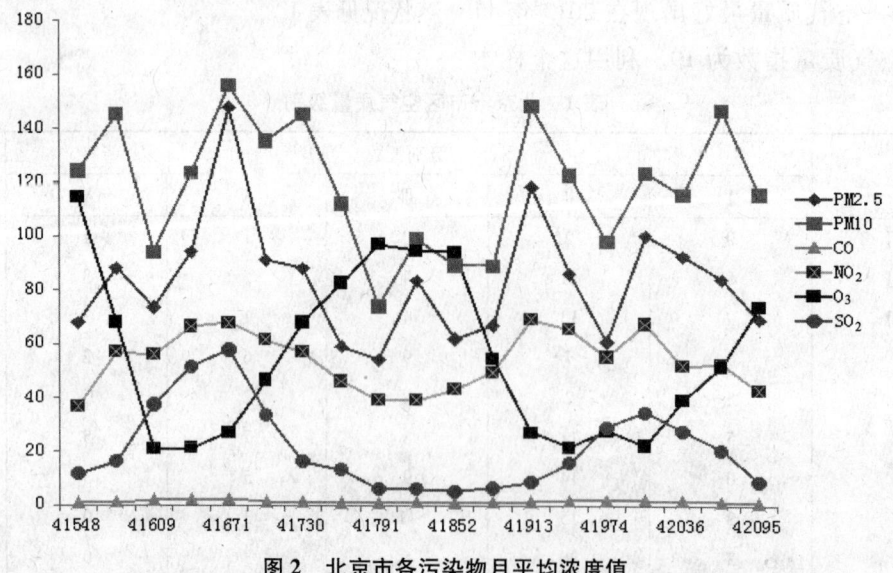

图2 北京市各污染物月平均浓度值

从图2中可以看出,污染物PM2.5和PM10浓度在4-6月份明显下降,而4-6月份的湿度却明显提升,分析原因为4-6月份降雨量很大,造成湿度的提升,这种气象条件非常有利于降低污染物的浓度。在2月和10月PM2.5和PM10几乎达到了浓度的峰值,分析原因为2月和10月降水量较少,天气静稳,风力小,空气不容易流动,而煤、石油、天然气等化石燃料的燃烧排放的废气很容易沉积,造成污染物浓度过高。7月份臭氧(O_3)的浓度很高,这是由于7月份气温高,晴天的天数很多,相应的日照时间长、强度大,产生的臭氧也就大大增多。10-12月份各污染物均有明显的下降,分析原因为2014年11月份APEC会议期间和之后采取的机动车限行、燃煤和工业企业停产、工地停工、加强保洁与调休放假的措施,减少了污染物的排放,使得各污染物的浓度有了明显的下降。

(三)年平均空气质量分析

根据环境监测中心站的监测数据,2014年北京市各监测点主要污染物平均浓度值状况见表2。

表2 北京市各区县主要污染物平均浓度值

单位:微克/立方米

区 县	PM2.5	SO_2	NO_2	PM10
东城区	86.3	22.2	56.4	114.4
西城区	88.4	23.1	63.0	115.2
朝阳区	88.4	23.4	62.8	124.0
海淀区	89.5	25.1	66.9	127.0
丰台区	95.0	23.1	58.0	127.7
石景山区	89.2	20.5	62.3	131.0
门头沟区	84.3	18.1	48.9	119.5
房山区	100.8	19.7	61.7	135.0
通州区	105.9	28.8	60.5	136.9
顺义区	84.0	17.6	45.7	107.2
大兴区	104.4	27.1	62.6	131.4
昌平区	79.3	21.2	45.7	103.2
平谷区	83.2	20.1	38.3	102.6
怀柔区	76.4	17.9	37.5	96.7
密云区	73.0	18.3	40.2	93.6
延庆区	74.8	18.1	35.8	87.1
北京经济开发区	104.0	24.2	56.9	123.0

由表2可知,各区县空气中PM2.5年平均浓度范围在73.0-105.9微克/立方米,均未达到国家标准;二氧化硫平均浓度范围在17.6-28.8微克/立方米,均达到国家标准;二氧化氮平均浓度范围在35.8-66.9微克/立方米,延庆县、怀柔区、平谷区达到国家二级年均标准,其余区县未达到国家标准;可吸入颗粒物年均浓度范围在87.1-136.9微克/立方米,均未达到国家标准。总体来说2014年各个区县的空气质量方面是较差的,达到国家标准的情况很少。

全市空气中细颗粒物(PM2.5)月平均浓度值为85.9微克/立方米,超过国家标准1.45倍;二氧化硫(SO_2)月平均浓度值为21.8微克/立方米,达到国家标准;二氧化氮(NO_2)月平均浓度值为56.7微克/立方米,超过国家标准42%;可吸入颗粒物(PM10)月平均浓度值为115.8微克/立方米,超过国家标准65%。全市空气中一氧化碳(CO)24小时平均第95百分位浓度值为3.2毫克/立方米,达到国家标准;臭氧(O_3)日最大8小时滑动平均的第90百分位浓度值为197.2微克/立方米,超过国家标准23%。臭氧超标出现在4月-9月,全日最高浓度时段集中于下午到傍晚。从长期变化来看,污染物浓度总体呈下降趋势。其中二氧化硫浓度降幅最大,同比下降18%,创历史最低;二氧化氮近年处于平台期;可吸入颗粒物呈波动下降趋势。PM2.5浓度同比下降4%。

四、北京市空气污染主成分分析

(一)空气样本

北京市位于华北平原,具有温带季风气候特征,夏季高温多雨,冬季寒冷干燥。年平均气温为11.5℃,最冷月(1月)平均气温为-4.6℃,最热月(7月)平均气温为25.8℃,年无霜期180-200d,年降水量600 mm。

北京三面环山,地形呈典型的"簸箕状",降水少,全年易出现高温高湿、静风逆温等极端不利气象条件的天数约占20%左右,与沿海等扩散条件好的城市相比,北京可谓"先天不利"。加上城市排放量大、周边污染传输影响明显的特点,当前,污染排放总量超过了环境容量,所以空气重污染仍时有发生,特别是秋冬季节易出现连续静稳大雾天气就更易造成重污染。

本文以北京市环境监测中心站2013年10月至

2015年4月年北京市区万寿西宫、定陵、东四、天坛、农展馆、官园、海淀区万柳、顺义新城、怀柔镇、昌平镇、奥体中心、古城12个大气监测点的监测数据均值为样本,污染因子为PM2.5、PM10、CO、NO_2、O_3、SO_2。

(二)污染因子分析

在空气质量日报中,首要污染物是一个重要的概念。根据监测数据及计算,2014年不同季度北京市区空气的首要污染物见表3。

表3 2014年不同季度首要污染物所占天数

	一季度	二季度	三季度	四季度
PM2.5	6	6	13	4
PM10	76	83	72	77
CO	0	0	0	0
NO_2	6	2	7	11
SO_2	0	0	0	0

由表3可见,PM10是北京市区空气的首要污染物;从二季度开始,PM10和SO_2作为某些时日的首要污染物影响着市区空气质量,且有所上升,PM10有下降的趋势。

为了结果更加准确,本文采用主成分分析法,首先对污染因子PM10、PM2.5、CO、SO_2、NO_2、O_3进行标准化处理,接下来采用主成分分析,结果见表4至表8。

表4 污染因子相关分析

污染物	PM2.5	PM10	CO	NO_2	O_3	SO_2
PM2.5	1.00	0.75	0.64	0.74	-0.55	0.59
PM10	0.75	1.00	0.28	0.60	-0.32	0.37
CO	0.64	0.28	1.00	0.80	-0.87	0.89
NO_2	0.74	0.60	0.80	1.00	-0.88	0.65
O_3	-0.55	-0.32	-0.87	-0.88	1.00	-0.68
SO_2	0.59	0.37	0.89	0.65	-0.68	1.00

根据表4的相关系数矩阵,污染因子之间有较强的相关性,适合做主成分分析。进一步的,本文利用KMO统计量和Bartlett球形度检验来进行相关性分析。结果如表5。

表5 KMO统计量和Bartlett球形度检验

取样足够度的Kaiser-Meyer-Olkin度量		0.653
Bartlett的球形度检验	近似卡方	112.006
	自由度	15
	相伴概率	0.000

Bartlett球形度检验的原假设:相关系数矩阵是单位阵。表5中检验结果所示,显著性水平Sig.=0.000<0.05,因此拒绝原假设,即认为相关系数矩阵不是单位阵,适合做主成分分析。

KMO统计量是取值在0和1之间。当所有变量间的简单相关系数平方和远远大于偏相关系数平方和时,KMO值接近1。KMO值越接近于1,意味着变量间的相关性越强,原有变量越适合作因子分析;当所有变量间的简单相关系数平方和接近0时,KMO值接近0。KMO值越接近于0,意味着变量间的相关性越弱,原有变量越不适合作因子分析。常用的KMO度量标准:0.9以上表示非常适合;0.8表示适合;0.7表示一般;0.6表示不太适合;0.5以下表示极不适合。一般要求该值大于0.5,方可以应用主成分分析或者相关分析。如表5中检验结果所示,KMO度量=0.653,说明标准化后的样本数据适合做主成分分析。

表6 各变量方差提取

污染物	初始	提取
PM2.5	1.00	0.87
PM10	1.00	0.94
CO	1.00	0.97
NO_2	1.00	0.87
O_3	1.00	0.87
SO_2	1.00	0.78

由表6可知,除了二氧化硫的方差提取为78%,其他各个指标的方差提取都在80%以上,表明每个指标较多的信息都被提取出来。

由表7可见,前两个成分的累计贡献率达到了88.078%,所以将前2个成分提取出来作为主成分。

表7 主成分提取结果

成份	初始特征值			方差最大化旋转后提取平方和载入		
	合计	方差 %	累积 %	合计	方差 %	累积 %
1	4.25	70.77	70.77	3.28	54.58	54.58
2	1.04	17.31	88.08	2.01	33.50	88.08
3	0.42	7.03	95.11			
4	0.21	3.46	98.57			
5	0.06	0.97	99.54			
6	0.03	0.46	100.00			

表8 因子载荷矩阵

污染物	成份	
	1	2
PM2.5	0.47	0.81
PM10	0.11	0.97
CO	0.96	0.19
NO_2	0.76	0.54
O_3	-0.91	-0.21
SO_2	0.85	0.24

由表7的主成分提取和表8的因子载荷矩阵可以看出,在进行了方差最大化旋转之后,第一个主成分方差贡献率为55%,在一氧化碳CO、二氧化氮NO_2、臭氧O_3和二氧化硫SO_2上具有较大的载荷,也即主要反映了污染物CO、NO_2、SO_2和O_3这些污染物的信息,所以将第一个主成分命名为"其他污染物因子"。可以看出第一主成分在CO和O_3两种污染物上的载荷非常高,表明第一主成分与这两种污染物之间的相关系数极高,受他们的影响更大。

第二主成分方差贡献率为33.5%,在PM2.5和PM10两种污染物上的载荷比较高,在其他污染物上的载荷比较小,所以将其命名为"PM2.5和PM10因子"。从这两种主要污染物的载荷来看,第二主成分受PM10的影响要稍大一些。

近年,北京市工业经济的快速增长仍然建立在能源资源消耗增长的基础上,而北京市的能源结构仍以煤炭、石油等化石燃料为主,且这些燃料的利用率较低,所以空气污染物主要来源于这些非再生能源的燃烧。这些化石燃料在燃烧中直接产生了大量对人类有害的气体和烟尘,如CO、SO_2、NO_2、P10、PM2.5,第二主成分"PM2.5和PM10因子",其中PM10是空气动力学直径小于或等于10微米的颗粒物,也称可吸入颗粒物或飘尘。PM2.5是细颗粒物,或可入肺颗粒物。这两种颗粒物来自污染源的直接排放,比如未铺沥青、水泥的路面上行使的机动车、材料的破碎碾磨处理过程以及被风扬起的尘土等。另一些则是由环境空气中硫氧化物、氮氧化物、挥发性有机化合物及其它化合物互相作用形成的细小颗粒物,近年沙尘暴天气很多,机动车行驶排放废气处理不完善。第一主成分"其他污染物因子"反映的是除了PM2.5和PM10之外的其他污染物的影响。总体来看,两个主成分反映了空气中所有污染物的影响,表明这些污染物都不可小视。

表9 北京市各主成分月平均得分

月份	其他污染物因子	PM2.5和PM10因子
2013年10月	-1.52	0.14
2013年11月	-0.79	1.12
2013年12月	1.41	-1.33
2014年1月	1.67	-0.13
2014年2月	1.38	1.79
2014年3月	0.32	0.57
2014年4月	-0.79	1.12
2014年5月	-0.84	-0.41
2014年6月	-0.78	-1.59
2014年7月	-1.02	-0.35
2014年8月	-0.86	-0.97
2014年9月	-0.19	-1.04
2014年10月	-0.08	1.67
2014年11月	0.65	0.08
2014年12月	1.05	-1.34
2015年1月	1.30	0.14
2015年2月	0.47	-0.15
2015年3月	-0.41	0.83
2015年4月	-0.96	-0.16

从表9的各月主成分得分来看,可以利用两个主成分得分做散点图,如图3所示。从图3中可以看出,根据各月两个主成分的得分,可以将这些月份划归为四类:

第一类在第一象限,在两个主成分上的得分都比较高,均为正值,表明在这些月份空气污染比较厉害。这些月份有2014年的2、3和11月以及2015年1月。这些月份北京正处于冬季,也恰逢北京的取暖季节,空气质量比较差,一是因为冬季气温低,污染物的动能小,不容易扩散;二是因为冬季长时间出现静稳天气,气压高、风速小、雨水少,使得CO、SO_2、NO_2和$P10$、$PM2.5$这些污染物更加不容易扩散;三是因为北方地区冬季供暖期急剧增长的能源消耗排放的大气污染传送。

第二类在第三象限,在两个主成分上的得分都比较低,均表现为负值,表明在这些月份空气污染程度比较轻。这些月份包括2014年的5-9月份和2015年的4月份。这些月份正值北京的初夏至初秋阶段,空气质量相对较好,可能的原因一是因为气温比较高,污染物动能大,相对容易扩散;二是因为雨水比较多,风速比较大,气压比较低,静稳天气很难形成;三是因为茂盛的植被和城市的热岛效应非常有利于改善空气的质量。

第三类在第二象限,在第一主成分上得分较低,第二主成分得分较高,污染物主要表现为$PM2.5$和$PM10$。这些月份主要包括2013年10-11月份、2014年4月和10月。

第四类在第四象限,在第一主成分上得分较高,第二主成分得分较低,污染物主要表现为除了$PM2.5$和$PM10$之外的其他污染物。这些月份主要包括2013年12月,2014年1月和12月,2015年2月。

从第三类和第四类的表现来看,虽然主要污染物有所不同,但分布的月份主要是在气温较低的冬季,如上面分析的原因,总体来看,气象条件不利于污染物的扩散,因而导致空气质量相对较差。

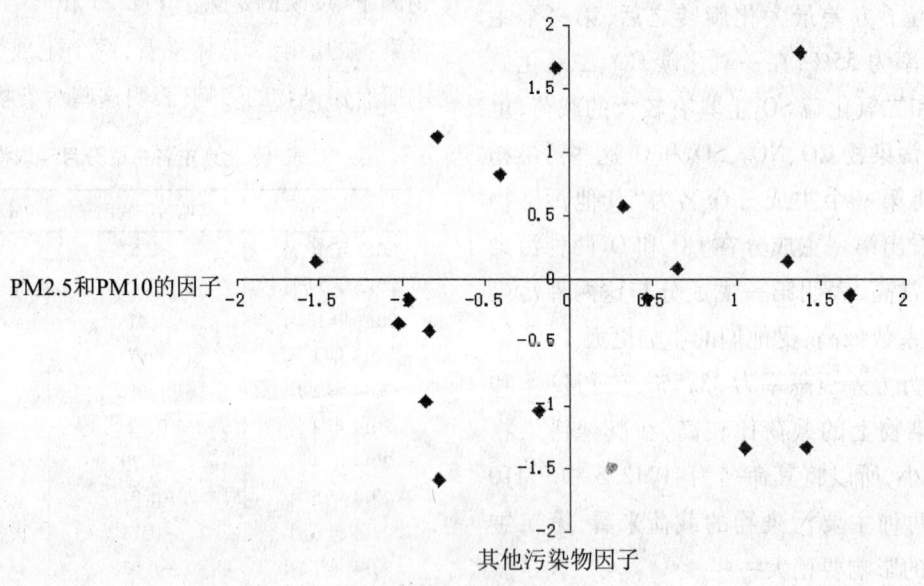

图3 主成分得分散点图

五、对北京市空气质量治理的建议

本文针对北京地区近几年空气质量恶化、雾霾严重的现象,对收集的因素进行主成分分析,得出两个主成分,分别是其他污染物因子和$PM2.5$、$PM10$因子。2014年,为减缓污染程度、保护公众健康、北京市严格执行《北京市空气重污染应急预案(试行)》的规定,根据空气质量预报的污染程度和持续时间,启动空气重污染预警。全年累计启动空气重污染预警18次,分布于30天,其中蓝色预警11次、11天,黄色预警5次、10天,橙色预警2次、9

天。根据不同预警级别，采取不同的健康防护提醒措施、建议性减排措施和强制性减排措施。

为了实现环境进一步的优化，要加强以下措施：

（一）**信息权威发布**。建立符合国家规范、达到世界先进水平的监测网络，并将空气信息及时、准确地告知公众。具体来讲：1. 多渠道、全方位发布，信息覆盖更广泛。2. 设立开放日、欢迎公众参观，监测工作更透明。3. 主动服务媒体，提供准确信息。4. 基于科学规范的监测体系，遇极端不利情况，有可能发生空气重污染，及时向社会发布预警信息，提醒公众科学应对。5. 开辟广播、电视、网站、微博、微信和手机 APP 等发布平台，发挥各类媒体的优势，多渠道、全方位地发布空气质量实况和预报信息。

（二）**进行源解析，大气治理是一项各方参与、规模宏大、影响深远的环境治理行动**。雷厉风行的举措，必须以严谨科学的研究作为基础。污染来源更准确解析，深入解读、有效传播。以最新的标准、最多的采样布点、最综合的方法，拨开迷雾，发现大气污染的"主病灶"所在。

（三）**机动车是本地污染的主因，承担减排的主责义不容辞，因此要加快淘汰老旧车辆**。具体来讲，1. 大力发展公共交通。加快轨道交通建设，建设中心城公交专用道网络，推广公共自行车服务运营，提高中心城区公交出行比例。2. 严格控制机动车总量。3. 进一步提高机动车排放标准和油品标准。4. 切实降低机动车使用强度。完善差别化停车管理政策，引导降低中心城区车辆使用强度。5. 加快推广新能源和清洁能源车。加快促进重点行业车辆的结构调整和节能减排工作。

（四）**进入无煤化，逐步建设高污染燃料禁燃区的目标，确定了电力生产燃气化、企业生产用能清洁化、逐步推进城六区无煤化、城乡结合部和农村地区"减煤换煤"等多项措施推进"无煤化"路线图**。

（五）**企业是最主要的市场主体，设立更高的标准，发挥企业减排潜力**。按照"依法治理，严格监管；标准引领，政策导向；严控增量，压减存量；信息公开，社会监督"的工作思路，深入推进工业企业淘汰退出和改造升级，加快工业减排。1. 强化政策引导。综合运用经济、财税、价格、标准等手段，引导企业淘汰退出污染产业，疏解一般制造业，改造升级一批保障城市运行和居民生活的产业，促进工业转型升级和污染减排。2. 加快淘汰退出，优化产业结构。3. 实施环保技改，促进产业升级。

（六）**区域协同共治，京津冀及周边地区携手一道，共同努力，区域大气污染联防联控全面扎实推进**。京津冀及周边地区六省（区、市）共同开展燃煤电厂、水泥厂及大型燃煤锅炉脱硝治理；推进重点石化企业挥发性有机物综合治理、原煤散烧治理；促进污染减排，推进共同治理。

参考文献

[1] 陈起凤、连语洁、叶惠中、王玉纯，"2006-2012 年台北市 PM2.5 和 PM10 变化趋势与相关分析"，《环境保护前沿》，2014 年第 4 期，第 128-135 页。

[2] 黄冬梅、陈晓晴、肖涛，"基于主成分分析和模糊综合评判的保定市空气质量评价"，《保定学院学报》，2015 年第 2 期，第 119-126 页。

[3] 梁春丽、周影，"黑龙江省空气质量数据的分析和预测"，《统计与咨询》，2014 年第 6 期，第 16-18 页。

[4] 王占山等，"2013 年北京市 NO_2 的时空分布，《环境科学学报》，2015 年第 5 期，第 1529-1536 页。

[5] 王占山等，"2014 年春节期间北京市空气质量分析，《环境科学学报》，2015 年第 2 期，第 371-378 页。

[6] 许婉婷、陈娜芃，"2013 年上海市空气质量时空特征分析"，《城市环境与城市生态》2015 年第 28 卷第 1 期，第 31-34 页。

[7] 燕丽、汪旭颖、贺晋瑜，"城市 PM2.5 年均浓度达标策略研究"，《中国人口·资源与环境》，2014 年第 24 卷第 11 期，第 114-116 页。

[8] 张云芳，"太原市空气质量状况分析报告"，《山西科技》，2015 年第 30 卷第 1 期，第 82-84 页。

[9] 赵婉君、冯良机，"基于环境统计分析全国主要城市空气质量浅析"，《广东化工》，2015 年第 2 期，第 105，115 页。

[10] 中国环保部，《国务院大气污染防治十条措施》2013 年。

存量—增量视角下财政政策收入分配效应分析

——基于空间动态面板模型的研究*

肖 尧 吴晓忠

(北京师范大学统计学院 北京 100875

南开大学经济学院 天津 300071)

摘 要:不同性质的财政政策调节收入分配的机制和效应是不同的,本文利用我国1998-2013年相关数据,通过空间动态面板模型考察存量型和增量型财政政策对城乡收入分配的影响。研究发现:我国存量型政策能抑制收入差距的扩大,而大部分增量型政策由于结构偏向等因素扩大了城乡收入差距;另外,存量型政策由于具有直接分配性,其调节收入分配的效果要大于增量型政策,但是从绝对值角度看其调节力度不如增量型政策。因此,盘活存量,用好增量,两者相互协调和配合,才能建立更加公平有效的财税分配体制机制。

关键词:增量与存量调节;财政政策;收入分配效应;空间动态面板模型

Income Distribution Effect of Fiscal Policy in Stock and Incremental Perspective:

——Analysis Basing on Spatial Dynamic Panel Model

Xiao Yao Wu Xiao-zhong

(School of Statistics, Beijing Normal University, Beijing 100875

School of Economics, Nankai University, Tianjin 300071)

Abstract: Different types of fiscal policies have different mechanisms and effects on income distribution. Using spatial dynamic panel model with panel data of 1998-2013, it shows that stock polices could inhibit urban-rural income gap while most incremental polices expand urban-rural gap for the reason of structural bias. What's more, the income distribution effect of stock policy is more obvious than incremental policy for its direct distribution character. But the strength of stock policy adjustment is less than incremental policy. Hence, revitalizing and well using stock and incremental policy with coordination and cooperation, could build more fair and effective income distribution mechanism.

Key Words: Stock and Incremental Adjustment; Fiscal Policy; Income Distribution Effect; Spatial Dynamic Panel Model

---

* 基金项目:本文得到北京师范大学青年教师基金项目资助(项目编号:SKXJS2014002);教育部人文社会科学重点研究基地重大项目"我国经济社会协调发展与缩小收入分配差距研究"(项目号 11JJD790038)的资助。

作者简介:肖尧,男,1985年生,北京师范大学统计学院博士后、讲师,研究方向为:财政理论与政策、宏观经济计量分析,吴晓忠,1986年生,男,南开大学经济学院,博士,现就职于中国人民银行常州中心支行,研究方向:税收经济学、财政金融理论与政策。

一、引言及文献综述

近年来,随着我国经济快速发展和深化经济体制改革的不断推进,我国城乡居民的收入绝对值快速增长,2013年城镇居民人均可支配收入和农村居民人均收入分别达到了26955元和8896元,分别是1990年的17.85倍和12.97倍。而在城乡收入相对差距方面,虽然近年来国家实行了一系列收入分配调节政策,其相对差距略有下降,但仍呈现出震荡上升的趋势,到2013年城镇居民人均可支配收入已达到农村居民人均纯收入的3.03倍。如果考虑城乡居民在医疗、教育、养老等方面的隐性差异,我国城乡收入差距的实际情况将更严重。因此缩小城乡收入差距和增加农村居民收入水平已成为社会各界关注的焦点。而财政,是国家治理的基础和重要的支柱,科学的财税体制是优化资源配置、维护市场统一、促进社会公平、实现国家长治久安的制度保障。因此,充分发挥财政政策在居民收入分配调节中的作用是改善我国收入分配现状、实现国家公平正义的一个重要战略选择。

对于财政政策收入分配调节机制,国外相关文献主要集中于政府支出和税收调节的收入分配效应。其中关于政府支出中的转移支付的作用争论较少,学者们普遍认为转移支付能有效降低收入不公平程度(Cashin and Sahay,1995;Robalino and Warra,2006);而关于税收政策的单独影响效果存在较大分歧,部分学者如Lambert(2001)、Clark and Leicester(2004)等认为所得税、财产税等税收的累进性具有很强的收入再分配功能,而Dollar and Kraay(2002)、Pillarsietti(2003)等税收对收入分配的单独效应不明显,需要配合其他政策实施发挥其效果,对此Harding(1993)提出的"税收—转移支付系统"即为很好的证明;此外,有部分文献综合研究了政府不同支出变量以及税收变量的影响,发现政府部分支出变量和税收变量能够减少收入差距,但某些支出和税收却起到了相反结果。如Ramos and Roca-Sagales(2008)运用向量自回归模型研究英国财税政策的收入分配效应,研究发现,政府公共支出能改善收入分配的不平等,而间接税则会加剧不平等现状;Wolff and Zacharias(2007)以家庭为单位,运用财政净支出(转移支付+公共消费-税收)来衡量1989年和2000年不同政策对收入差距的影响,发现在降低收入分配不均的作用上,政府支出作用大于税收作用,尤其是社会保险和医疗保险在降低收入分配不均作用上是积极的,而公共消费虽对降低收入分配不均也是积极的,但作用不如前者大,而税收作用则是中性的。另外Subarna and Georg(2009)也认为包含教育、医疗、社保等支出的二次分配作用效果较好,能有效缩小收入差距。

而我国国内文献也主要基于财政支出、税收以及社会保障等政策来研究这些政策的收入分配综合效应。胡汉军和刘穷志(2009)构建了财政政策收入分配效应的测度模型,检验结果显示个人所得税政策工具对城乡收入分配差距具有抑制作用,而养老金等社会保障支出则扩大了城乡居民的收入不平等;彭定赟和王磊(2013)通过测算泰尔指数分析了财政政策的收入分配效应,研究表明,我国财政补贴性支出不能有效降低地区间收入差距,而社会保障、科教文卫等支出的分配效应明显;莫连光等(2014)将财政支出和税收政策统一置于收入分配政策框架中,研究发现财政支出和税收政策对收入差距都具有一定的逆向调节作用,且财政支出政策效果好于税收政策。

已有文献从不同角度采用不同方法研究了财政政策收入分配的调节机制,对缩小我国城乡收入差距具有重要意义。但既有文献也存在以下进一步的研究空间:第一,在一个复杂的系统内,单独研究某一项或某几项财政政策对收入分配的影响可能会使检验有失偏颇,需要研究多个政策的联合分配效应(García-Peñalosa and Turnovsky,2007);第二,在研究多个政策调节效应中,大多数文献没有将相应政策作进一步细分,事实上同一类政策由于各自性质特征不同,调节效果也不同(贺蕊莉,2011);第三,在研究方法上,大多数文献主要运用向量自回归、(动态或静态)面板等模型,这些模型忽视了省际间政策溢出等外部性效应,导致对收入分配政策效应的估计不足。基于这三方面改进空间,本文首先将各政策分解成存量型和增量型政策,在此基础上将这两类政策置于一个统一的政策调节框架中,引入空间和动态因素,构建空间动态面板模型(Spatial Dynamic Panel Model)来研究我国存量—增量型财政政策的收入分配效应。

二、存量—增量政策调节相关概念及作用机理

(一)存量—增量政策调节的相关内容

按照现代财政学理论,收入分配政策是现代市场经济中财政的三大职能之一,政府为实现社会收入分配的公平,其政策往往可归为两类:一是政策目标着眼于既定的社会收入分配格局,通过特定的方式把高收入人群的部分收入转移到低收入人群,这种政策属于存量调节政策。具体实施方式有累进制"遗产税"、政府"退税"、"税收赦免"等;二是政策目标着眼于对未来新增社会收入的分配格局进行调整,通过寻求新的经济增长点,促进产业结构升级,为低收入人群创造新的收入机会,这种政策属于增量调节政策,具体实施方式如十八届三中全会关于健全促进就业创业体制机制,实现劳动报酬增长和劳动生产率同步增长,提高劳动报酬在初次分配中的比重等。

存量调节和增量调节政策之间存在正向或负向的相互加强的关系,两者之间的失调则可能造成社会收入分配不公。相对于存量调节,增量调节更易于实施,但是如果国家政策片面追求增量调节,其不仅对优化社会分配格局奏效慢,还会导致隐性存量财富的逆向转移;如果同时处理好这两种收入分配关系,则存量调节能发挥雪中送炭功能,增量调节发挥锦上添花功能,使社会经济、国民收入分配格局处于长期稳定的和谐发展状态。

(二)存量—增量政策调节的作用机理

存量—增量视角下不同的财政政策调节收入分配的作用机制(见图1)主要表现在以下三个方面:

首先,从作用环节来看,存量和增量分配政策在初次和再次收入分配中都能发挥各自的调节作用。其中,初次收入分配是根据资本、劳动和土地等生产要素对产出所作贡献的大小来分配。因此,像房地产税(存量调节)、资源税以及人力资本性支出(增量调节)都能在初次收入分配环节中发挥调节作用,这些政策主要通过调节房产、资源以及人力资本等生产要素从而调节初次分配格局。再次收入分配是在初次分配的基础上进行的收入调节,调节由于在初次分配环节中要素禀赋不同而天然导致的收入不公,以保证低收入者和高收入者之间的差距逐步减少。因此,像流转税(增量调节)、所得税以及财政转移支付(存量调节)等都能在再分配环节中发挥作用,体现了增量和存量调节的"劫富济贫"、"抽肥补瘦"的再分配效果。

其次,从作用人群上看,税收政策主要是通过直接税(存量调节)或间接税(增量调节)提高高收入者的税收负担,限制高收入者收入过快增长,在收入分配调节中起到"劫富"作用;而财政支出手段主要是用于低收入人群,通过提高低收入者获得收入的能力(增量调节)或提高低收入者体贴(存量调节)从而增加低收入者收入,在收入分配中起到"济贫"的功效。

最后,从作用方式和作用原理看,存量调节侧重于直接作用,而增量调节侧重于间接作用。存量调节中,直接税政策使税负直接由纳税人承担,如个人所得税通过累进税率和免征额调节个人可支配收入,房地产税通过房产保有环节税负调节财产收入,企业所得税通过资本收益调节来缩小资本所有者和劳动所有者之间的收入差距,而财政转移性支出通过单方面无偿对低收入者给予补贴,因此存量调节政策具有直接调节收入分配的功能。增量调节中,间接税中的消费税、资源税等都是以价格为中介进行间接调节的,如消费税通过高档消费品和消费行为税负来调节消费行为,资源税通过资源开采和使用税负来调节资源级差收入,而财政支出中的人力资本支出通过提高人力资本的规模和质量从而使低收入者获得高收入的机会,因此增量调节政策具有间接调节收入分配的功能。

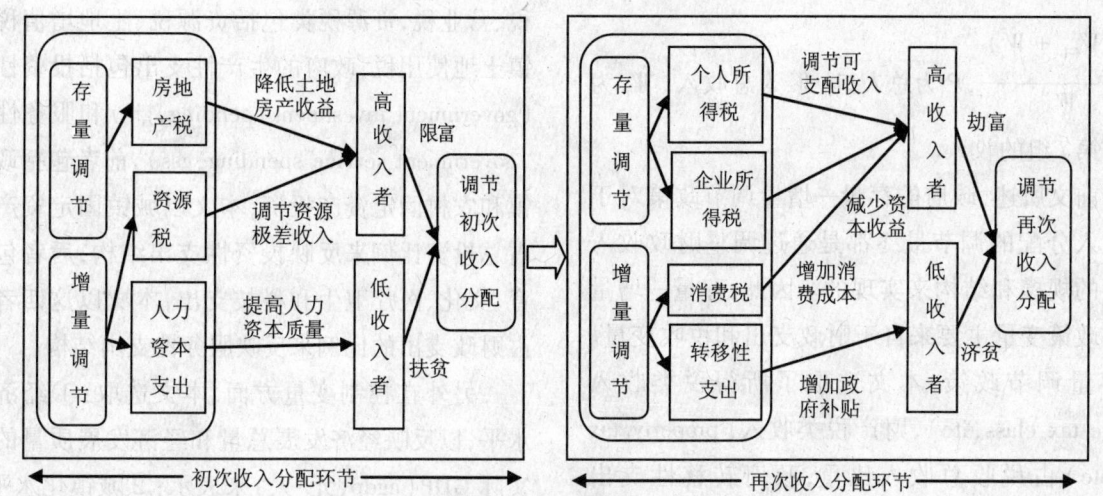

图1 存量—增量政策调节作用机理

三、相关模型与变量选择

(一)空间计量模型

考虑到存量—增量调节政策在各省份之间存在溢出效应和动态效应,本文加入空间和动态因素运用空间动态面板来研究存量—增量调节政策的收入分配效果。相关模型设定如下:

$$y_{it} = \tau y_{i,t-1} + \rho w_i' y_i + x_{it}'\beta + d_i' X_t \delta + \mu_i + \gamma_t + \varepsilon_{it}$$

其中,被解释变量 y_{it} 为 t 年度省份 i 政策调节的收入分配效果,$y_{i,t-1}$ 为因变量的滞后项,w_i' 为空间权重矩阵的第 i 行,x_{it} 为存量—增量调节的政策变量和相应的控制变量,β 为待估参数,$d_i' X_t \delta$ 为解释变量的空间滞后项,μ_i 为个体效应,γ_t 为时间效应,ε_{it} 为随机误差项。①

空间计量模型的一个关键问题是处理地理单元之间的相邻关系,一般以空间权重矩阵 W_A 来表示,其每个元素的数值一般设定为:

$$W_{ij} = \begin{cases} 1, i \text{ 和 } j \text{ 地理相邻} \\ 0, i \text{ 和 } j \text{ 地理不相邻} \end{cases}$$

但是,地理相邻地区在经济上的相互关系并不完全相同。例如河北省在地理上与北京、天津、山西、内蒙古、山东、河南相邻,但在经济密切程度上河北省与北京、天津要高于其他各省。因此,本文参照林光平等(2006)做法使用地区间人均实际 GDP 的差额作为测度地区间"经济距离"的指标,引入经济空间权重矩阵 $W_1 = W_A \times E_A$,其中矩阵 E_A 的主对角线元素均为 0,非主对角线的元素为 $E_{ij} = \frac{1}{|\bar{Y}_i - \bar{Y}_j|} (i \neq j)$,$\bar{Y}_i$ 为地区 i 在样本期间的人均实际 GDP 的平均值。

(二)变量说明与数据描述

本文研究以我国 29 个分省面板数据为基础,②选定的时间范围为 1998-2013 年。变量的数据来源于《中国统计年鉴》、《新中国 60 年统计资料汇编》以及各地方统计年鉴。

本文使用泰尔指数来反映存量—增量政策对于收入分配的调节效果,计算公式为:$Theil_{it} = \frac{I_{it}^u}{I_{it}} \ln\left(\frac{I_{it}^u}{I_{it}} / \frac{p_{it}^u}{p_{it}}\right) + \frac{I_{it}^r}{I_{it}} \ln\left(\frac{I_{it}^r}{I_{it}} / \frac{p_{it}^r}{p_{it}}\right)$,其中,$Theil_{it}$ 表示第 i 地区第 t 年的泰尔指数,I_{it}、I_{it}^u 和 I_{it}^r 分别表示第 i 地区第 t 年的总收入、城市总收入和农村总收入,p_{it}、p_{it}^u 和 p_{it}^r 分别表示第 i 地区第 t 年的总人口、城市总人口和农村总人口。另外,为了更好地反映两类政策的影响,本文在稳健性检验中还使用城乡居民收入比(DI)和基尼系数(Gini)来反映两类政策收入分配效应,其中基尼系数计算公式为 $Gini = 1 - \frac{P_i}{P}$

---

① 空间动态面板与空间静态面板不同,它将一阶(或多阶)滞后被解释变量作为解释变量纳入模型,根据空间效应是体现在被解释变量中还是误差项中,可分为空间滞后动态面板和空间误差动态面板。

② 由于西藏相关数据缺失,以及空间模型不考虑像海南省这种孤岛效应情况,因此本文回归中不考虑这两个省份。

$$\times \frac{\sum_{i=1}^{n}(W_{i-1}+W_i)}{W}$$，P 为总人口，W 为总收入，W_i 为累计到第 i 组的收入。

如前文所述，政府的存量—增量调节政策对于居民收入分配的调节最终都是通过调整财政收入和支出的规模和结构来实现的。因此，存量—增量调节的政策变量主要来自于财政支出和税收变量。对于存量调节政策，本文选取了所得税类收入（income tax class, itc）、财产税类收入（property tax class, ptc）占税收总收入比重，政府转移性支出（government transfers payment, gtp）占财政支出的比重，以及三农政策等变量：其中所得税类包括企业所得税和个人所得税；财产税类包括房产税和车船税；转移性支出包括社会保障和就业支出、住房保障支出；三农政策主要包括政府对于三农的补贴和支持力度，本文选取财政支农力度（power of agricultural subsidies, pas），即财政支农支出占第一产业产值比例来表示。对于增量调节政策，本文选取了流转税类（circulation tax class, ctc）、资源税类（resource tax class, rtc）占税收总收入的比重，以及政府的生产性支出比重：其中流转税类包括增值税、营业税，资源税类包括资源税、土地增值税和城镇土地使用税；政府的生产性支出包括投资性支出（government investment spending, gis）和服务性支出（government service spending, gss），前者包括政府城镇和农村固定资产投资，本文以城镇固定资产投资占总投资比例来反映投资性支出结构，后者包括教育、文化、医疗卫生和科技支出，本文以这四者总和占财政支出的比例来反映服务性支出结构。

另外在控制变量方面，本文选取：①经济发展水平，以反映经济发展总量和经济发展质量的人均实际 GDP（agdp，元/人）来表示；②城镇化水平（urbanization level, url），以户籍统计的各地区城镇人口占总人口的比重来衡量；③对外开放度（opening degree, opd），以每年按美元与人民币平均汇率折算的外商投资总额占 GDP 的比重来衡量；④地方产业结构（local industry structure, lis），以各省市第二、三产业总值占当地 GDP 的比重来表示；⑤工资溢价效应（wage premium effect, wpe），工资溢价反映了工资结构的扭曲（如国有企业垄断造成的高利润、高工资等），以国有企业职工平均工资总额占人均 GDP 比重来表示。相关变量统计性描述由表1列示。

表1 空间面板数据统计描述

	变量	表示	观测数	均值	标准差	最大值	最小值
被解释变量	城乡居民收入比	DI	464	2.9266	0.6421	4.7586	1.6226
	泰尔指数	Theil	464	0.1303	0.0587	0.2936	0.0195
	基尼系数	Gini	432	0.3846	0.0549	0.4907	0.2293
解释变量：存量政策	所得税类政策	itc	464	0.2029	0.0646	0.4981	0.0703
	财产税类政策	ptc	464	0.0389	0.0093	0.0670	0.0171
	转移性政策	gtp	464	0.1269	0.0474	0.2901	0.0367
	三农支出政策	pas	464	0.0799	0.0337	0.2358	0.0168
解释变量：增量政策	流转税类政策	ctc	464	0.5358	0.0829	0.8966	0.2482
	资源税类政策	rtc	464	0.0556	0.0366	0.2251	0.0036
	投资性支出政策	gis	464	0.8923	0.0655	0.9996	0.6701
	服务性支出政策	gss	464	0.2518	0.0364	0.3469	0.1601
控制变量	经济发展水平	agdp	464	6533.666	3624.851	20248.31	1910.157
	城镇化水平	url	464	0.4365	0.1556	0.8932	0.1778
	对外开放度	opd	464	0.0276	0.0264	0.1560	0.0006
	地方产业结构	lis	464	0.8658	0.0656	0.9937	0.6912
	工资溢价效应	wpe	464	1.3613	0.4737	3.1164	0.5453

注：由于数据的可获得性，无法计算山东和吉林的基尼系数，因此基尼系数观测数只有432个。

四、空间动态面板估计分析

为了消除量纲和异方差的影响,且考虑到临近省市变量的高度相关性,而不同区域省份差距较大导致的异质性,本文采用LLC、IPS、PP-Fisher法对各变量进行单位根和平稳性检验,检验结果表明所有变量均平稳,相关检验结果由表2列示。

表2 空间面板单位根检验

变量	检验方法			结论	变量	检验方法			结论
	LLC	IPS	PP-Fisher			LLC	IPS	PP-Fisher	
Theil	-5.709 (0.000)	-3.278 (0.001)	100.262 (0.001)	I(0)	DI	-11.163 (0.000)	-6.418 (0.000)	168.157 (0.000)	I(0)
Gini	-9.586 (0.000)	-6.036 (0.000)	145.667 (0.000)	I(0)	itc	-7.108 (0.000)	-5.171 (0.000)	108.451 (0.000)	I(0)
ptc	-3.954 (0.000)	-2.397 (0.008)	98.309 (0.001)	I(0)	ctc	-19.437 (0.000)	-12.474 (0.000)	281.560 (0.000)	I(0)
gtp	-5.389 (0.000)	-4.636 (0.000)	108.624 (0.000)	I(0)	rtc	-2.666 (0.004)	-4.950 (0.000)	128.126 (0.000)	I(0)
pas	-5.990 (0.000)	-1.638 (0.051)	81.315 (0.023)	I(0)	gis	-1.446 (0.074)	-1.719 (0.047)	83.526 (0.031)	I(0)
agdp	-10.622 (0.000)	-4.169 (0.000)	227.167 (0.000)	I(0)	gss	-11.237 (0.000)	-9.321 (0.000)	203.361 (0.000)	I(0)
opd	-8.371 (0.000)	-4.045 (0.000)	110.413 (0.000)	I(0)	url	-9.229 (0.000)	-3.741 (0.000)	72.438 (0.096)	I(0)
lis	-18.620 (0.000)	-10.447 (0.000)	335.393 (0.000)	I(0)	wpe	-5.934 (0.000)	-1.952 (0.025)	96.793 (0.001)	I(0)

注:括号内数据是相应统计检验的概率p值,I(0)表示该变量为平稳变量。

此外,在估计空间面板前需要利用Moran I 指数、极大似然LM-Error检验以及极大似然LM-Lag检验等检验模型是否存在空间自相关性,本文模型检验结果由表3列示,由表3所示,本文模型中Moran I 指数具有显著性,表明我国空间相邻省份具有相似的分配结构和空间联系结构。而(Robust)LM-Lag的统计值高于(Robust)LM-Error的统计值,表明在回归方法上空间滞后模型要优于空间误差模型,因此本文使用空间滞后动态面板模型是合理的。

表3 模型设定检验结果

检验方法	检验项目	泰尔指数	城乡收入差距	基尼系数	结论
Moran I	空间相关性	6.37(0.0000)	3.46(0.0008)	5.64(0.0000)	存在
LM-Lag	空间相关性	125.05(0.0000)	112.37(0.0000)	98.37(0.0000)	存在
LM-Error	空间相关性	97.36(0.0000)	87.37(0.0000)	76.38(0.0000)	存在
Robust LM-Lag	空间相关性	45.87(0.0000)	39.35(0.0000)	34.29(0.0000)	存在
Robust LM-Error	空间相关性	24.08(0.0000)	22.36(0.0000)	20.23(0.0000)	存在

为了逐步观察各存量—增量政策对收入分配调节的影响,本文在控制变量基础上将逐步检验各类调控政策对泰尔指数的影响,结果由表4列示。此外,为了便于比较,本文也给出了传统动态面板模型估计结果(模型8)。

表4 存量—增量政策调节效果检验

变量	模型1	模型2	模型3	模型4	模型5	模型6	模型7	模型8
$Theil_{t-1}$	0.449*** (6.69)	0.415*** (5.86)	0.428*** (6.04)	0.450*** (6.89)	0.423*** (6.02)	0.464*** (7.03)	0.435*** (6.33)	0.416*** (5.12)
itc	-0.015* (-1.91)	—	-0.012* (-1.82)	—	—	—	-0.017** (-2.06)	-0.013 (-0.65)
ptc	-0.002 (-0.24)	—	-0.003 (-0.31)	—	—	—	-0.004 (-0.48)	-0.006 (-0.64)
gtp	—	-0.008 (-0.74)	-0.009 (-0.97)	—	—	—	-0.004 (-0.49)	-0.085** (-2.05)
pas	—	-0.032*** (-4.01)	-0.029*** (-3.86)	—	—	—	-0.023*** (-3.49)	-0.036 (-1.02)
ctc	—	—	—	0.041* (1.89)	—	0.035 (1.64)	0.043** (2.14)	0.021*** (4.61)
rtc	—	—	—	0.014 (0.56)	—	0.015 (0.85)	0.018 (1.46)	0.013 (1.41)
gis	—	—	—	—	0.067*** (3.53)	0.066*** (3.50)	0.053*** (3.08)	0.051*** (2.91)
gss	—	—	—	—	-0.026 (-1.03)	-0.030 (-1.14)	-0.032 (-1.23)	-0.058 (-1.55)
agdp	0.021* (1.71)	0.016 (1.37)	0.014 (1.21)	0.019 (1.64)	0.024c (1.86)	0.017 (1.48)	0.010 (0.83)	0.007 (0.49)
url	-0.036* (-1.83)	-0.037* (-1.87)	-0.038* (-1.89)	-0.042** (-2.04)	-0.034* (-1.78)	-0.041* (-1.96)	-0.038* (-1.86)	-0.054*** (-2.59)
opd	0.037* (1.75)	0.046* (1.96)	0.047* (1.96)	0.031 (1.63)	0.047* (1.99)	0.038* (1.79)	0.053** (2.12)	0.034*** (2.96)
lis	0.309*** (6.32)	0.281*** (6.10)	0.276*** (5.64)	0.337*** (7.32)	0.291*** (6.32)	0.301*** (6.03)	0.248*** (5.03)	0.333*** (7.05)
wpe	0.022*** (2.98)	0.019*** (2.76)	0.014*** (2.56)	0.023*** (3.22)	0.027*** (3.38)	0.022*** (3.11)	0.020*** (2.90)	0.073*** (6.21)
W_A	0.232*** (4.34)	0.224*** (4.04)	0.211*** (3.90)	0.212*** (3.95)	0.204*** (3.80)	0.202*** (3.78)	0.187*** (3.48)	—
AR(1)	-3.672 (0.000)	-3.632 (0.000)	-3.563 (0.000)	-3.114 (0.002)	-3.002 (0.003)	-3.147 (0.002)	-3.087 (0.002)	-3.029 (0.003)
AR(2)	-1.136 (0.208)	-0.953 (0.329)	-1.357 (0.176)	-1.653 (0.136)	-1.209 (0.191)	-1.412 (0.153)	-1.376 (0.167)	-1.526 (0.145)

注：系数估计值下方括号内为t统计值，动态自相关检验括号内为概率p值，***、**、*分别表示变量在1%、5%和10%水平下显著，下同。

由表4所示，首先分析各控制变量的情况，各控制变量除城镇化水平外，其余变量对城乡收入差距的影响是正向的。对于人均GDP水平，由于其是衡量总量水平而非衡量结构水平的相对指标，人均GDP虽然增加，但相应的产出水平、质量水平等惠及农村的较少，可能存在马太效应使得城乡收入差距加大；城镇化水平有利于农村剩余劳动力向城市现代部门转变，这一方面有利于农村经济发展，另一方面也有利于资源资源优化配置[28]；与城镇化不同，产业结构调整对城乡收入差距是扩大的，这可能是我国农村人力资本水平不高所致，农村人口转入城市所从事的是低收入的低档餐饮、修理、保洁等服务业，表现为产业结构调整一方面使得农村资源流向城市，另一方面也阻碍了城市对于农村的带动作用，典型的就是城乡劳动力在养老、医疗和保险方面的差异；同样，经济对外开放所带来的收益也没有惠及到农村地区，缺乏城市反哺农村的体制机制不能扭转收入差距；另外工资水平溢价也加大了城乡收入差距，该指标反映了居民收入在国民收入中的比重，以及劳动报酬在初次分配中的扭曲情况，特别是国有企业高利润、高工资所导致的城乡行业间的收入差距。

在存量调节政策方面，由模型1、模型3可知，所得税类每提高1个单位，城乡收入差距降低约0.01个单位，而财产税类每提高1个单位，城乡收入差距降低约0.002个单位，这说明了存量调节政策中，收入类政策调节城乡差距的作用较大而财产类政策的作用较小。虽然存量调节政策具有直接进行财富（收入）分配的特点，理论上进行分配的力度比较大，但在我国"双主体"税制结构中，存量调节型税收数量较少，且相应的税收制度不健全；另外，我国财产税类处于近乎缺失状态，主体税种缺乏，现行财产税类主要课税对象在居民财产保有量中比重较小，因此需要进一步推进如房产税、物业税等存量调节的税种。根据所得税类政策调节系数，可以预计如果财产类政策将来正式推行的话其调节收入差距的效果会大大提高。根据模型2和模型3，政府转移性支付每上升1个单位，收入差距降低约0.008个单位，而财政支农力度每上升1个单位，收入差距下降约0.03个单位，转移支付类政策由于中间环节多、程序复杂，而财政支农类政策由于具有直接性和方向性，因此转移支付类政策效果没有财政支农类政策效果大。

在增量调节政策方面，根据模型4和模型6，流转税类和资源税类政策扩大了收入差距，流转税类政策每提高1个单位，收入差距上升0.04个单位，资源税类政策每上升1个单位，收入差距上升约0.01个单位，这说明我国当前的流转税类和资源税类政策不利于收入差距的缩小。当前我国流转税类政策份额较高，显著扩大了资本要素和劳动要素的收入分配差距，另外，农民作为消费者也承担着流转税转嫁的税负。虽然资源税政策更偏重对于资源使用者征收，但缺乏对农村地区的资源补偿机制，最典型的就是农村土地流向城市后在二级市场流转时，所征收的土地增值税和城镇土地使用税用于农村的补偿较少，导致资源税类政策不能扭转收入差距的扩大。而根据模型5和模型6，政府的生产性支出呈现两极分化趋势，其中的投资性支出扩大收入差距，而服务性支出缩小收入差距，且前者系数的绝对值大于后者，这不仅体现了我国政府生产性支出"重投资基本建设、轻公共服务"的结构偏向，也体现了我国生产性支出的城市偏向效应。政府虽然每年增加基础建设投资，但是对于农村基础设施建设投资力度较小，不易发挥增量型政策创造经济增长点、促进产业结构升级的作用。而公共服务型政策虽缩小收入差距，但发挥的作用较小，这可能是因为科教文卫投入发挥公共服务均等化作用还不明显。综合以上各政策调节的效应，存量型政策调节方向是缩小城乡收入差距而增量型政策是扩大收入差距，但存量型政策调节力度小于增量型政策，导致最终城乡收入差距是扩散的（表现为表4中被解释变量滞后期系数为正）。

为保证本文空间动态面板结果的真实可靠，在前文模型估计的基础上，进一步对其稳健性进行检验，方法为：

（一）稳健性检验Ⅰ：使用替代变量

测度存量—增量调节效果，除了使用泰尔指数外，还可使用城乡收入比和基尼系数来表示。城乡收入比可以通过存量—增量调节政策对城乡收入差距的影响，进而明确收入差距是怎样发生在城市和农村两个组别的；引入基尼系数主要是考虑其所具有的总收入差距在不同分项收入差距之间的可分解性特征。相关回归结果由表5中模型1-模型6列示。

根据表5中模型1-模型6，各系数回归结果与表4大致相似，城乡收入差距也是呈发散型，在存量和增量调节政策中，存量型政策对城乡收入差距起到缩小作用，但是其相关系数比较小，而大部分增量型政策不仅扩大了城乡收入差距，其相关系数的绝对值也大于存量性政策。因此从使用替代变量的角度看,本文回归模型是稳定的。

表5 空间动态面板稳健性检验

变量	被解释变量:城乡收入比			被解释变量:基尼系数			空间权重矩阵的设定		
	模型1	模型2	模型3	模型4	模型5	模型6	模型7	模型8	模型9
DI_{t-1}/Gini	0.344*** (5.92)	0.334*** (5.04)	0.321*** (4.62)	0.459*** (7.10)	0.416*** (6.13)	0.583*** (8.27)	0.328*** (5.84)	0.294*** (5.03)	0.338*** (6.03)
itc	-0.017* (-1.91)	—	-0.010 (-1.64)	-0.010* (-1.79)	—	-0.008 (-1.56)	-0.064** (-2.09)	—	-0.057** (-2.01)
ptc	-0.002 (-0.85)	—	-0.004 (-1.14)	-0.003 (-1.21)	—	-0.002 (-0.96)	-0.004* (-1.91)	—	-0.003* (-1.81)
gtp	-0.015*** (-2.76)	—	-0.013** (-2.42)	-0.020*** (-2.56)	—	-0.018** (-2.26)	-0.024*** (-2.60)	—	-0.028*** (-2.76)
pas	-0.023** (-2.44)	—	-0.020** (-2.25)	-0.031*** (-3.98)	—	-0.024*** (-3.37)	-0.054*** (-7.26)	—	-0.034*** (-4.10)
ctc	—	0.030* (1.93)	0.034** (2.26)	—	0.071* (1.82)	0.076** (2.01)	—	0.052*** (2.90)	0.078*** (3.32)
rtc	—	0.007 (1.32)	0.005 (1.12)	—	0.029 (1.29)	0.031 (1.54)	—	0.016 (1.81)	0.029** (2.19)
gis	—	0.060*** (2.67)	0.051** (2.19)	—	0.076** (2.34)	0.071* (1.92)	—	0.053** (2.48)	0.069*** (3.71)
gss	—	-0.032*** (-2.71)	-0.039*** (-3.29)	—	-0.028** (-2.36)	-0.016* (-1.84)	—	-0.043* (-1.72)	-0.029 (-1.65)
agdp	0.012** (2.98)	0.009** (2.14)	0.006* (1.76)	0.008*** (2.56)	0.006** (2.16)	0.007** (2.35)	0.010** (2.20)	0.012** (2.41)	0.015*** (2.72)
url	-0.037*** (-3.75)	-0.028 (-1.54)	-0.036*** (-3.27)	-0.012** (-2.44)	-0.019*** (-3.13)	-0.014*** (-2.94)	-0.102*** (-9.24)	-0.102*** (-9.39)	-0.105*** (-9.36)
opd	0.039 (0.43)	0.081 (1.26)	0.032 (0.24)	0.020 (0.18)	0.022 (0.32)	0.032 (0.63)	0.101*** (4.76)	0.116*** (4.98)	0.100*** (4.57)
lis	0.041*** (5.87)	0.031*** (4.23)	0.037*** (4.74)	0.033*** (3.12)	0.029** (2.56)	0.034*** (3.32)	0.250*** (9.80)	0.243*** (9.74)	0.259*** (10.16)
wpe	0.032*** (6.14)	0.021*** (4.77)	0.028*** (5.62)	0.015** (2.09)	0.009 (1.17)	0.022** (2.41)	0.029*** (9.29)	0.024*** (9.03)	0.026*** (9.09)
W_A	0.478*** (13.56)	0.467*** (13.47)	0.510*** (14.03)	0.539*** (14.39)	0.512*** (14.04)	0.498*** (13.89)	0.421*** (11.70)	0.429*** (11.97)	0.422*** (11.72)
AR(1)	-3.507 (0.001)	-3.532 (0.004)	-3.400 (0.001)	-3.226 (0.001)	-3.096 (0.002)	-3.215 (0.001)	-3.554 (0.000)	-3.045 (0.002)	-2.987 (0.003)
AR(2)	-0.411 (0.681)	-0.171 (0.865)	-0.131 (0.896)	1.381 (0.167)	0.923 (0.356)	1.305 (0.192)	-1.237 (0.216)	-1.212 (0.226)	-1.289 (0.198)

(二)稳健性检验Ⅱ:空间权重矩阵的设定

首先对于 $W_1 = W_A \times E_A$ 式中地理权重部分 W_A 需重新设定,因为用空间临接标准来判断空间单元之间的影响程度有失公允,即不能认为北京只与津、冀地区发生联系而与其他省区没有联系,当然也不能认为北京和较近的山东省之间的影响与北京和较远的新疆等地区之间的影响是等同的。因此本文重新构建符合地理学第一定律的地理权重矩阵 $W_B: W_{ij} = \begin{cases} 1/d^2 & i \neq j \\ 0 & i = j \end{cases}$ [29],其中 d 为两地区省会城市之间的地理距离。①

对于 $W_1 = W_A \times E_A$ 中经济权重部分 E_A 的重新设定,本文主要是基于如下现实:其矩阵表征的两个空间单元之间的相互影响强度是相同的,而实际

---

① 此处的距离是根据国家地理信息系统网站提供的1:400万电子地图测量得到。

上经济发展水平较高的地区对经济水平低的地区会产生更强的空间辐射作用,如北京对于河北的影响强度显然大于河北对于北京的影响强度[30]。因此,仍以各地区人均实际 GDP 为研究对象,对经济权重矩阵部分重新设定为:$E_B = diag(\bar{Y}_1/\bar{Y}, \bar{Y}_2/\bar{Y}, \cdots \bar{Y}_n/\bar{Y})$,$\bar{Y}_i = \frac{1}{t_1 - t_0 + 1}\sum_{t=t_0}^{t_1} Y_{it}$,$\bar{Y} = \frac{1}{N(t_1 - t_0 + 1)}\sum_{t=t_0}^{t_1}\sum_{i=1}^{N} Y_{it}$。

最终的空间权重矩阵为:$W_2 = W_B \times E_B$。据此本文仍以泰尔指数反映政策分配效应,使用新的权重进行回归,相关结果由表5中模型7-模型9列示。

比较表5和表4,发现通过调整地理和经济权重后,增量和存量政策的系数显著性明显增强且调节力度增大。在存量调节政策方面,根据模型7和模型9,所得税类每提高1个单位,城乡收入差距降低 0.06 个单位,而财产税类每提高1个单位,城乡收入差距降低约 0.004 个单位,政府转移性支出每上升1个单位,收入差距缩小约 0.02 个单位,而财政支农力度每上升1个单位,收入差距缩小约 0.04 个单位。在增量调节政策方面,根据模型8和模型9,流转税类和资源税类政策扩大收入差距,流转税类政策每提高1个单位,收入差距上升 0.06 个单位,资源税类政策每上升1个单位,收入差距上升约 0.02 个单位。而投资性支出增加1单位,收入差距扩大约 0.06 个单位,而服务性支出增加1个单位,收入差距缩小 0.04 个单位。表5中城乡收入差距虽然仍是扩散性的,其系数却比表4中要小,这说明条件设定改进后存量—增量政策效果更贴合实际,模型估计的准确性得到了提高。

五、结论和政策建议

本文利用空间动态面板研究表明:财政政策中的存量—增量调节对于居民收入分配差距具有稳定的影响,且从估计系数看,不同的政策具有不同的收入分配效应。其中大部分财政支出政策缩小收入差距,而部分税收政策扩大收入差距;另外,存量调节政策由于其具有直接分配性,因此其调节效果要大于增量调节政策,如存量调节中的所得税、财产税、政府转移性支出和财政支农力度对于缩小城乡差距具有一定的作用,这类政策一方面通过税收政策获得城镇居民部分收入,另一方面通过转移支付等方式返还到农村,而增量型政策方面的流转税、资源税、投资性支出政策对于城乡收入差距的作用是扩大的,这些政策没有起到寻求经济增长点增加收入的作用;但是由于我国存量型政策所占政策比重较低,导致其调节力度不如增量型政策。这对于我国今后在实施收入分配调节的财政政策方面有很大的启示意义。

(一)收入分配的财政支出调节方面,以民生为导向在教育、科技、住房等方面进一步优化财政支出结构,注重民生支出在农村地区的倾斜力度,加强农村基础设施建设投资,充分发挥财政支出导向的公平性以及调节城乡收入差距的分配效应。

(二)收入分配的税收调节方面,在我国结构性减税改革的大方向下,逐步减少累退性质的间接税比重,进一步探索具有存量调节功能的房产税、遗(赠)税和社会保障税等一系列税种的运作机制,使之更好地与具有增量调节的流转税相互协调发展,优化税制结构。

(三)社会保障方面,逐步推进城乡一体化的社会保障制度,进一步改善农村的社保、医疗、就业等条件,通过发挥财政政策的存量调节功能(如就业培训)使得农民(特别是失地农民)的就业得到保障,通过财政政策的存量调节(如加强公共服务均等化的政府转移支付力度)增加农村社会保障在扶贫和城乡收入方面的再分配效应。

参考文献

[1] Anselin L., Rey S. Properties of Tests for Spatial Dependence in Linear Regression Models Geographical Analysis, 1991, 23(2):112-131.

[2] Au C. C., Henderson V. How Migration Restrictions Limit Agglomeration and Productivity in China Journal of Devel-

opment Economics,2006,80(1):350-388.

[3] Bouayad-Agha S., Vedrine L. Estimation Strategies for a Spatial Dynamic Panel using GMM—A New Approach to the Convergence Issue of European Regions Spatial Economic Analysis.2010,5(2):205-227.

[4] Cashin P., Sahay R.Regional Economic Growth and Convergence in India [R].IMF Working Paper,1995,No.58.

[5] Clark T., Leicester A.Inequality and two Decades of British Tax and Benefit Reforms Fiscal Studies,2004,25(2):129-158.

[6] Davis C., Henderson V.Evidence on the Political Economy of the Urbanization Process Journal of Urban Economics,2003,53(1):98-125.

[7] Dollar D., Kraay A.Growth is Good for the Poor Journal of Economic Growth,2002,7(3):195-225.

[8] Elhorst P. Unconditional Maximum Likelihood Estimation of Linear and Loglinear Dynamic Models for Spatial Panel Geographical Analysis,2005,37(1):85-106.

[9] García-Peñalosa C., Turnovsky.Growth, Income Inequality, and Fiscal Policy:What are the Relevant Tradeoffs? Journal of Money,Credit and Banking,2007,39(3):369-394.

[10] Gylfason T., Zoega G. Natural Resources and Economic Growth:the Role of Investment World Economic,2006,29(8):1091-1115.

[11] Harding A. Lifetime vs Annual Tax-Transfer Incidence:How much Less Progressive The Economic Record,1993,69(205):179-191.

[12] 贺蕊莉,"财政社会学视角下的中国贫富差距问题研究",《财经问题研究》,2011年6月,第13-19页。

[13] 胡汉军、刘穷志,"我国财政政策对于城乡居民收入不公平的再分配效应研究",《中国软科学》,2009年9月,第32-38页。

[14] Lambert P.J.The Distribution and Redistribution of Income Manchester University Press,2001.

[15] 雷根强、蔡翔,"初次分配扭曲、财政支出城市偏向与城乡收入差距:来自中国省级面板数据的经验证据",《数量经济技术经济研究》,2012年3月,第76-89页。

[16] 李婧、谭清美、白俊红,"中国区域创新生产的空间计量实证分析",《管理世界》,2010年7月,第43-56页。

[17] 林光平、龙志和、吴梅,"我国地区经济σ-收敛的空间计量实证分析",《数量经济技术经济研究》,2006年4月,第14-21页。

[18] 莫连光、洪源、廖海波,"收入分配财政政策调节居民收入差距效果的实证研究",《财经论丛》,2014年3月,第32-39页。

[19] Pillarisetti J.R.World Income Distribution and Tax Reform:What Tax Systems do Low-income Countries need Development Policy Review,2003,21(3):301-317.

[20] 彭定赟、王磊,"财政调节、福利均等化与地区收入差距",《经济学家》,2013年5月,第21-28页。

[21] Ramous X., Roca-Sagales O.Long-term Effect of Fiscal Policy on the Size and Distribution of the Pie in the UK Fiscal Studies,2008,9(3):387-411.

[22] Robalino D. A., Warr P. G. Poverty, Reduction through Fiscal Restructuring:An Application to Thailand Journal of the Asia Pacific Economy,2006,11(3):249-267.

[23] Sachs D., Warner M.The Curse of Natural Resources European Economic Review,2011,45(4-6):827-838.

[24] Shieh Y., Chen J. H., Lai C. C. Government Spending, Capital Accumulation and the Optimal Policy Rule:the Role of Public Service Capital Economic Modelling,2006,23(6):875-889.

[25] Shorrocks F. The Class of Additively Decomposable Inequality Measures Econometrica,1980,48(3):613-626.

[26] Subarna K., Georg J.Income Distribution and the Effectiveness of Fiscal Policy:Evidence from some Transitional Economies Journal of Economics and Business,2009,7(1):29-45.

[27] Suri V., Chapman D Economic Growth,Trade and Energy:implication for the Environmental Kuznets Curve Ecological Economics,1998,25(2):195-208.

[28] Wolff E.N., Zacharias A.The Distributional Consequences of Government Spending and Taxation in the U.S.,1989 and 2000 Review of Income and Wealth,2007,53(4):692-715.

[29] Yuan M., Li W.Dynamic Employment and Hours Effects of Government Spending Shocks Journal of Economic Dynamics & Control,2000,24(8):1233-1263.

[30] 张志超、吴晓忠、陈晓声,"区域差异、逆向财政机制与城乡收入差距",山西财经大学学报,2014年8月,第1-10页。

[31] 张志超、吴晓忠,"关于解决收入分配失衡问题的对策研究.山东大学学报",哲学社会科学版,,2013年3月,第84-92页。

对外贸易与经济增长的关系
——基于欧盟 27 国的实证分析*

刘 冲　李 倩

(东北财经大学　大连　116025)

摘　要：本文从对外贸易与经济增长两者的理论关系入手，采用 2011 年国际比较(ICP)的 GDP 数据与增加值贸易核算方法下的对外贸易数据，对欧盟 27 国截面数据建立空间自回归模型(SAR)，研究分析对外贸易与经济增长在新形势下的内在联系。实证结果表明：欧盟 27 国的国内生产总值存在着较强的空间相互依赖性；出口增加值贸易对本国经济具有迟滞作用，而进口增加值贸易对本国经济具有拉动作用，并且拉动的作用要远远强于迟滞的作用。最后根据实证分析结果提出针对中国的政策建议。

关键词：对外贸易；经济增长；国际比较；SAR

The Relationship Between Foreign Trade and Economic Growth
——An Empirical Analysis Based on the 27 Countries of the European Union

Liu Chong　Li Qian

(*Dongbei University of Finance and Economics, Dalian, 116025*)

Abstract: The article starts at the theory of the relation between the foreign trade and the economic growth. It uses the data from the 2011 International Comparison Program results and the Trade in Value Added. We establish the model of SAR to study the inner link between the foreign trade and the economic growth. The empirical results show: Firstly, the GDP in EU is the strong spatial interdependence; Secondly, the effects of the added value of export are negative, the added value of import trade has the positive effect, and the latter is far stronger than the former. At last, according to the empirical results, put forward constructive suggestions about China.

Key Words: Foreign trade; Economic growth; International comparison; SAR

一、引言

改革开放以来，中国经济经历了三十多年的高速发展，经济水平、对外开放程度均显著提高。但近年来中国经济发展速度放缓，显示出稳定的趋势性。统计局数据显示，中国 2014 年全年 GDP 增速

---

* 基金项目：2014 年度辽宁省社会科学规划基金一般项目"基于投入产出的对外贸易隐含虚拟资源的研究"(L14BTJ003)，东北财经大学校级研究基地项目(DUFE2014J29)。

作者简介：刘冲，1990 年生，东北财经大学，学生，硕士，研究方向：宏观经济。李倩，1992 年生，东北财经大学，学生，硕士，研究方向：宏观经济。

为7.4%,达到1990年以来的最低增速,2015年预期为7.0%。这表明中国经济在高速运行数十年之后,进入了一个新的增长轨迹。分析中国经济增幅放缓的原因,一方面是国内需求不足;另一方面则是欧洲债务危机和美国经济不景气使其对中国产品的需求明显减弱,对外贸易水平下降。对外贸易作为拉动经济增长的"三驾马车"之一,对经济保持长期快速发展的促进作用显而易见,但对外贸易在多大程度上拉动本国经济的增长仍值得进一步探讨。当今世界上,不仅中国受到对外贸易水平的影响,许多国家至今还在次贷危机的阴影下徘徊,积极寻求刺激经济增长的途径。按照以往的经验,世界各国必须要借助外部市场,通过对外贸易获得本国缺少的比较优势,达到取长补短的目的,实现本国经济的增长。因此,对外贸易是联系本国经济与世界经济的纽带,是发展本国经济的一种重要途径。

迄今为止,有关对外贸易与经济增长之间关系的理论主要分成两大类,一类认为对外贸易能够促进经济的增长,比如,英国古典经济学家亚当·斯密在《国富论》中提出"剩余产品出口"理论,认为推动经济增长的一个重要原因就是产业分工,它可以大幅度提高劳动生产效率,而对外贸易扩大必然能够促进分工的深化和生产率的提高,加速经济增长;瑞典经济学家俄林发表的《区际与国际贸易》一书中提出"要素禀赋"理论,认为贸易的发展是经济发展中的一部分,国际贸易能够优化各国要素的配置,使所有贸易参与国或地区受益,从而提升专业化水平,促使经济增长;除此之外,李嘉图的"比较成本理论"、罗伯特逊、诺克斯的"发动机"理论以及卢卡斯、罗默等人的新增长理论都认为对外贸易对经济增长有正向作用,能够促进经济增长,只是认为对外贸易促进经济增长的方式、途径有所不同。另一类认为对外贸易不利于经济增长,比如由阿根廷经济学家劳尔·普雷维什提出的"中心——外围"理论,后来汉斯·辛格对该理论进行扩展,他们认为外围国家生产和出口的大部分是技术含量低、附加价值少的产品,而中心国家生产和出口的则主要是技术含量高、附加价值高的产品,由于资本和市场的局限性,会导致外围国家(发展中国家)的贸易条件不断恶化;印度的经济学家巴格瓦蒂提出"贫困化增长理论",认为对于某些处于特定发展阶段的发展中国家来说,它们主要出口初级产品,而这些初级产品的价格和收入弹性是很小的,如果出口大幅度增加,价格势必大幅度下跌,那么因为产量提高而获得的收益就会被贸易条件的恶化而抵消掉,并导致本国收入和消费水平的绝对下降。

所以,关于对外贸易与经济增长的关系学术界一直存在着分歧,没有达成统一的认识。目前,世界政治经济形势纷繁复杂,经济发展新问题、新挑战层出不穷,对外贸易与经济增长的关系是否依旧存在,而二者之间的联系又是如何,这些问题值得深入研究和探讨。本文将利用欧盟27个国家的增加值贸易数据研究二者之间的关系,并根据最终的实证分析结果针对中国提出相应的政策建议。

二、相关文献回顾

(一)对外贸易与经济增长关系的文献研究

对外贸易与经济增长的关系一直是热点话题,受到广大学者的高度重视。国内外许多学者以对外贸易与经济增长关系的经济理论为出发点,对两者的关系进行研究分析,已经取得了较多的研究成果。

大部分文献认为对外贸易与经济增长存在着较强的相关关系,对外贸易有促进经济增长的作用。Chow运用Granger(1989)因果关系检验分析了8个新兴工业化国家和地区1960-1984年实际制造业出口与实际制造业产出之间的关系,得出的结论是:墨西哥贸出口促进经济增长的现象存在单行因果关系,而阿根廷不存在因果关系,其他6个经济体存在双向的因果关系。韩家彬等(2012)通过构建面板数据模型回归分析了进出口对金砖5国经济增长的影响,表明中国和巴西的进出口贸易显著推动经济增长。许多学者针对中国的对外贸易与经济增长关系展开研究,但对二者关系的看法不一。Kwan和Kwok(1995)采用Granger因果检验方法检验中国出口对经济增长的作用,发现中国的出口与经济增长存在单向因果关系;范柏乃和王益兵

(2004)利用1952-2001年中国对外贸易数据,研究表明中国进口贸易与经济增长之间互为因果关系,而且具有较强的促进作用。然而,许启发和蒋翠侠(2002)运用1980-1999年期间的数据,采用协整理论和Granger因果检验分析了对外贸易与经济增长之间长期均衡关系。其实证结果表明,中国对外贸易与经济增长之间存在长期均衡关系,出口和进口都不是经济增长的格兰杰原因,但经济增长是进口、出口的格兰杰原因,而对外贸易总额与经济增长之间却互为因果关系。魏君英和陈银娥(2010)采用协整理论研究中国对外贸易与经济增长的关系,发现中国对外贸易与经济增长之间具有长期均衡关系,出口与经济增长之间存在显著的双向格兰杰因果关系,进口与经济增长之间的格兰杰因果关系不显著。

然而,也有一小部分文献认为对外贸易与经济增长两者的相关关系不明显。Michaely(1977)在研究对外贸易与经济增长的关系时,发现出口对经济增长的影响只有在这些国家达到某个最小发达水平时才会发生,并不是所有国家的贸易出口对经济增长都有促进作用;孙森林(2000)曾利用联立方程组与回归分析实证表明中国经济增长与出口基本没有关系。彭福伟(1998)认为净出口对国内生产总值增长的拉动作用,是通过出口和进口共同作用实现的。出口的增加值或减少,并不一定反映为国内生产总值的同向、同量的增加或减少,还要看进口的情况。贸易出口与经济增长之间并不总是同向促进的关系。赖明勇(1998)的研究也持有类似的观点。此外,王坤和张书云(2004)根据1978-2002年中国数据,运用Granger检验等方法表明从长期效果来看,进口对GDP的影响不显著。因此,对外贸易与经济增长的关系需要进一步探究分析。

(二)增加值贸易核算的文献研究

由于全球科学技术的发展,各国生产的专业化水平迅速提高,致使全球生产价值链不断延展和细化,整个产品的生产流程很难由某一国家单独完成,每个国家成为整条生产链上的一个环节,需要不断的进、出口产品,最终导致海关统计中出现巨大的重复计算数额。增加值贸易核算应运而生,而增加值贸易起源于垂直专业化的研究。

Hummels等人(2001)从垂直专业化的角度提出贸易增加值核算方法,即HIY法,核算出口贸易中的两部分VS和VS1,其中VS表示包含在一国出口中的从他国进口的中间投入,VS1表示将一国出口中被他国用于生产出口的贸易价值,人们关注的是除去VS部分后的出口贸易数额。但是,HIY法具有极其严格的假设条件,在现实社会中很难满足。Daudin等人(2011)提出DRS法,仅对HIY法中的第二个假设条件进行放松。他们对出口贸易中的成分进一步细分,核算VS1中的一个子集,即进口产品中包含经过国外加工又返还国内的国内增加值,用VS1*表示。Koopman等人(2010)提出KPWW方法,尝试对HIY法的两个假设同时放松,将国民账户核算体系中的增加值核算方法与传统贸易核算方法进行整合,利用GTAP数据库构建全球多部门投入产出数据库,将国内增加值核算从单一国家拓展至区域乃至全球,全方位地对一国国际贸易中国内与国外的增加值进行估算。Johnson和Guillermo(2012)从最终需求的角度提出增加值出口(value-added export, VAX)比率法,测算一国最终消费另一个国家的出口增加值贸易,开始从最终使用的角度来核算增加值。Stehrer(2012)利用WIOD数据库,基于Johnson和Guillermo(2012)的计算方法,从双边贸易的角度核算世界各国的增加值贸易情况,与HIY法、DRS法相比,充分验证这种方法更具有优越性。增加值贸易核算从垂直专业化测度开始,经历了生产角度的贸易增加值核算,发展至今,无论是在理论上还是实践中都已经较为成熟,在还原一国贸易真实水平方面是非常有效的核算方法。

综上所述,上面介绍地大部分文献采用截面或时间序列的数据研究对外贸易与经济增长之间的关系,不能充分考虑当今国际贸易的新变化以及空间因素的影响。而且,它们直接采用汇率法得到各国的可比GDP数据以及各国海关的直接贸易数据。但是,汇率法的缺陷使得在比较各国的国内生产总值时会不可避免的出现较大偏差,另外在国际贸易的核算过程中重复计算问题越来越受到重视,增加值贸易核算逐渐兴起。所以,本文将从三个方面进行改进来研究对外贸易与经济增长的关系,第一是采用2011年国际比较项目(ICP)结果中的GDP来代替原来使用的各国国内生产总值,增强数据的可比性;第二是使用经过增加值贸易核算的增加值贸易数据来代替传统的贸易统计数据,尽可能还原一国的真实贸易水平;第三是从模型上进行完善,考虑空间因素的影响,通过建立空间计量经济模型,更加全面地分析两者之间的联系。

三、欧盟27国增加值贸易和GDP (PPP)的分析

(一)欧盟27国增加值贸易情况分析

1. 增加值贸易核算方法介绍

本文借鉴Johnsona和Nuguera(2012)提出的核算方法——基于VAX视角的增加值贸易核算方法,下面将对此方法进行详细介绍。

他们认为增加值贸易核算的基本问题就是一个国家中的价值增量有多少包含在另外一个国家的最终消费中,基于投入产出法的基本核心理论这种关系可以表述为:

$$x = Ax + f = Lf$$

其中,x为CG×1的总产出向量(C表示考虑的国家数量,G表示投入产出表中行业部门的数量),A是CG×CG的中间投入系数矩阵,Ax表示总产出中作为中间投入的部分,f表示CG×1的最终需求矩阵,L为里昂惕夫逆矩阵,$L = (I - A)^{-1}$。现在考虑世界上只有三个国家的情况,上面的关系可以具体表示为:

$$\begin{bmatrix} x^r \\ x^s \\ x^t \end{bmatrix} = \begin{bmatrix} A^{rr} & A^{rs} & A^{rt} \\ A^{sr} & A^{ss} & A^{st} \\ A^{tr} & A^{ts} & A^{tt} \end{bmatrix} \begin{bmatrix} x^r \\ x^s \\ x^t \end{bmatrix} + \begin{bmatrix} f^r \\ f^s \\ f^t \end{bmatrix}$$

$$= \begin{bmatrix} L^{rr} & L^{rs} & L^{rt} \\ L^{sr} & L^{ss} & L^{st} \\ L^{tr} & L^{ts} & L^{tt} \end{bmatrix} \begin{bmatrix} f^{rr} + f^{rs} + f^{rt} \\ f^{sr} + f^{ss} + f^{st} \\ f^{tr} + f^{ts} + f^{tt} \end{bmatrix}$$

其中,$x^c(c = r, s, t)$表示CG×1阶国家c的总产出向量,L^{cd}表示G×G阶里昂惕夫逆矩阵的子矩阵,f^{cd}表示G×1阶国家c对国家d的最终需求量,$f^c = f^{cr} + f^{cs} + f^{ct}$表示国家c的最终需求数量(包括国内和进口的最终产品需求),那么国家c出口至其他所有国家的增加值等于国家c为了满足国家s和国家t的最终需求所创造的价值。

根据增加值贸易的基本含义,首先只考虑国家r的增加值,其他国家的增加值系数设为零;其次,不考虑国家r的增加值中满足本国最终需求的数量。所以国家r的出口增加值贸易的计算公式如下:

$$t^r_{TiVA,X} = \begin{bmatrix} v^r & 0 & 0 \end{bmatrix} \begin{bmatrix} L^{rr} & L^{rs} & L^{rt} \\ L^{sr} & L^{ss} & L^{st} \\ L^{tr} & L^{ts} & L^{tt} \end{bmatrix} \begin{pmatrix} 0 + f^{rs} + f^{rt} \\ 0 + f^{ss} + f^{st} \\ 0 + f^{ts} + f^{tt} \end{pmatrix}$$

其中v^r表示国家r的增加值系数,即单位总产出中包含的增加值份额。

同理,国家r的进口增加值贸易计算公式为:

$$t^r_{TiVA,M} = \begin{bmatrix} 0 & v^s & v^t \end{bmatrix} \begin{bmatrix} L^{rr} & L^{rs} & L^{rt} \\ L^{sr} & L^{ss} & L^{st} \\ L^{tr} & L^{ts} & L^{tt} \end{bmatrix} \begin{pmatrix} f^{rr} + 0 + 0 \\ f^{sr} + 0 + 0 \\ f^{tr} + 0 + 0 \end{pmatrix}$$

2. 欧盟27国增加值贸易核算结果

利用上文介绍的增加值贸易核算方法,采用2011年WIOD数据库重新核算欧盟27国的对外贸易数据,从中剔除了各国对外贸易中重复计算的部分,更加真实地反应各国的对外贸易情况。核算数据结果如下:

表2 欧盟27国增加值贸易数据   单位:百万美元

国 家	出口增加值	下降比率	进口增加值	下降比率
奥地利	150627	29.04%	140892	29.56%
比利时	226991	38.88%	213263	38.91%
保加利亚	15867	33.60%	19859	27.71%
塞浦路斯	3917	19.55%	7944	13.08%
捷克	97749	40.70%	87728	41.74%
德国	1199466	25.17%	935846	28.26%
丹麦	112893	29.05%	94780	30.68%
西班牙	305673	20.92%	348749	18.57%
爱沙尼亚	8123	29.27%	7069	30.96%
芬兰	73938	29.11%	74402	27.18%
法国	551388	20.26%	612335	18.04%
英国	554737	20.92%	578413	19.16%
希腊	34929	17.93%	74051	11.33%

续表 单位：百万美元

国 家	出口增加值	下降比率	进口增加值	下降比率
匈牙利	66104	42.18%	60113	43.06%
爱尔兰	125618	42.18%	78621	52.28%
意大利	464682	22.12%	496104	20.12%
立陶宛	14795	27.13%	15360	27.37%
卢森堡	40931	54.78%	24595	66.24%
拉脱维亚	8065	23.41%	8501	22.61%
马耳他	3582	35.04%	4290	30.81%
荷兰	353574	34.17%	279598	37.45%
波兰	158227	30.24%	160524	28.16%
葡萄牙	44451	22.65%	65563	16.50%
罗马尼亚	41356	23.59%	52446	20.17%
斯洛伐克	40642	35.31%	39660	34.63%
斯洛文尼亚	17687	30.13%	18120	28.30%
瑞典	180846	27.51%	148623	29.52%
平均值		29.81%		29.35%

从增加值贸易核算的结果中可以看出，欧盟27国的进、出口贸易数据经过重现核算都出现严重"缩水"。其中，出口贸易平均下降29.81%，进口贸易平均下降29.35%，两者的下降程度接近1/3。这表明传统的国际贸易核算方法中存在严重的重复计算问题，高估了欧盟各国的贸易数额。先前人们对于欧盟国家对外贸易与经济增长的研究，是基于OECD直接给出的贸易数据进行分析，由于贸易数据的不准确性，一定会影响最终的研究结果，使人们在一定程度上误解对外贸易与经济增长的关系。所以，本文采用增加值贸易核算方法先对原来的贸易数据进行重新调整，剔除传统核算中重复计算的部分，再进行二者之间关系的研究，使研究结论更具有客观性。

（二）欧盟27国GDP（PPP）的结果分析

在本文中采用欧盟27个国家的数据进行研究，因为它们各国之间的经济发展程度比较接近，能够更好地反映对外贸易与经济增长之间的关系。

首先，来分析经过PPP指数转换的欧盟27国GDP数据的变化。数据结果如下：

表1 2011年国际比较项目欧盟国家GDP（PPP）和GDP的结果 单位：十亿美元

国 家	GDP(PPP)	GDP	变化比率	国 家	GDP(PPP)	GDP	变化比率
奥地利	360521.87	299240.40	20.48%	爱尔兰	196554.54	162599.70	20.88%
比利时	440137.89	369259.00	19.19%	意大利	2056688.92	1580410.20	30.14%
保加利亚	114060.61	75301.60	51.47%	立陶宛	68196.74	106893.30	-36.20%
塞浦路斯	26572.49	17878.00	48.63%	卢森堡	46055.27	41730.70	10.36%
捷克	283887.91	3823401.00	-92.57%	拉脱维亚	41130.81	14275.30	188.13%
德国	3352099.06	2609900.00	28.44%	马耳他	11869.66	6626.10	79.14%
丹麦	233022.25	1791773.00	-86.99%	荷兰	720274.46	599047.00	20.24%
西班牙	1483223.71	1046327.00	41.76%	波兰	838048.34	1528127.00	-45.16%
爱沙尼亚	30943.15	16216.40	90.81%	葡萄牙	272678.03	171126.20	59.34%
芬兰	208012.25	188679.00	10.25%	罗马尼亚	344779.44	556708.40	-38.07%
法国	2369589.06	2001398.00	18.40%	斯洛伐克	135652.71	68974.20	96.67%
英国	2201439.29	1536937.00	43.24%	斯洛文尼亚	57799.56	36149.90	59.89%
希腊	300833.72	208531.70	44.26%	瑞典	394624.73	3480543.00	-88.66%
匈牙利	223497.05	27635435.00	-99.19%				

从表1中可以看出，经过国际比较项目调整后的各国GDP与原来相比都出现不同程度的变化，其中变化最大的是拉脱维亚，比原来提高了188.13%，变化最小的是芬兰，仅仅提高了10.25%。不难看出两种GDP数值之间存在着明显的差别，并且在某些国家这种差别是巨大的。说明原来各国的GDP经过汇率法调整为以美元为统一单位的GDP时，由于汇率法只能反映与对外贸易有关的行

业货币购买力,不能反映一国的实际购买力,因而不能真实反映各国的国内生产总值情况。而且,从两者的变化率中可以看出,大部分国家的 GDP 经过 PPP 指数换算后要高于汇率法换算的结果。说明在进行国际比较时,汇率法存在低估的缺陷,如果使用低估的数据进行研究分析,会导致结果的偏差,严重影响各国制定有关贸易、经济等一系列关系到国计民生的重大方针政策,不利于全球经济的复苏与发展。所以,本文采用 2011 年国际比较项目中的 GDP 数据来研究对外贸易与经济增长之间的关系,争取能够剖析出两者之间本质的关系。

四、欧盟 27 国对外贸易与经济增长关系的实证分析

(一)空间计量模型的建立

空间计量经济学理论认为,一个地区空间单元上的某种经济现象与邻近地区空间单元上同一现象是相关的,各区域之间的数据存在与时序相关对应的空间相关(Anselin,1988)。空间计量经济学打破经典统计分析中相互独立的基本假设,解决回归中复杂的空间相互作用和依存性结构问题。

1. 空间自相关

检验区域变量是否存在空间相关性,研究中常采用空间相关指数 Moran' I,其定义如下:

$$Moran's I = \left[\sum_{i=1}^{n}\sum_{j=1}^{n}W_{ij}(Y_i-\bar{Y})(Y_j-\bar{Y})\right] / S^2 \sum_{i=1}^{n}\sum_{j=1}^{n}W_{ij}$$

$$\bar{Y} = \frac{1}{n}\sum_{i=1}^{n}Y_i \quad S^2 = \frac{1}{n}\sum_{i=1}^{n}(Y_i-\bar{Y})$$

其中, $S^2 = \frac{1}{n}\sum_{i=1}^{n}(Y_i-\bar{Y})$; $\bar{Y} = \frac{1}{n}\sum_{i=1}^{n}Y_i$; Y_i 为第 i 地区的观测值;n 为地区总数;W_{ij} 为二进制邻接空间权值矩阵中的任意元素。邻接矩阵设定如下:主对角线上的元素为 0,若 i 与 j 地区相邻,则 $W_{ij}=1$,否则为 0,经标准化处理使每行元素之和为 1。

2. 空间计量模型

空间相关性体现在因变量的滞后项和误差项两方面。对截面数据而言,一般情况下包括空间自回归模型(SAR)和空间误差模型(SEM)两种。

空间自回归模型(SAR):$Y = \rho W y + X\beta + \varepsilon$

空间误差模型(SEM):$Y = X\beta + \varepsilon, \varepsilon = \lambda W\varepsilon + \gamma$

其中,Y 为因变量;X 为 n×k 的外生自变量矩阵,β 为系数向量;ε 为随机误差向量;W 为 n×n 的 0-1 邻接空间权值矩阵;ρ 为空间自回归系数,反映相邻区域观测值对本地区观测值空间溢出作用的方向和程度;λ 为 n×1 的因变量向量的空间误差系数,度量相邻地区关于因变量 Y 扰动误差的冲击对本地区观测值的影响程度;γ 为正态分布的随机误差向量。

3. 空间计量模型的设定

为了检验对外贸易与经济增长之间的关系,设 y 表示欧盟各国的国内生产值(PPP),x_1 表示欧盟 27 国出口增加值数据,x_2 表示欧盟 27 国的进口增加值数据,W 表示空间权值矩阵,为了减小异方差的不良影响,提高数据质量,先对原有变量取对数再构建空间计量经济模型。构建的空间计量模型如下:

空间自回归模型(SAR):$\ln(y) = \rho W \ln(y) + \beta_1 \ln(x_1) + \beta_2 \ln(x_2) + \varepsilon$

空间误差模型(SEM):$\ln(y) = \beta_1 \ln(x_1) + \beta_2 \ln(x_2) + \lambda W\varepsilon + \gamma$

本文所采用的数据来自 2011 年国际比较项目的结果和 WIOD 数据库,借助 Matlab7.0 进行实证分析。

(二)实证分析的结果

首先,变量的空间自相关检验。为了比较两种 GDP 的差异,分别对两种 GDP 进行空间自相关检验,结果如表 3:

表 3 空间自相关检验

空间自相关检验	GDP	GDP(PPP)
Moran I	0.0797	0.2814
Moran I 统计量	0.8685	2.0584
P 值	0.3851	0.0396

从表3中可以看出,通过空间自相关检验,GDP的Moran I统计量值为0.8685,P值为0.38,说明不具有空间相关性;而GDP(PPP)的Moran I统计量值为2.0584,P值为0.0396,说明欧盟27国的CDP(PPP)存在着明显的空间相关关系,在研究对外贸易与经济增长时有必要考虑空间相关性,建立空间回归模型以消除空间相关性或空间异质性的影响。

其次,空间计量模型的选择。LMLAG统计量为5.5389,P值为0.0186,小于0.05的显著性水平,即LMLAG统计量显著;LMERR统计量为2.3529,P值为0.1250,大于0.05的显著性水平,即LMERR统计量不显著。所以,选择建立空间自回归模型,来研究对外贸易与经济增长的关系。

最终建立的模型如表4所示:

表4 空间自回归模型的结果

变量	系数	t值	t统计量的P值
截距项	2.7051	4.0430	0.0001
β_1	-0.3856	-2.1917	0.0284
β_2	1.3931	7.5386	0.0000
ρ	-0.1210	-2.7085	0.0068
R^2	0.9762		
LogL	10.3825		

从表4中可以看出,各个解释变量通过了5%的显著性水平检验,R^2和LogL较大,拟合效果较好,从数据的角度说明此模型比较适合。贸易出口变量的系数为-0.3856,表明出口增加值贸易扩大1%,则GDP(PPP)减少38.56%;贸易进口变量的系数为1.3931,表明进口增加值贸易扩大1%,则GDP(PPP)增加139.31%。出口增加值贸易影响国内经济的发展,而进口增加值贸易对国内经济具有很大的拉动作用,这与传统理论"出口拉动经济增长,进口抑制经济增长"背道而驰。可以从溢出效应来解释这一现象,因为出口的是贸易增加值,完全属于国内创造的,对其出口会大幅度提高其他国家的技术水平,在短时间内使其他国家赶上本国,降低本国技术水平在全球范围内的竞争力,从而导致迟滞本国经济增长的作用。而增加值贸易的进口起到相反的作用,可以使本国以最快的速度享有世界先进的科学技术,快速提高本国的技术水平,大幅度提升本国的国际竞争力,促进国民经济各个行业的发展,对本国经济的发展具有正向的影响。空间自回归系数ρ在5%的显著性水平下显著为负,表明欧盟相邻各国之间的经济增长存在负向的相互影响,本国经济的发展状况将通过对外贸易进一步传递和迭加到相邻国家的经济发展过程中去,从而影响相邻地区的经济发展。

五、结论与政策建议

(一)结论

与以往多数文献的研究视角和方法不同,本文从数据和模型两个方面进行改进,运用重新计算的GDP(PPP)与增加值贸易的数据建立空间计量模型分析对外贸易与经济增长之间的关系,结果发现:

1. 利用投入产出法计算得到的欧盟27国对外贸易数据,剔除了各国对外贸易中重复计算部分,出口和进口贸易数据下降程度接近1/3。同时,经国际比较项目调整后的各国GDP均出现不同程度的变化,且大部分国家的GDP经过PPP指数换算后要高于汇率法换算的结果。

2. Moran指数检验中,欧盟27国经国际比较项目调整GDP的Moran I统计量值为2.0584,在5%的显著性水平下通过了检验。表明欧盟各国的国内生产总值存在着较强的空间依赖性:经济发展较好的国家,其邻近国家经济发展也较好;经济发展较差的国家,其邻近国家经济发展也较差。

3. 空间自回归模型中,空间自回归系数ρ为负,表明欧盟27国中相邻国家之间的增加值贸易会通过空间权值矩阵影响相邻国家的经济发展,且这种影响是负向的。此外,模型输出结果表明,出口贸易增加值与国内生产总值存在负相关关系,进口贸易增加值与国内生产总值存在正相关关系,即出口增加值贸易对本国经济具有迟滞作用,而进口增加值贸易对本国经济具有拉动作用,并且拉动的作用要远强于迟滞作用。

(二) 政策建议

根据以上实证分析的结果,鉴于欧盟各国均比中国的经济发达,各国之间呈现出来的二者之间的关系很可能是中国未来对外贸易的发展轨迹,因此针对欧盟各国对外贸易与经济增长之间的关系,提出以下建议,以期为中国未来如何利用对外贸易平稳促进经济发展提供参考。

第一,积极参与全球多变贸易体系,扩大国际间贸易合作。欧盟各国之间经济存在较强的空间依赖性,同样,中国的经济发展与周围国家也密切相关。当今世界正发生复杂深刻的变化,国际金融危机深层次影响继续显现,国际投资贸易格局酝酿深刻调整,各国面临的发展问题依然严峻。任何一个国家很难完全依靠自己走出经济发展的困境,均会在不同程度上依赖其他国家的经济的发展状况,中国也不例外。积极参与全球对边贸易,为本国贸易的发展创造更好的外部条件无疑会使本国经济分享更多的贸易利益。2013年中国提出"一带一路"的战略构想,致力于维护全球自由贸易体系和开放型世界经济。中国应抓住此次机遇,积极推进全球贸易的进一步深化,以全球化的视野积极布局贸易资源,促进经济要素有序自由流动和资源高效配置。发掘区域内市场的潜力,促进投资和消费,创造需求和就业,构建全方位开放新格局,共同打造开放、包容、均衡、普惠的区域经济合作架构,深度融入世界经济体系。

第二,合理控制贸易出口额,逐渐转变出口导向贸易战略。实证结果已表明,出口增加值贸易对本国经济具有迟滞作用,因此,各国应合理地控制出口贸易额。然而,中国在对外贸易中长期处于贸易顺差状态,且其贸易出口额中主要为依靠人力资源的投入和资源的消耗获得的加工产出,这在一定程度上造成了中国的大量资源流失。中国应结合中国目前保增长、调结构、促转型的紧迫形势,逐渐转变出口导向贸易战略。降低初级产品的出口,增加附加值较高产品的出口,加快产业结构升级,大力发展资本密集型产业,培育新型国际竞争力,着力开创高水平的对外贸易新局面,从而为实现我国经济持续、稳定增长和经济模式成功转型创造有利的外部条件。

第三,适度加大进口力度,积极引进国外先进技术经验。进口增加值贸易对本国经济具有拉动作用,并且其拉动作用远远高于出口的迟滞作用,因此适当增加进口贸易额,有利于本国经济的发展。一直以来,中国依靠"三驾马车"——消费、投资和出口来拉动经济增长,对进口的重视程度较低。中国目前经济正处于从高速增长向中低速增长的转型中,应积极借鉴他国经验,引进先进科学技术和管理经验,促进中国经济的持续平稳发展。中国可以逐步放低各种贸易限制,进一步扩大资源、能源、先进技术和设备的进口,促进进出口贸易平衡。此外,着力优化进口贸易结构,并充分利用进口贸易这一有效路径加大稀缺资源与高新技术的进口额,增加先进技术的进口力度,掌握核心科技并形成自主品牌,只有如此才能在激烈的国际竞争中处于有利地位。

参考文献

[1] Anselin, L., "A Test Spatial Autocorrelation in Seemingly Unrelated Regressions", Economics Letters, 1988(28), 335-341.

[2] Chow, P., "Causality Between Export Growth and Industrial Development Empirical Evidence from the NIC", Journal of Development and Economics, 1989, 31(2), 416-417.

[3] 陈梦根、胡雪梅,"ICP与CPI关系比较和整合研究",《统计研究》,2014年第31卷第4期,第13-21页。

[4] Daudin, G. and Schweisguth, D., "Who Produces for Whom in the World Economy?", Canadian Journal of Economics, 2011, 44(4), 1403-1437.

[5] 俄林,《区际和国际贸易》,商务印书馆,1986年。

[6] 范柏乃、王益兵,"我国进口贸易与经济增长的互动关系研究",《国际贸易问题》,2004年第4期,第8-13页。

[7] Hummels, D. L., Ishii, J. and Yi, K., "The Nature and Growth of Vertical Specialization in World Trade", Journal of International Economics, 2001, 54, 75-96.

[8] 韩家彬、张振、李豫新,"进出口贸易、FDI对金砖5国经济增长影响的比较研究",《国际贸易问题》,2012年第11期,第66-73页。

[9] Johnson, R.C. and Noguera, G., "Accounting for Intermediates: Production Sharing and Trade in Value Added", General Information, 2012, 86(2), 224-236.

[10] Koopman, R., Powers, W., Wang, Z., et al. "Give Credit Where Credit is Due: Tracing Value Added in Global Production Chains", Social Science Electronic Publishing, 2010, (2), 92-93.

[11] Kwan, A.C.C. and Kwok, B., "Exogeneity and the Export-Led Growth Hypothesis the Case of China", Southern Economic Journal, 1995, 61(4), 1158-1166.

[12] 赖明勇,"中国工业制成品出口贸易政策效果的实证研究",《预测》,1998年第3期,第19-26页。

[13] 李明武,"对外贸易与经济增长关系研究综述",《学术论坛》,2004年第3期,第56-60页。

[14] 李裕鸿,"对外贸易与西部地区经济增长研究的实证分析",《经济问题》,2011年第6期,第123-126页。

[15] Michaely, M., "Exports and Economic Growth: an Empirical Investigation", Journal of Development Economics, 1977, 4(1), 49-53.

[16] 彭福伟,"出口大幅增长进口保持平稳",《中国统计》,1998年第1期,第20-21页。

[17] 钱树静、徐洁、钟昌标等,"对外贸易对经济增长的贡献:理论与现实",《经济问题》,2011年第11期,第22-26页。

[18] Stehrer, R., "Trade in Value Added and the Valued Added in Trade", Wiiw Working Papers, 2012.

[19] 孙焱林,"我国出口与经济增长的实证分析",《国际贸易问题》,2000年第2期,第38-42页。

[20] 王坤、张书云,"中国对外贸易与经济增长关系的协整性分析",《数量经济技术经济研究》,2004第21卷第4期,第26-33页。

[21] 王玲,"基于购买力平价(PPP)的中外经济实力比较",《世界经济》,2002年第7期,第12-18页。

[22] 魏君英、陈银娥,"中国对外贸易与经济增长关系的实证研究",《华中科技大学学报(社会科学版)》,2010年第24卷第3期,第113-117页。

[23] 许启发、蒋翠侠,《对外贸易与经济增长的相关分析》,预测,2002年第2期,第14-18页。

[24] 亚当·斯密,《国民财富的性质和原因的研究》,商务印书馆,1972年。

[25] 尹敬东,"外贸对经济增长的贡献:中国经济增长奇迹的需求解释",《数量经济技术经济研究》,2007年第10期,第81-90页。

[26] 余芳东,"当前全球国际比较项目(ICP)的进展及其基本方法",《统计研究》,2007年第24卷第1期,第59-65页。

[27] 余芳东、任若恩,"关于中国与OECD国家购买力平价比较研究结果及其评价",《经济学》,2005年第4卷第3期,第563-582页。

[28] 赵文军、于津平,"贸易开放、FDI与中国工业经济增长方式——基于30个工业行业数据的实证分析",《经济研究》,2012年第8期,第18-31页。

从贸易与投资结构看中—澳自贸区的共赢战略

蔡小芳　李　昕*

（北京师范大学统计学院　北京　100875）

摘　要：多哈回合谈判受挫后，各国转而加强区域层面合作。鉴于中澳两国在双边自贸谈判过程中的不同利益诉求，两国有着坚实的合作基础：第一，各贸易竞争性指数与贸易互补性指数显示，中澳两国在不同的产业有着国际比较优势，且两国贸易互补性近年来不断加强。第二，澳大利亚对中澳自贸区的利益诉求主要体现在农产品贸易方面，而中国主要体现在投资需求方面。第三，就中国而言，在保证我国口粮高度自给的条件下，适当扩大对澳农产品进口，有利于利用两种资源、两个市场促进我国农业结构调整，提高农业生产力水平与农民收入。就澳大利亚而言，降低投资审查门槛，有利于深化中澳在如基础设施、液化天然气等领域的全面合作。毋庸置疑，或将在2015年年内签订的中澳自贸区协议将会是一个双赢的格局。

关键词：自贸区协议；投资；比较竞争优势；贸易互补性

The China and Australia FTA is the Win-Win Strategy Based on The Bilateral Trade and Investment Structure

Cai Xiaofang　Li Xin

(*School of Statistics, Beijing Normal University, Beijing* 100875)

Abstract: After the global trade mechanism dominated by the World Trade Organization (WTO) suffering setback in Doha Round negotiations, each country tries to cooperate at the regional level instead. Given the different interest demands between China and Australia in the bilateral FTA negotiation, the two countries have a solid foundation for cooperation. First, various trade compotitiveness index and trade complementarity index show that China and Australia have international comparative advantage in different industries and the bilateral trade complementarity has been strengthened recently. Second, the mainly interest of Australia in the agreement is agriculture, and China's interest is Outward Direct Investment (ODI). Third, under the appropriate degree of self-sufficiency, China can improve its food security by importing some items of agricultural products from Australia and bettering utilization of both domestic and international resources and markets. For Australia, lowering the investment review threshold is conducive to deepen the cooperation of infrastructure, LNG (Liquefied natural gas) etc. between the two countries. It's no doubt that the Sino-Australia FTA is a win-win strategy.

Key Words: FTA agreement; investment; comparative advantage; trade complementarities

---

* 作者简介：蔡小芳，女，1990年生，湖北人，北京师范大学统计学院硕士研究生，经济统计学专业；李昕，女，1982年生，河北人，北京师范大学统计学院副教授，博士生导师，研究方向为世界经济，贸易增加值核算。

一、引言

自世贸组织(World Trade Organization,WTO)主导的全球贸易机制在多哈回合谈判(Doha Round negotiations)受挫后,各国转而尝试从区域层面展开合作。WTO区域贸易协定信息系统(Regional Trade Agreement Information System,RTA-IS)显示,在2000-2005年间,一共有64项区域及双边自由贸易协定①签署并生效实施,年均10.5项。2006年以后,区域贸易协定数量呈现快速上升趋势,截止2013年年底,各类签署并实施的贸易协定达到151项,年均18.9项。特别是美国次贷危机爆发以来,2008年,有28项贸易协定签署实施,2009年为21项。其中,亚太成为21世纪以来区域贸易一体化最为蓬勃发展的地区。2008年,全球28项自由贸易协议中有10项与亚太地区国家相关,占比超过35%,2009年这一比例为66.7%、2010年为62.5%。中国作为亚太乃至全球最大的加工生产中心以及最大的潜在消费市场,在地区合作和区域化进程中的地位无可取代。

目前,中国已签订实施的自贸区协定12个,涉及20个国家和地区,正在谈判的自贸协定6个,涉及22个国家②。其中,中澳自贸区谈判备受关注。主要原因包括:第一,2008年以来,美国次贷危机与欧债危机促进了世界经济增长重心由西方向东方的转移,亚洲正逐渐成为世界投资和贸易最大的市场。以亚太为主的自贸区体系构建体现了中国区域经贸一体化的战略思想。除我国已签订的12项自贸区协议中有7个与亚洲国家和地区相关外,中日韩自贸区协议、东亚"区域全面经济伙伴关系"(Regional Comprehensive Economic Partnership,RCEP)以及中澳自贸区协议是中国下一阶段区域经济一体化战略的主要内容。考虑到历史、双边与多边等因素,中澳自贸区协议是较容易最先实现的自贸区协议③。第二,随着经济发展和原材料需求的增加,中国致力于寻找稳定的初级产品供给源。通过进一步加强中澳两国经贸合作,澳大利亚或可成为中国的海外能源矿产品基地。第三,中澳两国近年来不断拓展的双边贸易为构建两国自贸区协议打下了坚实的基础。2009年以来,中国一直是澳大利亚第一大贸易伙伴、第一大出口市场和第一大进口来源地,并成为澳大利亚第一大服务贸易出口市场。中国方面,澳大利亚是中国第七大贸易伙伴国,是中国铁矿石、煤炭、氧化铝、液化天然气的第一大进口来源地。第四,中澳两国签署了货币兑换协议。2013年4月初中澳两国启动了中澳货币直接兑换交易,使澳元成为继美元和日元之后,第三种与人民币展开直接兑换交易的货币,在降低双边经贸成本的同时,将有助于促进中澳双边贸易与投资的显著增长。

自2005年中澳宣布自贸区谈判以来,国内外有关中澳经贸发展的研究非常丰富。其中,绝大部分研究显示,中澳两国具有较强的产权互补性,双边自贸区的构建有助于两国展开深层次的产业分工与提升双边经贸合作内容。(Findlay & Song,1996;汪素芹,2005;侯敏跃,2005;McDonald et al.,2005;Mai et al.,2005;秦向东等,2006;于友伟等,2006;贾利军,2011)。一部分研究显示,随着中国城镇化及工业化发展,中国对澳大利亚铁矿石及农产品的进口需求将进一步增加。(Tcha and Wright,1999;Mai et al.,2005;Zhao and Wu,2006)然而,也有部分学者指出,构建中澳自贸区将对我国部分行业产生不利影响。黄建忠等(2006)研究指出,一方面,双边自贸协定将进一步提高我国对澳大利亚铁矿石等资源的贸易依存度;另一方面,国际原材料价格的上涨将进一步恶化中国的贸易条件。高程(2008)研究发现,澳大利亚对华进出口贸易的市场替代性较强,而中国对澳大利亚的铁矿石进口替代性较弱,这导致中国对澳大利亚贸易依赖的脆弱性高于澳

---

① 包括自由贸易协定(Free Trade Agreement,FTA)、关税同盟(Customs Union,CU)、服务贸易一体化(Economic Integration Agreement,EIA)、局部自由贸易协定(Partial Scope Agreement,PSA)。

② 数据来自中国商务部自贸区网。

③ 2014年中国第十二届全国人大二次会议记者会上,商务部部长高虎城指出,"中澳自贸区谈判是两国在经贸领域的一个非常重要的谈判……期望能够在尽短时间内达成一个全面的、高质量的自贸区协定"。

大利亚对华贸易依赖的脆弱性。中澳双边自贸区谈判中,中国处于相对不利的位置。林海等(2010)利用 GTAP 模型研究了中澳自贸区对我国羊毛产业的影响,并提出鉴于目前我国羊毛产业发展脆弱性,中国政府应在放弃羊毛关税配额的同时加大对该产业的扶持力度。李慧燕,魏秀芬(2011)利用引力模型研究指出,中澳自贸区对我国乳制品生产将产生较大影响。王莉等(2012)利用全球贸易分析模型(GTAP)模拟了中澳自贸区对中国奶业的影响。结果显示,两国构建自贸区虽然有利于中国整体经济增长,但对国内奶业将产生不利影响。

一方面,已有文献主要从贸易角度分析了中澳自贸区对双边产业的影响,但针对双边投资的研究较少。随着全球化及区域经济一体化向纵深发展,国与国之间的合作与交流不仅局限于货物贸易形式的物流,还表现为对外投资形式的资金流。2002年以来我国对外投资一直保持较快增速。2003-2012十年时间内,我国对外投资年均增长率高达到41.6%。商务部数据显示,2012 年中国新增对外直接投资 878 亿美元,其中 772 亿美元为非金融类企业对外直接投资,中国已成为世界第三大对外投资国。2013 年我国新增对外投资中,仅对非金融类企业的直接投资就高达 901.7 亿美元,同比增长 16.8%。可见,国际投资或是主导未来国与国间经贸合作的主要形式;另一方面,回顾 2005 年 5 月至 2013 年 6 月中澳前十九轮自贸区谈判内容,投资一直是双方关注与争论的焦点之一。商务部部长高虎城表示"澳大利亚的诉求为农产品对中国市场的准入问题,中方的诉求主要包括中国企业进入澳大利亚的资质和一些限制条款"①。基于此,本文加入了对中澳双边投资情况的分析。除此,对 1995-2012 年中澳两国具体产业贸易竞争性与互补性全指标的讨论也是对现有文献的有益补充。这两点是本文的主要贡献。

文章第二部分主要探讨中澳两国的贸易结构。利用全指标口径,综合分析近十年来,中澳两国产业竞争性与产业互补性的变化情况;第三部分主要讨论中澳两国的投资现状与未来发展趋势,并结合第二部分内容分析中澳两国对双边自贸协定的不同利益诉求;第四部分总结全文并提出具体建议。

二、中—澳两国产业的贸易竞争性与贸易互补性分析

(一)反映产业竞争力的指标体系

一般而言,考察一国产业国际竞争力的主要指标包括:国际市场占有率(International Market Share, IMS)、显性比较优势指数(Revealed Comparative Advantage Index, RCA)、显性竞争优势指数(Competitive Advantage Index, CAI)、贸易竞争力指数(Trade Competitiveness Index, TCI)以及贸易分工指数(Trade Specialization Index, TSI)。(何好俊等,2008)具体而言:

表1 反映一国产业竞争性指标介绍

指标名称	估算公式	参考值	备注
IMS	$IMS_{ai} = \dfrac{X_{ai}}{X_{wi}}$		国际市场占有率越大,a 国 i 产业竞争优势越明显。
RCA	$RCA_{ai} = \dfrac{\dfrac{X_{ai}}{X_a}}{\dfrac{X_{wi}}{X_w}}$	$RCA_{ai} \in [0, +\infty)$。 0.8 > RCA 竞争力较弱; 1.25 > RCA ≥ 0.8 竞争力一般; 2.5 > RCA ≥ 1.25 竞争力较强; RCA ≥ 2.5 竞争力极强。	反映一国产业竞争优势的常用指标。
CAI	$CAI_{ai} = RCA_{ai} - \dfrac{\dfrac{M_{ai}}{M_a}}{\dfrac{M_{wi}}{M_w}}$	$CAI_{ai} \in (-\infty, +\infty)$。 $CAI_{ai} < 1$ 竞争优势较弱; $CAI_{ai} \geq 1$ 竞争优势较强; $CAI_{ai} \geq 2$ 竞争优势极强。	$CAI_{ai} \leq RCA_{ai}$

---

① 转引自张涵,秦伟,"中澳自贸协定第 20 轮谈判五月将在堪培拉举行",21 世纪经济报道,2014.4.3。

续表

指标名称	估算公式	参考值	备注
TCI	$TCI_{ai} = \dfrac{(X_{ai} - M_{ai})}{(X_{ai} + M_{ai})}$	$TCI \in [-1, +1]$。 $0 > TCI_{ai} \geq -1$ 表示 a 国 i 产业贸易竞争力较弱; $TCI_{ai} \geq 0$ 贸易竞争力较强; $1 > TCI_{ai} \geq 0.5$ 贸易竞争力极强。	一国产业竞争力程度的补充指标。
TSI	$TSI_{abi} = \dfrac{(X_{abi} - M_{abi})}{(X_{abi} + M_{abi})}$	$TSI_{abi} \in [-1, +1]$。$0 > TSI_{abi} \geq -1$ 表示 b 国相对于 a 国在 i 产业上是出口专业化,具有相对贸易竞争优势;取值越接近-1,b 国的相对出口专业化程度越高,相对贸易竞争力越强;相反,取值越接近 1, a 国的相对出口专业化程度越高,相对贸易竞争力越强。	TSI_{abi} 表示 a 国对 b 国在 i 产业上的贸易分工指数。TSI_{bai} 表示 b 国对 a 国在 i 产业上的贸易分工指数。$TSI_{abi} = -1$ 或 1 表示 a 国和 b 国在 i 产业上是完全垂直分工;$TSI_{abi} = 0$ 表示 a 国和 b 国在 i 产业上是完全的水平分工。$TSI_{abi} = TSI_{bai}$。

注:X,M 分别代表出口与进口值;a,b 为报告国及贸易伙伴国;i 代表具体产业;w 代表世界。
资料来源:参考何好俊等(2008),作者整理。

根据联合国国际贸易标准分类(Standard International Trade Classification,SITC)及联合国贸发数据库(United National Conference on Trade and Development,UNCTAD),本文对中澳与澳中贸易的各项竞争性指标进行了估计(见表2)。其中,SITC 一位数分类共包含 10 项(0-9 类),第 9 类"未分类商品"在此不做讨论。

表2 2012年中澳两国不同产业国际竞争力指标

SITC	名称	中国		中—澳			澳大利亚		澳-中		
		IMS	RCA	CAI	TCI	TSI	IMS	RCA	CAI	TCI	TSI
0	食品和活畜	4.93%	0.44	0.11	0.19	-0.50	2.47%	1.77	1.08	0.45	0.42
1	饮料及烟类	1.83%	0.16	-0.15	-0.26	-0.73	4.58%	1.13	0.05	0.04	0.73
2	非食品原料(除燃料)	1.91%	0.17	-3.15	-0.90	-1.00	11.59%	8.30	8.07	0.94	0.99
3	矿物燃料	0.90%	0.08	-0.85	-0.82	-0.95	2.11%	1.51	0.60	0.27	0.97
4	动植物油脂	0.54%	0.05	-1.17	-0.92	-0.85	0.53%	0.38	0.00	0.00	0.83
5	化学成品及相关产品	5.84%	0.52	-0.37	-0.22	0.48	0.45%	0.32	-0.59	-0.48	-0.29
6	按原材料分的制成品	14.89%	1.33	0.67	0.39	0.50	0.64%	0.46	-0.43	-0.31	-0.62
7	机械及运输设备	16.56%	1.48	0.38	0.19	0.91	0.24%	0.17	-1.04	-0.76	-0.93
8	杂项制品	26.98%	2.42	1.68	0.59	0.95	0.26%	0.18	-0.98	-0.71	-0.96

数据来源:原始数据 UNCTAD。

从表2对中—澳两国2012年不同产业国际竞争力指标的整理可以看出:第一,国际市场占有率数据显示,中澳两国分别主导不同产业的国际市场贸易。具体而言,中国在工业制成品、机械及运输设备制造业占有显著的国际贸易份额;澳大利亚在初级产品市场上的国际贸易份额显著。第二,无论是代表多边贸易竞争力程度的 RCA、CAI、TCI 指数,还是代表双边贸易竞争力程度的 TSI 指数均反映出,中澳两国具有不同的产业竞争力分布。中国在 SITC 6、7、8 类商品贸易中具有竞争力,而澳大利亚在 SITC 2、3 类商品中具有竞争力。第三,对中国与澳大利亚具有显性竞争优势的"非食品原料业"(SITC2)及"机械运输设备制造业"(SITC7)进行具体分析得出,两国不同产业的竞争优势逐年增强,且中—澳或澳-中 TSI 指数互为镜像(±1)也说明两国各自优势产业相对于对方具有极强的竞争优势。(见图1和图2)

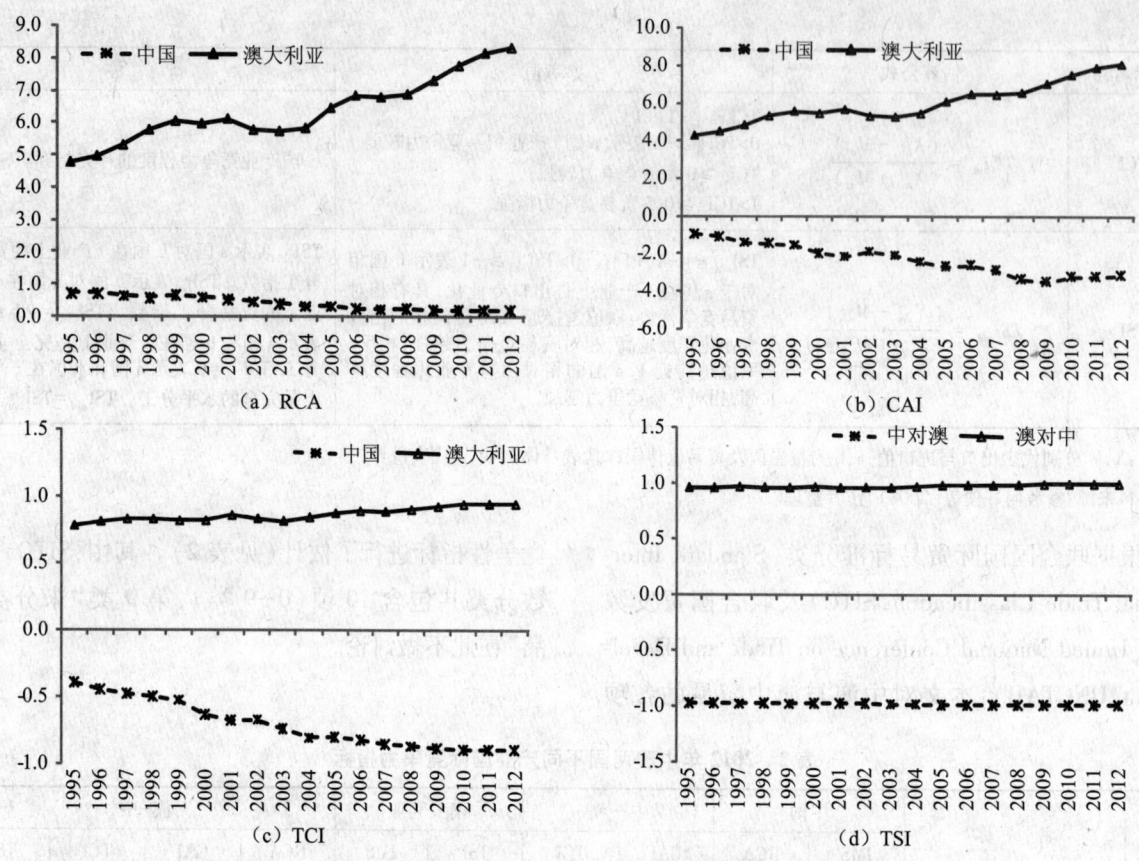

图 1　中澳两国竞争力水平比较（SITC 2 "非食品原料（除燃料）"）

数据来源：原始数据来自 UNCTAD。

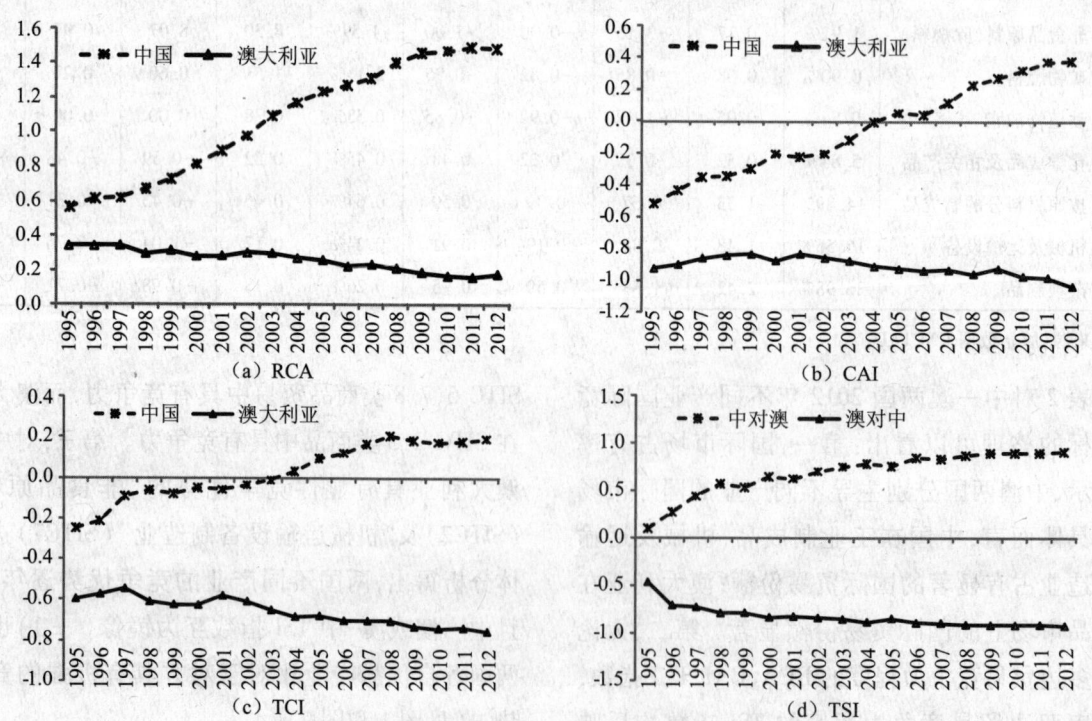

图 2　中澳两国竞争力水平比较（SITC 7 "机械及运输设备"）

数据来源：原始数据来自 UNCTAD。

（二）反映产业互补性的指标体系

从中澳资源禀赋及两国不同产业国际市场占有率的差异可直观地判断，中澳两国贸易的互补性较强。中国目前已成为澳大利亚第一大贸易伙伴，第一大进口来源地和第一大出口市场。澳大利亚也成为中国重要的能矿资源贸易伙伴。过去十年，中澳双边贸易额年均增速28%。据统计，2013年，中澳贸易额达创纪录的1360亿美元。其中，中国对澳洲出口375亿美元，中国从澳洲进口984亿美元。澳洲从中国获得的贸易顺差规模高达609亿美元，同年，澳洲贸易逆差规模为53亿美元。（图3和图4）

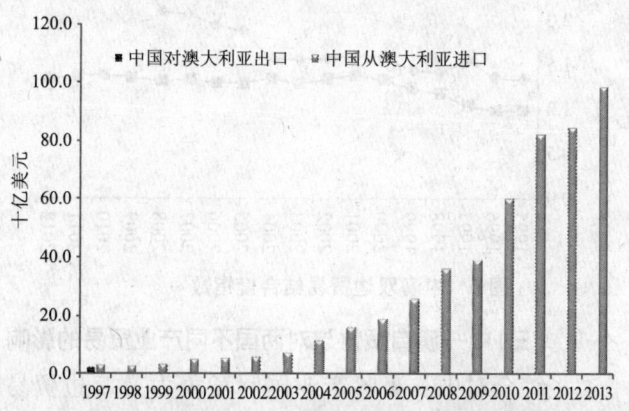

图3 中国与澳大利亚货物贸易进出口

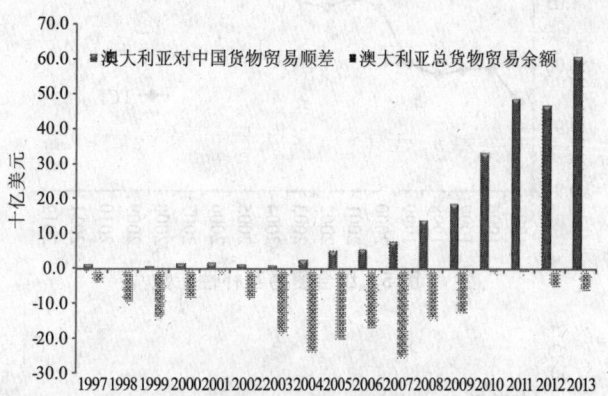

图4 澳大利亚货物贸易余额及对中国顺差

数据来源：原始数据来自澳大利亚统计局（Australian Bureau of Statistics）。

中澳两国贸易与投资的不断深化是两国具有较强互补性的重要体现。通常，两国之间贸易互补性的强弱，体现在一方集中出口或进口的产品是否为对方集中进口或出口的产品。在一定程度上决定着两国双边贸易发展的潜力。一般而言，贸易结合度指数（Trade Combination Degree, TCD）、贸易相似度指数（Similitude Index, SI）、贸易互补指数（Trade Complementarity Index, TCI）是测度国与国间贸易互补性强度的主要指标。详见表3：

表3 反映两国产业互补性指标介绍

指标名称	估算公式	参考值	备注
TCD	$TCD_{ab} = \dfrac{\frac{X_{ab}}{X_a}}{\frac{M_b}{M_w}}$	$TCD_{ab} < 1$ 表示a、b两国贸易联系不紧密；$TCD_{ab} > 1$ a、b两国贸易联系比较紧密。	主要反映两国在贸易方面的相互依存程度。TCD数值越大，表明两国在贸易方面的联系越紧密。
SI	$SI(ab,n) = \left[\sum_k Min\left(\dfrac{X_{an}^k}{X_{an}}, \dfrac{X_{bn}^k}{X_{bn}}\right)\right] \times 100$	$SI \in [0, 100]$，如果a国和b国出口到n国商品k的分布完全相同，则SI=100；如果完全不相似，则SI=0。	如果SI随着时间的推移而上升，则表明两国出口结构趋于收敛，两国在第三市场上的竞争会更加激烈；反之，若SI随着时间的推移而下降，则意味着两国在第三市场上的专业化分工程度在上升，两国的贸易关系是互补的。
TCI	产业 $TCI_{abi} = RCA_{xai} \cdot RCA_{mbi} = \left(\dfrac{\frac{X_{ai}}{X_a}}{\frac{X_{wi}}{X_w}}\right) \cdot \left(\dfrac{\frac{M_{bi}}{M_b}}{\frac{X_{wi}}{X_w}}\right)$ 综合 $TCI_{ab} = \sum \left[(RCA_{xai} \cdot RCA_{mbi}) \cdot \dfrac{X_{wi}}{X_w}\right]$	$TCI \in [0, +\infty)$。$1 > TCI_{abi} \geq 0$ 表示a国和b国在i产业上的贸易互补性较弱，$TCI_{abi} \geq 1$ 贸易互补性较强。$1 > TCI_{ab} \geq 0$ 表示a国和b国的综合互补性较弱，$TCI_{ab} \geq 1$ 表示综合贸易互补性较强。TCI取值越大贸易互补性越强。	产业贸易互补指数利用一国特定产业以出口衡量的比较优势乘以贸易伙伴国该产业以进口衡量的比较劣势测度；综合贸易互补指数则通过对两国间各产业贸易互补指数按照在世界贸易中各产业的贸易比重进行加权平均，以其加权平均值测度。

资料来源：参考贾利军（2011），作者整理。

根据表3各公式及UNCTAD数据库,本文对中澳贸易互补性指标进行了估算。(图5、图6及图7)其中,具有上升趋势的综合贸易互补性指数和中澳双边贸易结合度指数,并伴随不断下降的两国出口商品相似程度,说明中澳两国贸易互补性不断加强。

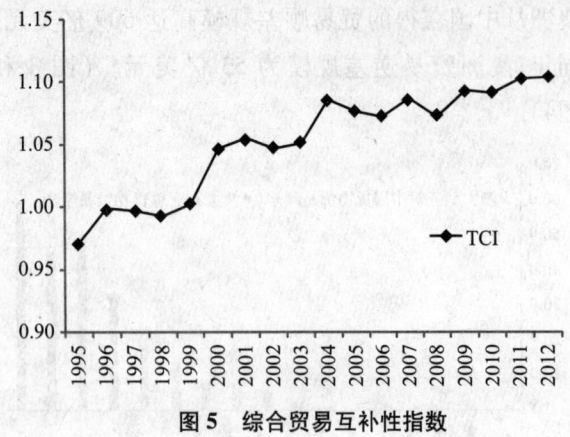

图5 综合贸易互补性指数

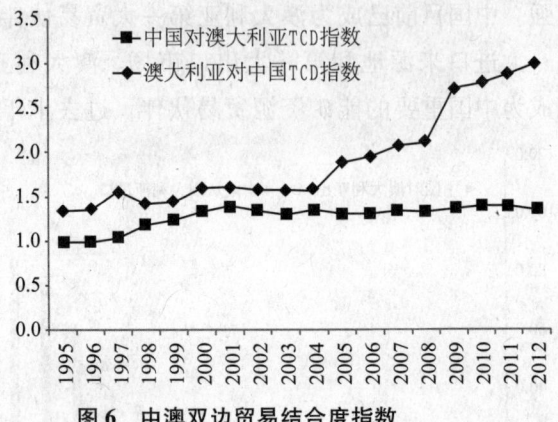

图6 中澳双边贸易结合度指数

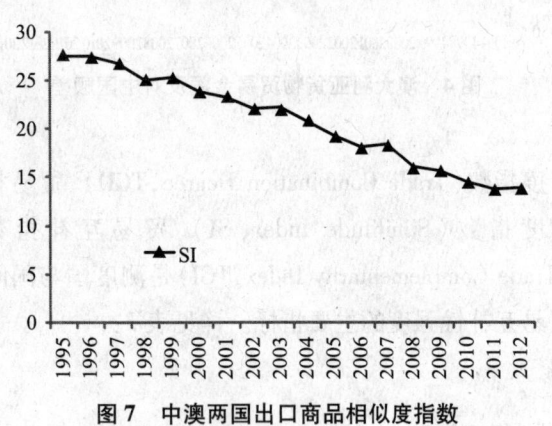

图7 中澳两国出口商品相似度指数

数据来源:原始数据来自UNCTAD。

(三)中—澳自贸协议对两国不同产业贸易的影响

综合对中—澳各产业国际竞争力及双边贸易互补性的分析可以看出:澳大利亚与中国分别在SITC2-3和SITC6-8产业具有国际竞争优势,两国出口商品的相似性正不断下降,双边贸易互补性较强。然而,竞争优势与较强的贸易互补性并不意味着自贸区协议会给两国优势产业带来相同程度的影响。不同产业受自贸协议的具体影响除受制于产业竞争性与互补性差异外,还受制于各国不同产业的潜在发展空间。表4、表5分别报告了2012年澳大利亚及中国具有竞争优势的产业,其双边出口占对方进口总额的比重。

表4 澳大利亚竞争优势产业在华潜在发展空间(2012年)

SITC	部门	中国从澳进口占总进口比重	澳大利亚占世界进口比重	RCA	CAI	TCS	TSI
325	焦炭及半焦炭煤	0.0	3.89	2.79	2.76	0.98	-1.00
222	含油子仁及果实	0.3	2.44	1.75	1.71	0.95	0.82
277	天然磨料	1.7	4.91	3.52	3.25	0.83	0.77
036	甲壳,软体及水生无脊椎动物	2.3	2.05	1.47	0.49	0.24	-0.49
282	有色金属废料	2.9	1.98	1.42	1.41	0.99	1.00
022	奶制品	3.2	3.08	2.21	1.92	0.77	0.85
343	天然气	3.8	3.89	2.78	2.34	0.72	1.00
012	其他肉类及食用	4.4	3.38	2.42	1.91	0.67	1.00
023	从乳中提取的油	4.6	2.78	1.99	1.15	0.42	1.00
288	有色贱金属废料及碎片	5.5	2.31	1.66	1.64	0.97	1.00
112	酒精饮料	7.7	2.67	1.91	0.49	0.17	0.92
283	铜矿砂及其精矿	9.0	10.04	7.19	7.16	0.99	1.00
289	矿石与贵金属精矿	11.7	6.91	4.95	4.87	0.97	1.00

续表

SITC	部门	中国从澳进口占总进口比重	澳大利亚占世界进口比重	RCA	CAI	TCS	TSI
246	木片、木粒及木废料	12.7	11.46	8.21	8.17	0.99	1.00
263	棉	16.0	10.65	7.63	7.63	1.00	1.00
284	镍矿砂及其精矿	18.4	15.02	10.76	10.52	0.94	1.00
024	乳酪及凝乳	20.9	2.60	1.87	0.83	0.32	1.00
211	生皮	21.5	10.36	7.42	7.41	1.00	1.00
287	贱金属矿砂及其精矿	22.6	13.82	9.90	8.90	0.79	1.00
321	煤	30.6	33.61	24.07	24.07	1.00	1.00
001	活动物	36.5	4.91	3.51	3.16	0.83	1.00
281	铁矿砂及其精矿	47.0	46.39	33.22	33.16	1.00	1.00
011	冷藏或冷冻生鲜	51.0	12.41	8.89	8.85	0.99	1.00
285	铝矿砂及其精矿	57.5	36.83	26.38	26.32	1.00	0.97
041	小麦及混合麦	60.4	13.76	9.86	9.85	1.00	1.00
268	羊毛及其他动物毛	67.4	37.66	26.97	26.85	0.99	1.00

注释:在此挑选 RCA 大于 2.5,即具有较强显性竞争优势的行业进行报告,并根据"中国从澳大利亚进口规模占比"由小至大排列。

数据来源:原始数据来自 UNCTAD,这里选用 SITC 三位码报告。

表5 中国竞争优势产业在澳大利亚潜在发展空间(2012年)

SITC	部门	澳从中国进口占其总进口比重	中国占世界进口比重	RCA	CAI	TCS	TSI
871	光学仪器及设备	11.5	36.0	3.2	−3.2	−0.2	0.9
785	摩托车及汽车等	15.6	28.5	2.6	2.4	0.9	0.9
653	人造布面料	31.5	39.7	3.6	2.8	0.7	0.9
655	针织物及钩编织物	34.9	36.9	3.3	2.4	0.7	0.8
665	玻璃器皿	35.7	27.6	2.5	1.7	0.6	0.9
652	棉织物	36.2	41.5	3.7	3.0	0.8	0.9
656	薄纱,丝带及其他小制品	38.4	32.0	2.9	2.2	0.7	0.9
775	家用型设备	40.1	34.0	3.0	2.9	0.9	1.0
696	刀具	43.3	35.8	3.2	3.0	0.9	1.0
762	无线电广播接收机	46.9	28.7	2.6	2.4	0.9	1.0
662	建筑材料	47.7	31.8	2.8	2.7	0.9	1.0
763	录音机	47.8	33.4	3.0	1.4	0.3	1.0
786	拖车和半拖车	49.8	34.2	3.1	3.0	1.0	1.0
764	电信设备	54.1	35.1	3.1	2.3	0.6	0.9
751	办公设备	57.2	39.3	3.5	2.9	0.7	1.0
821	家具及配件	62.2	35.8	3.2	3.1	0.9	1.0
658	制成品纺织材料	62.4	45.9	4.1	4.1	1.0	1.0
813	照明灯具及配件	64.2	50.6	4.5	4.4	1.0	1.0
697	贱金属	64.6	44.3	4.0	3.9	1.0	1.0
752	自动数据处理设备	65.5	47.2	4.2	3.3	0.7	1.0
831	旅行用品,手提包	66.8	45.5	4.1	3.8	0.9	1.0
846	服装辅料	68.1	42.9	3.8	3.7	0.9	1.0
841	纺织面料	68.3	28.4	2.5	2.4	0.9	1.0
851	鞋类	68.3	39.9	3.6	3.4	0.9	1.0
894	婴儿玩具及运动货品	69.6	41.1	3.7	3.6	0.9	1.0
843	男装或男童服装纺织	73.3	47.5	4.3	4.2	1.0	1.0
666	陶器	73.3	59.8	5.4	5.3	1.0	1.0
845	其他服装纺织面料	75.8	32.6	2.9	2.8	0.9	1.0
842	妇女服装纺织面料	78.8	32.0	2.9	2.7	0.9	1.0
844	妇女服装	80.1	51.8	4.6	4.6	1.0	1.0

数据来源:同上表4。

从表4和表5可以看出：一方面，对那些澳大利亚具有显性竞争优势的产业（SITC 2-3），中国对澳大利亚的进口依存度相对较低，平均约20%（表4第一列）。即使在铁矿砂、铁矿石等初级产品领域，澳大利亚也仅占我国进口规模的一半左右。相对而言，对那些中国具有显性竞争优势的产业（SITC 6-8），澳大利亚对中国的进口依存度非常高（表5第一列）。部分服装及纺织品行业，澳大利亚从中国进口占澳方进口总额的70%或以上。因此，自贸区协议下，双边贸易壁垒的进一步降低将更有利于澳大利亚优势产业对华出口，提高其在华市场的占有率。而中—澳自贸协议在促进中国对澳出口的作用非常有限。导致这一差异性结果的原因非常清晰——相对于中国，澳大利亚早已是高度开放的市场经济国家，即便没有自贸协议，中国具有竞争优势的绝大部分制造产品也可零关税地进入澳大利亚。另一方面，虽然中—澳自贸区协议有助于促进澳大利亚对华出口，然而，从表4可以清楚地看出，相对于其他能源矿产类产品，澳大利亚具有较强竞争优势的农产品占中国市场的份额极低。这也是为什么农产品一直是澳中贸易谈判中澳方的主要关切点。就中国而言，我国具有显性竞争优势的制造产业虽然在澳市场份额相对饱和，但中国对中—澳自贸协定有着其他方面的诉求与期待。

三、中—澳在投资领域的合作与发展

（一）中澳双边投资状况

在投资领域，中澳两国已互为重要的投资伙伴。一方面，中澳两国双边投资规模逐年扩大。根据我国商务部《2013年国别投资环境报告》，2012年中国在澳大利亚的非金融类对外直接投资额为21.63亿美元。这一数字在2003年仅为0.3亿美元，十年时间扩大了超过72倍。根据澳大利亚外国投资评估委员会统计，2008年中国对澳大利亚的投资额合计84亿美元，2009年上升到165亿美元，增长约2倍。其中，99%的资金流向采矿业。2010年，中国对澳投资195亿美元，75%流向采矿业……2013年，中国对澳大利亚投资首次超过300亿澳元。① 另一方面，中国对澳大利亚投资较为集中，主要流向了采矿业，平均约占中国对澳投资总额的82%。其他行业，如制造业占比约3.6%、金融业占比约3.5%、商务服务业占3.4%、批发零售业约1.5%等。（表6）

表6 澳大利亚前十外商直接投资来源国（亿美元）

	2005	2006	2007	2008	2009	2010	2011	2012	2013
美国	3340	3831	4332	4191	4694	4976	5073	5754	6579
英国	2997	3596	4117	4404	4970	4754	4678	4913	5629
日本	510	517	634	889	1026	1187	1248	1278	1310
新加坡	197	274	392	432	413	420	485	568	605
香港特别行政区	316	389	459	557	427	416	437	463	513
瑞士	199	287	304	372	323	413	414	495	471
荷兰	287	310	344	285	411	390	409	348	370
中国（不含港澳台）	23	35	62	84	165	195	198	226	319
新西兰	272	357	429	285	315	329	273	267	301
加拿大	134	125	108	151	193	199	254	302	269
总计	13054	15553	17554	18242	19511	20105	20623	22125	24620
中国占比	0.17%	0.23%	0.35%	0.46%	0.85%	0.97%	0.96%	1.02%	1.30%

数据来源："Foreign Investment in Australia: Level of Investment by Country and Country Groups by type of Investment and year", Australian Bureau of Statistics.

---

① 此处，中方统计的对澳投资明显低于澳方统计。这主要是因为中国的大量对外投资首先流向了香港、开曼群岛等离岸金融中心，然后再投向澳大利亚等国家。从投资来源国角度讲，澳大利亚的统计数据更接近实际。（刘立群，2012）

近年来,中国企业在澳投资,特别是矿产投资取得了较为显著的成果。具体而言,中国铝业收购了拥有西澳大量铁矿资源的力拓集团12%的股份;中钢集团对位于西澳的中西部公司成功控股50.9%;中冶集团有望购买西澳兰伯特海角铁矿石公司的铁矿项目;兖州煤业计划加大投资澳洲矿业,投资规模或达35亿美元;中石油准备投资澳洲天然气出口码头;中国光明食品集团收购澳大利亚玛纳森食品集团75%的股权。中资在澳涉及领域已呈多元化布局,从传统矿业向食品、农业等领域扩展。(刘立峰,2012)

虽然,我国对澳投资规模增长显著,且结构日趋多元化。但是,受不同制度、政策和观念影响,中国对澳投资仍面临许多问题与困境。根据澳大利亚统计局估算,2013年我国对澳投资仅占澳吸引外资总额的1.3%,占比远小于26.9%的美国与22.9%的英国。主要原因在于:澳方的参股要求与中方的控股期望之间的矛盾。虽然澳大利亚政府多次表示欢迎中国投资,但是,相对于中方资本的控股需求,澳方出于国家安全考虑更希望中国资本以参股形式出现。因此,澳政府对以控股为目的的投资制定了严格的审查制度。中国国有的中铝购买力拓股份流产,中国有色矿业集团撤回获得澳稀土公司多数股份的申请,澳政府拒绝武钢集团和西澳平原资源公司合资开发澳铁矿项目,都受制于此。(刘立峰,2012)除此,澳企业对中国投资设置障碍、中国企业间存在的恶性竞争以及对澳国内投资环境与政策不熟悉等因素,也在一定程度上影响了我国企业的对澳投资。

(二)中国对澳投资潜力

鉴于中澳双方在要素禀赋上各自具有比较优势,在澳许多行业的投资潜力仍然非常巨大,双方的合作是利益双赢。

首先,从要素禀赋看,中澳两国互补优势较强。澳大利亚是世界重要的资源生产与出口大国,是世界上最大的烟煤、铝土、铅、钻石出口国,第二大氧化铝、铁矿石、铀矿出口国和第三大铝和黄金出口国。除此,澳大利亚的农牧渔业资源也十分丰富。中国方面,我国已发展成为世界第二大经济体,是全球最大的制造业中心。随着工业产业升级与城镇化的快速发展,中国对矿产、能源、农林等资源性产品的需求或将急剧扩大。有研究显示,我国仍需20-25年的稳步发展,城镇化率才有望达到发达国家的平均水平(75%)[①]。在此过程中,我国年均新增住房面积或超过13.6亿平方米,这意味着更多铁矿资源的消费需求。

其次,中澳在基础设施领域具有广泛的合作前景。如今,澳大利亚已在一些公共基础设施领域出现发展瓶颈。根据澳大利亚商会估算,如果澳经济仍维持现有增长率,那么,基础设施还存在约900亿澳元的资金缺口。澳大利亚政府也意识到发展与出口相关的基础设施的必要性,包括公路、铁路网络和港口设施的扩容,以缓解澳大利亚强劲的出口增长所引发的瓶颈。澳政府早在2005年就签署成立"出口基础设施特别行动小组",以确定基础设施发展的优先次序,消除投资障碍。(刘立峰,2012)中国是基础设施发展大国,中澳两国在基础设施投资领域有着更广阔的合作潜力。除此,中澳在双边自贸区框架下,可进一步探索更广阔的投资发展空间。例如,液化天然气开采、西澳的铁路和港口等基建投资、澳洲农产品和金融服务等,均可作为中资企业潜在的对澳投资方向。

最后,中国企业扩大对澳投资主要受到两方面限制。第一,部分敏感产业的控股限制。为保护本国产业,澳政府对部分敏感产业进行国外投资限制。例如,澳政府规定外国投资者对澳航空业的所有权上限为49%;对澳电信业的所有权上限为35%。历史案例已充分说明,大张旗鼓地以控股为目的的收购,最后多以失败告终。实际上,为鼓励私人资本对澳投资,澳当局已放宽了对小型资源类企业的收购限制,由原来的1亿澳元提高到2.48亿澳元。澳大利亚外国投资审查委员会(Foreign Investment Review Board,FIBR)也已允许私营企业在澳大利亚控股当地的矿业公司,对于持股比例也没

---

① 李昕,徐滇庆(2013)。

有严格要求。可见,放弃控股转而选择财务投资或是提高期初对澳投资成功率的有效手段。第二,国有资本审查限制。澳大利亚外国投资政策规定,对那些政府或机构对企业合计拥有15%以上权益的,即被视为政府投资者。无论其投资价值如何,所有外国政府投资者在对澳做出直接投资之前必须通报澳大利亚政府并获得预先批准。在中国,国有企业拥有广义与狭义之分[①]。对那些国有成分较低的相对控股企业及国有参股企业,大力引进民营资本,发展混合所有制经济,逐步降低国有份额将有利促进我国对澳投资。

四、总结

毫无疑问,从宏观角度分析,中澳构建自由贸易区,进一步深化双边合作有利于两国经济发展。然而,在微观层面上,自贸协议对两国的具体影响并不相同,中澳双方分别对此有着不同的利益诉求。

首先,澳大利亚对中澳自贸区的利益诉求主要体现在农产品贸易方面。无论从国际市场占有率、显性竞争优势指数、显性比较优势指数、贸易分工指数、贸易竞争力指数等反应一国产业竞争力的指标,还是从中澳两国的贸易结合度指数、贸易相似度指数、贸易互补指数等反应两国贸易互补程度的指标分析,中澳两国在不同产业具有不同程度的显性竞争优势,两国贸易互补性逐年加强。鉴于澳方在农产品贸易领域的国际竞争力以及中国潜在的巨大农产品消费市场,澳大利亚政府期望通过构建中澳自贸区进一步提升其在中国农产品市场中的份额。然而,"粮食安全"一直是中央政府三农政策的关切重点,我国常年保持较高的农产品自给率。但是,"粮食安全"并不是要保障所有农产品的高度自给。"粮食安全"实际指的是"口粮安全",具体为小麦、稻谷以及玉米等少数品种。我国自然资源,特别是耕地资源相对匮乏的资本国情决定了,在部分农产品的生产上,我国生产成本过高,不具有比较优势。在贸易自由化、国家粮食库存和外汇收入充足的情况下,我国基本不会发生粮食供给危机。调整我国农业生产结构并不会威胁我国长期粮食供给稳定。大量的谷物库存及较高的粮食自给率制约了我国农业资源的利用效率,限制了农民整体收入水平的提高。适度进口饲料粮,降低我国粮食自给率,在保证合理谷物库存水平的条件下积极扩展国际农产品合作,使自然资源在全球范围内得到优化配置,不仅有利于粮食生产国,也有利于粮食消费国整体福利水平的提高,是一个多赢的策略。我国粮食进出库贸易政策应适应新形势进行必要的调整。基本目标应由原来追求总量平衡、调剂品种向提高农业资源配置效率、推动农业生产结构调整方向转变,建立市场化粮食进出口贸易政策体系,放宽粮食进口限制。在保证我国口粮安全的基础上,调整农业生产结构,增加农民收入。(李昕,2011)因此,在中澳自贸区谈判中,面对澳方提出的有关扩大农产品市场准入利益诉求时,我国政府或可考虑有条件接受。一方面,可作为我国农业结构调整的试验,另一方面,也可作为谈判筹码置换我国的利益诉求。

其次,中国对中澳自贸区的利益诉求主要体现在对澳投资方面。虽然早在1996年中央政府就已制定企业"走出去"的发展战略,然而,受制于国家的发展阶段与发达国家对国有企业的准入限制,我国企业"走出去"的步伐一直较小。近年来,随着中国经济体量与增量的显著增长,我国对外直接投资呈逐年稳步增长态势。2013年,我国已成为全球第三大对外投资国。对外直接投资不仅有利于中国企业学习国际先进技术与管理经验,提高企业生产力水平,还有利于提高企业的市场化生产,促进企业转型升级。然而,澳大利亚的统计数据显示,2013年,中国对澳大利亚投资占澳大利亚外商直接投资比重仅为1.3%,与双边日益紧密的贸易联系严重不匹配——中国是澳大利亚第一大出口目的地,最大的进口来源地,澳大利亚是中国第七大贸易伙伴国。鉴于我国尚未完成的工业化进程与城镇化的

---

① 广义的国有企业是指具有国家资本金的企业,可分为三个层次:纯国有企业(包括:国有独资企业、国有独资公司、国有联营企业)、国有控股企业(包括:国有绝对控股企业、国有相对控股企业)、国有参股企业。狭义的国有企业指纯国有企业。

增速发展,我国对澳大利亚矿产资源的依赖程度或将进一步加强。如何有效扩大我国对澳投资,保障我国资源供给稳定,最大化中国的长期发展利益,是中国政府对中澳自贸区协议的主要诉求。鉴于此,一方面,中方可考虑在探索包括基础设施投资、液化天然气开采、农产品等其他领域投资合作的同时,适度调整对澳投资策略——放弃控股转而选择财务投资的同时,鼓励私人资本进入澳大利亚。如此,便可由易到难,由浅入深地实施"走出去"战略。另一方面,中国以此要求澳政府进一步降低投资审查门槛,如将2.19亿澳元投资收购限制提高至5亿澳元或更高。

中澳两国对自贸协定不同的利益诉求是双边谈判的坚实基础。鉴于本文的分析,中澳自贸区将是一个双赢的结果。

参考文献

[1] Findlay, C. and L. Song, 1996, "The China-Australia Commodity Trade: 1985-94" in C. Mackerras (ed.), Australia and China: Partners in Asia (Sydney: Macmillan), pp. 90-112.

[2] 高程,"中澳双边贸易的不对称相互依赖分析",《当代亚太》,2008年第2期,第105-123页。

[3] 何好俊、祝树金,"中澳产业国际竞争力与贸易互补性分析",《国际贸易》,2008年第12期,第19-23页。

[4] 黄建忠、李静好,"中澳农矿产品贸易问题与对策",《开放导报》,第4期,第40-44页。

[5] 侯敏跃,"中澳贸易对中国经济发展的影响",《世界经济研究》,2005年第1期,第78-8页。

[6] 贾利军,"中澳贸易关系的互补性及推进策略",《未来与发展》,2011年第1期,第6-9页。

[7] 刘立峰,"中国对澳投资情况、问题及措施",《中国投资》,2012年第3期,第103-105页。

[8] 李慧燕、魏秀芬,"中澳自由贸易区的建立对中国乳品进口贸易的影响研究",《国际贸易问题》,2011年第11期,第77-84页。

[9] 林海、曹慧、张海森,"中国澳大利亚自贸区谈判中的羊毛配额问题",《WTO经济导刊》,2010年第12期,第90-92页。

[10] 李昕、徐滇庆,"我国房地产供求矛盾中的统计误导",《改革》,2014年第1期,第33-42页。

[11] 李昕,"我国粮食安全与农业结构调整取向:观照国际经验",《改革》,2011年第8期,第69-76页。

[12] Mai, Y. H., P. Adams, M. T. Fan and Z. Y. Zheng, Modeling the Potential Benefits of an Australia-China Free Trade Agreement, Centre of Policy Studies, Monash University, 2005.

[13] McDonald, D., R. Nair, G. Rodriguez and B. Buetre, 2005, "Trade Flows between Australia and China: An Opportunity for a Free Trade Agreement", ABARE Conference Paper, No.05.1, Australian Bureau of Agricultural and Resource Economics.

[14] 秦向东、王海楠,"中澳自由贸易谈判中的竞争性与互补性分析",《国际贸易问题》,第7期,第47-52页。

[15] Tcha, M. and D. Wright, 1999, "Determinants of China's Import Demand for Australia's iron Ore", Resources Policy, 25, pp: 143-149.

[16] 汪素琴,"推动中澳经贸合作发展的基础、契机与思考",《世界经济研究》,2005年第5期,第73-77页。

[17] 王莉、沈贵银、刘慧,"中澳自贸区的建立对中国奶业发展的影响研究",《农业经济问题》,2012年第9期,第37-43页。

[18] 于友伟、李玉举、陈晓文,"中澳两国经贸的非均衡性及拓展贸易空间的选择",《国际经贸探索》,2006年第3期,第24-26页。

[19] Zhao, X. and Y. Wu, 2006, "China's Demand for Energy Imports and Implications for Sino-Australian Bilateral Trade", Working Paper University of Western Australia.

产业结构、城镇化演进的农村剩余劳动力转移吸纳效率分析

——基于非径向超效率 BCC 模型*

王春枝

(内蒙古财经大学统计与数学学院 呼和浩特 010070)

摘 要：基于产业结构调整与城镇化演进的视角，构建了农村剩余劳动力转移吸纳效率测评指标体系，利用非径向超效率 BCC 模型对 2000-2013 年中国内地 31 个省域的劳动力转移吸纳效率进行了测算，并利用谱系聚类方法将其分为 5 个梯队。最后，利用 σ 收敛与 β 绝对收敛检验方法对区域劳动力转移吸纳效率差异的变化趋势进行了检验和分析。研究表明：中国产业结构调整、城镇化演进对农村剩余劳动力吸纳的效率不高并且存在显著的区域差异特征，东部地区效率最高，中部地区次之，西部地区最低；全国总体、东部、西部地区区域内农吸纳效率差异呈缩小趋势，而中部地区则呈扩大趋势。

关键词：产业结构；城镇化；剩余劳动力；吸纳效率；非径向超效率 BCC 模型

The Efficiency for Industrial Structure and Urbanization Evolution to Absorb the Rural Surplus Labor

——Based on Non-radial SE-BCC Model

Wang Chunzhi

(Department of Statistics and Mathematics, Inner Mongolia Finance and Economics University, Hohhot 010070)

Abstract: From the perspective of industrial structure adjustment and urbanization, this paper constructs the index system and evaluates the efficiency of 31 provinces in China for industrial structure and urbanization evolution to absorb the rural surplus labor using the non-radial SE-BCC Model, the time spans from 2000 to 2013. And then, the 31 provinces are divided into five echelons by Hierarchical clustering method. Finally, the trend of efficiency difference among regions is tested and analyzed with the σ convergence and β absolute convergence method. Conclusions show that the absorption efficiencies are low overall the 31 provinces and have significant differences among different regions; The efficiency is the highest in eastern region, followed by the central region, and it is the lowest in the western region; The gaps of efficiency among all regions of the country show a narrowing

---

* 基金项目：内蒙古哲学社会科学基金项目"新型工业化背景下内蒙古农村剩余劳动力转移与城镇化质量协条调发展的机制与路径研究"（2013B027）

作者简介：王春枝，1976 年生，内蒙古巴彦淖尔市人，天津大学管理与经济学部博士生，内蒙古财经大学统计与数学学院副教授，主要研究方向：应用统计方法，技术经济及管理。

trend, and the convergence of absorption efficiency exists in the eastern regions and the western regions, but it does not exist in the central regions.

Keywords: Industrial Structure; Urbanization; the Rural Surplus Labor; Absorbing Efficiency; Non-radial SE-BCC Model

一、引言

过去30多年中国大地上所发生的急剧社会变迁之中,农村剩余劳动力的转移是最引人瞩目的现象之一,改革开放以来,三次产业的就业结构由1978年的70.5∶17.3∶12.2演变为2013年的31.4∶30.1∶38.5,第二产业和第三产业吸纳了大量第一产业转移的劳动力。此外,据国家统计局全国农民工监测调查报告数据显示[①]:2013年全国农民工总量26894万人,比2008年的22542万人增长了19.31%,其中外出农民工16610万人,比2008年的14041万人增长了18.30%,如此大规模的劳动力转移就业,对产业结构优化升级、城镇化水平提升以及经济增长作出了巨大贡献。三次产业的增加值结构由1978年的27.9∶47.6∶24.5演变为2013年的9.4∶43.7∶46.9,以城镇人口比重计算的城镇化率由1978年的17.9%上升到2014年末的54.7%。然而,随着人口与空间城镇化的不断推进,近些年出现了人口转移的初级城镇化和经济社会结构转换的高级城镇化脱节的问题,加之当前我国正处于经济社会转型的重要时期,"农民工回流"与"民工荒"现象并存,这表明劳动力在产业之间的就业转换与产业结构转换不协调,2013年31.4%的第一产业就业只贡献了9.2%的增加值,可见我国产业结构的调整在吸纳农村剩余劳动力就业方面的效率不高。因此,本文致力于从效率视角来研究我国农村剩余劳动力转移问题,分析其区域时空差异及演变特征,以期为进一步促进劳动力转移、实现产业结构优化升级、提升城镇化水平提供有意义的决策参考。

二、相关文献综述

国内外学者对农村剩余劳动力的转移问题已经进行了长期大量的研究,取得了丰硕的成果。由于西方发达国家在一百年前就已经完成了工业化和城市化,并且在社会制度、基本国情等方面与发展中国家不同,因此,国外对农村剩余劳动力转移的研究主要体现为较深的理论成果。"配第—克拉克定理"、"库兹涅茨法则"等成果从不同角度说明了产业结构和就业结构演变的一般规律;刘易斯"二元经济发展"理论、"拉尼斯-费景汉模型"、"托达罗模型"等成果从城乡二元结构的视角分析了农村剩余劳动力流动的一般规律并建立了有关农村剩余劳动力转移的理论模型。这些成果普遍认可农村剩余劳动力向非农产业转移对优化资源配置、提升城镇化水平、促进工业化进程中的积极作用。

国内研究中,早在1945年张培刚先生在其博士论文中就提出了二元经济结构下发展中国家农村剩余劳动力转移的基本框架,为该问题的研究提供了可行的理论依据,不过此后很长一段时间国内农村剩余劳动力转移问题几乎无人问津。直至20世纪80年代末期以来,国内学者开始结合我国实际情况,从人口学、经济学、社会学、管理学及地理学等多视角、全方位对我国农村剩余劳动力转移问题展开了深入研究,研究成果主要集中在7个领域:农村剩余劳动力数量的测算、影响农村剩余劳动力转移的因素研究、农村剩余劳动力转移的影响及经济效应研究、农村剩余劳动力转移特征研究、农村剩余劳动力转移途径研究、农村剩余劳动力转移与农民工问题研究、促进农村劳动力转移战略的研究,这些研究主要以实证研究为主,借助统计数据与定量分析方法,推进了人们对中国农村剩余劳动力转移现象的认识,对相关政策的制定与实践起到了积极作用。

由于农村剩余劳动力的转移表现为向非农产

---

① 国家统计局于2008年底建立了农民工统计监测调查制度。

业的转移以及向城镇的转移,一些学者以工业化表征产业结构转型,将农村剩余劳动力转移与工业化、城镇化结合起来进行研究,辜胜祖(1994、2000)强调在多向分流的前提下,以农村城镇化、工业化、非农化作为吸纳农村剩余劳动力的主渠道;景普秋(2005)研究了产业结构调整与城镇化进程中农村剩余劳动力转移的基本规律、转移模式以及动力机制,指出如果城镇化与工业化协调发展,则农村剩余劳动力向城镇以及非农产业的转移基本保持同步,否则,农村剩余劳动力的转移就会出现不同程度的制约与停滞;郭庆和胡鞍钢(1991)建立了人口城乡迁移方程,证明了农村剩余劳动力向城市转移的增长率与城市产业的就业增长率、流动人口数量增长率相关;尹继东和张文(2007)建立的"两产业三部门"双重演进模型表明二元经济结构下我国农村剩余劳动力在产业转移与区域转移之间存在一定程度的矛盾,工业化与城镇化化可能难以同时两全;葛青华(2013)以贵州省为例,运用回归分析的方法发现工业化对农村劳动力吸纳作用不是很大,但是城镇化和农业现代化却对农村剩余劳动力的转移具有明显的拉动作用,此外,一些学者以中国特定区域为例进行了类似的分析。这些研究成果都关注到产业结构转型、城镇化对农村剩余劳动力的吸纳作用,产业结构转型升级会促使劳动力由第一产业向非农产业转移,城镇化发展的模式与水平会影响劳动力在城乡之间的迁移,但是,鲜有学者从效率视角来衡量产业结构转型、城镇化对农村剩余劳动力的吸纳效率。何建新(2013)基于劳动力供求视角分析了我国城镇化进程中农村转移劳动力的地域配置和产业配置情况并对其配置效率进行了评价,不过其所采用的效率评价方法本质上是主观的;曾湘泉、陈力闻、杨玉梅(2013)使用BCC模型对2009年中国内地31个省域在不同城镇化模式、城镇化水平、产业结构分布条件下,对城镇吸纳农村劳动力效率进行了测算;关海玲、丁晶珂、赵静(2015)利用BCC模型对1979-2012年山西省11个地级市的产业吸纳农村剩余劳动力效率进行了实证分析。BCC模型是一种基于投入与产出的比值来衡量效率的方法,一方面它要求尽可能地扩大产出而缩减投入,其本质上是基于投入等比例缩减或者产出等比例扩大角度上(亦即径向角度)的度量方法,没有考虑到投入和产出的松弛量问题,当存在投入过度或者产出不足时,会产生高估评价对象效率的问题,另一方面BCC模型评价结果通常将决策单元分为有效率和无效率两类,当多个决策单元同时有效时,即效率值均为1时,则无法进一步区分各评价对象之间的效率差异。

本文基于非径向超效率BCC模型对2000-2013年中国内地31个省域的产业结构调整及城镇化演变的农村剩余劳动力吸纳效率进行综合评价,可以改进BCC模型的上述缺陷,使评价结果的可解释性更强。

三、研究方法

纵览学者们基于投入产出角度测度效率的相关成果,数据包络分析(DEA)方法及其扩展形式由于相比其他方法具有较好的客观性,在测量多投入、多产出决策单元的相对效率方面具有明显优势,因此被学者们广泛运用。从导向上看,DEA模型分为既定产出下的投入最小化导向和既定投入下的产出最大化导向,从模型形式看,传统的DEA模型主要包括CCR模型BCC模型,其中CCR模型基于规模报酬不变假设而BCC模型基于规模报酬可变假设,一般情况下,后者更符合实际情况。假设有n个决策单元(DMU),每个决策单元(DMU_k)都有m种输入和s种输出,$x_k = (x_{1k}, x_{2k}, \cdots, x_{mk})^T$,$y_k = (y_{1k}, y_{2k}, \cdots, y_{sk})^T$,$x_{ik} > 0$为第$k$个决策单元的第$i$个输入变量,$y_{jk} > 0$表示第$j$个被考察单元的第$j$个输出变量,$x_0 = x_{k0}$、$y_0 = y_{k0}$分别为决策单元$DMU_{k0}$的输入和输出。对于选定的$DMU_{k0}$,判断其有效性的BBC模型为:

$$\min \theta_o$$
$$st\ \theta_o x_{io} \geq \sum_{k=1}^{n} \lambda_k x_{ik},\ i = 1, 2, \cdots, m$$
$$y_{jo} \leq \sum_{k=1}^{n} \lambda_k y_{jk},\ j = 1, 2, \cdots, s \quad (1)$$

$$\sum_{k=1}^{n} \lambda_k = 1, \lambda_k \geq 0, k = 1,2,\cdots,n$$

如前文所述，BBC模型存在两个缺陷：①多个单元同时有效时无法进一步评价决策单元的效率；②模型本质的径向性导致无法考虑投入和产出的松弛量问题。目前，可以有效克服这两个缺陷的方法是非径向超效率BCC模型，模型基本形式为：

$$\min \rho_1 = \theta_o^s / \varphi_o^s$$
$$st\ \theta_o^s x_{io} \geq \sum_n \lambda_k x_{ik}, i = 1,2,\cdots,m$$
$$\varphi_o^s y_{jo} \leq \sum_n \lambda_k y_{jk}, j = 1,2,\cdots,s \quad (2)$$
$$\sum_n \lambda_k = 1, \lambda_k \geq 0, k=1,2,\cdots,n, k \neq o$$
$$0 < \theta_o^s \leq 1, \varphi_o^s \geq 1$$

(2)式属于投入导向模型，表示决策单元DMU_o只用投入水平θ_o^{s*}就能得到产出φ_o^s，最优解为ρ_1^*。类似地，基于产出导向的非径向超效率BCC模型为：

$$\min \rho_1 = \theta_o^s / \varphi_o^s$$
$$st\ \theta_o^s x_{io} \geq \sum_n \lambda_k x_{ik}, i = 1,2,\cdots,m$$
$$\varphi_o^s y_{jo} \leq \sum_n \lambda_k y_{jk}, j = 1,2,\cdots,s \quad (3)$$
$$\sum_n \lambda_k = 1, \lambda_k \geq 0, k=1,2,\cdots,n, k \neq o$$
$$\theta_o^s \geq 1, 0 < \varphi_o^s \leq 1$$

将式(2)和式(3)结合起来，就可以实现对各决策单元效率的排序，步骤为：

第一步：根据(2)式对决策单元DMU_o计算效率值ρ_1^*，如果$\rho_1^* \leq 1$，则ρ_1^*就是决策单元的效率值，并转第三步，否则，转到第二步；

第二步：根据(3)式对决策单元DMU_o计算效率值ρ_2^*，ρ_2^*就是决策单元的效率值；

第三步：对下一个决策单元重复上述步骤，直至获得所有决策单元的效率值。

该模型将一些实际因素如要素输入的非同比例变化、决策者的偏好等考虑在内，同时其所测算的技术效率水平可以大于1，从而解决了多个有效的决策单元之间效率比较的问题，合理性和适用性大大增强。

四、产业结构演进、城镇化对农村劳动力的吸纳效率测评

（一）指标体系构建

本文拟对2000-2013年中国内地31个省域的产业吸纳农村剩余劳动力吸纳效率进行综合评价，决策单元（DMU）为各省域，将产业结构调整与城镇化水平作为衡量农村剩余劳动力转系吸纳效率测度模型的输入变量，将农村劳动力转移数量作为输出变量，具体代表性指标如下：

1. 输出指标

关于农村剩余劳动力转移数量目前还没有明确的统计数据，学者们采用多种方法进行了估算。本文参考何建新(2011)的算法，利用各地区统计年鉴的相关数据进行推算，具体估算方法为：

$$AL = PL + IL + SL = CL + TL \quad (4)$$

(4)式中，AL为实际就业劳动力总量，PL为第一产业实际从业劳动力总量，IL为第二产业实际从业劳动力总量，SL为第三产业实际从业劳动力总量，三者之和反映了按产业划分的社会从业劳动力人员数；CL为农村实际从业劳动力总量，TL为城市实际从业劳动力总量，二者之和反映了按城乡划分的社会从业劳动力人员数，根据《中国统计年鉴》的数据资料，不同划分标准下最终从业劳动力人员数的总量是一致的。由(4)式可得：

$$CL - PL = IL + SL - TL \quad (5)$$

(5)式中，等号左边反映了农村实际从业劳动力总量与农业实际从业劳动力总量的差额，可以看做是农村剩余劳动力数量。等号右边反映了二、三产业从业总量与城市实际从业总量的差额，"因为二、三产业基本都在城市，既然左边差额是农村剩余劳动力量，我们便可将等式右边的差额看成农村剩余劳动力转移到城市的数量①。据此，农村剩余

---
① 详见参考文献[11]

劳动力转移量计算公式为：
$$TRL = CL - PL = IL + SL - TL \quad (6)$$

2. 输入指标

本文选择城镇人口比重作为城镇化水平的代表性指标，用于反映人口向城市聚集的过程和聚集程度。

产业结构的调整可以从两个方面来考量，一方面是产业结构的合理化，另一方面是产业结构的高级化。

(1) 产业结构合理化。产业结构的合理化体现产业之间的聚合质量，是各产业之间协调发展的结果，常用结构偏离度来衡量，计算公式为：

$$E = \sum_{i=1}^{3} \left| \frac{Y_i/L_i}{Y/L} - 1 \right| = \sum_{i=1}^{3} \left| \frac{Y_i/Y}{L_i/L} - 1 \right| \quad (7)$$

(7)式中 Y 与 L 为总产值与总就业人数，Y_i 与 L_i 分别为第 i 个产业的产值与就业人数，Y/L 表示劳动生产率，当经济均衡时，$Y_i/L_i = Y/L$，从而 $E = 0$，E 值越大，产业结构越偏离均衡状态。Y_i/Y、L_i/L 分别代表了产值结构与就业结构，因此 E 也是产业结构聚合质量的反映。不过，在该指标的计算中，各产业的结构偏离度直接求和，没有考虑到不同产业在国民经济中的差异，故本文参考干春晖的方法，将其转化为泰尔指数[①]，公式为：

$$Theil = \sum_{i=1}^{3} \left(\frac{Y_i}{Y} \right) \ln \left(\frac{Y_i/L_i}{Y/L} \right) \quad (8)$$

Theil 指数取值为 0 时，产业结构处于均衡状态，其数值越大，产业结构与就业结构的配置就越不合理。

(2) 产业结构高级化。产业结构的高级化是指产业结构的整体素质和效率不断向更高层次演进的过程，表现为产业结构中心由第一产业向第二、三产业转移的依次递进。关于产业结构高级化的衡量指标，学者们有不同的尝试。本文采用付凌晖(2010)提出的方法，记 $X_t = (x_{1t}, x_{2t}, x_{3t})$ 为第 t 年产业结构的三维向量，其中 x_{1t}、x_{2t}、x_{3t} 分别为三次产业占 GDP 的比重，产业结构由低到高用向量表示为 $X_1 = (1,0,0)$、$X_2 = (0,1,0)$、$X_3 = (0,0,1)$，分别计算 X_t 与 X_1、X_2、X_3 的夹角，计算公式为：

$$\theta_j = \arccos\left(x_{ij} x_{it} \Big/ \sqrt{\sum_{i=1}^{3} x_{ij}^2 \sum_{i=1}^{3} x_{it}^2} \right) \quad (9)$$

θ_j 取值越大，表示现有产业结构与 θ_j 所代表的产业结构差别越大。在此基础上，定义产业结构高级化系数：

$$w = \sum_{k=1}^{3} \sum_{j=1}^{3} \theta_j = 3\theta_1 + 2\theta_2 + \theta_3 \quad (10)$$

w 取值越大，现有产业结构与第一产业所代表的产业结构水平差别越大，而与第二、三产业所代表的产业结构差别越小，从而产业结构越高级。

(二) 中国区域劳动力转移吸纳效率实证结果分析

按照前文构建的投入产出指标体系，以农村剩余劳动力转移数量为输出变量，以城镇人口比重、产业结构泰尔指数、产业结构高级化系数为输入变量，根据统计年鉴相关数据，利用非径向超效率 BCC 模型对 2000-2013 年中国内地 31 个省域劳动力转移吸纳效率进行测算，结果如表 1 所示。

由表 1 可以看到，自 2000 年以来，中国总体农村剩余劳动力转移吸纳效率表现出先上升后下降的特征，效率值由 2000 年的 0.600 上升至 2007 年的 0.816 后在波动中下降至 2013 年的 0.696，并且历年均处于效率缺损状态。2000 年以来，劳动力转移吸纳效率始终处于有效状态是广东和浙江，其效率均值分别为 1.832 和 1.214，此外，北京和福建历年效率均值也大于 1，处于有效率状态。广东领先优势较为明显，总体变化趋势与全国基本一致，即先上升后下降，但波动较大，2013 年效率值为 1.745，相比 2000 年的 1.944，还是处于下降水平；浙江的劳动力转移吸纳效率在小幅振荡中表现出下降趋势，效率值由 2000 年的 1.369 下降至 2013 年的 1.083；北京的劳动力转移吸纳效率值总体上表现出上升趋势，从 2003 年开始处于效率前沿面，即 DEA 有效状态，之后一直保持有效，不过，此后效率的提升幅度较小；福建效率值的变化趋势也呈现"倒 V"型，2007 年达到最高值 1.588 后逐渐下降至

[①] 详见参考文献[12]

2013年的1.206。除这4个省域外,其余省域历年效率均值都小于1,投入产出效率存在不同程度缺失。我国产业结构调整和城镇化对农村剩余劳动力转移吸纳的效率总体低下,处于有效状态的省域数量最多的是2009年,只有9个省域,不过这也从一个侧面说明在现有技术水平不变的情况下,我国省域吸纳转移劳动力效率还有较大的提升空间与发展潜力。

表1 2000-2013年中国各省域劳动力转移吸纳效率测算值

		2000	2001	2002	2003	2004	2005	2006	2007	2008	2009	2010	2011	2012	2013	均值
东部	北京	0.871	0.852	0.937	1.100	1.144	1.151	1.024	1.008	1.007	1.162	1.177	1.060	1.101	1.019	1.044
	天津	0.550	0.571	0.603	0.752	0.694	0.619	0.783	0.822	0.714	0.581	0.602	0.648	0.689	0.637	0.662
	河北	0.305	0.335	0.327	0.433	0.533	0.405	0.560	0.664	0.676	0.558	0.516	0.644	0.647	0.598	0.514
	福建	0.934	1.004	0.936	1.210	1.254	1.113	1.314	1.588	1.565	0.995	1.007	1.315	1.303	1.206	1.196
	山东	0.412	0.588	0.444	0.758	0.789	0.641	0.645	0.759	0.705	0.528	0.539	0.628	0.647	0.599	0.620
	广东	1.944	1.433	2.090	1.851	1.674	1.549	2.049	2.350	2.562	1.443	1.509	1.562	1.886	1.745	1.832
	上海	0.550	0.766	0.677	0.990	1.024	0.844	1.115	1.411	1.334	1.056	0.946	0.880	1.142	1.057	0.985
	海南	0.881	1.071	0.967	1.147	1.115	0.780	0.784	0.805	0.822	0.702	0.669	0.744	0.796	0.736	0.858
	江苏	1.180	0.761	1.167	1.013	0.952	0.997	0.981	1.097	0.922	0.775	0.799	0.903	0.967	0.958	0.962
	浙江	1.369	1.160	1.601	1.450	1.371	1.236	1.148	1.166	1.078	1.012	1.091	1.138	1.093	1.083	1.214
	辽宁	0.447	0.601	0.490	0.659	0.701	0.654	0.723	0.874	0.958	0.714	0.760	0.981	0.917	0.909	0.742
	均值	0.859	0.831	0.904	1.033	1.023	0.908	1.011	1.140	1.122	0.866	0.874	0.955	1.017	0.959	—
中部	河南	0.523	0.537	0.616	0.632	0.819	0.740	0.858	1.072	1.173	1.021	1.130	1.339	1.020	1.011	0.892
	湖北	0.620	0.718	0.652	0.756	0.782	0.707	1.022	1.106	1.154	0.793	0.823	0.900	0.986	0.977	0.857
	湖南	0.478	0.523	0.563	0.617	0.624	0.622	0.797	0.978	0.961	0.596	0.666	0.749	0.795	0.788	0.697
	黑龙江	0.384	0.517	0.461	0.571	0.740	0.571	0.615	0.771	0.766	0.544	0.452	0.504	0.624	0.550	0.576
	江西	0.391	0.411	0.461	0.484	0.653	0.537	0.545	0.725	0.742	0.585	0.650	0.876	0.769	0.733	0.612
	吉林	0.440	0.502	0.528	0.603	0.622	0.535	0.815	0.871	0.843	0.619	0.658	0.803	0.786	0.749	0.670
	山西	0.344	0.475	0.413	0.571	0.598	0.402	0.659	0.494	0.461	0.480	0.400	0.433	0.485	0.462	0.477
	安徽	0.293	0.404	0.351	0.432	0.453	0.399	0.458	0.518	0.637	0.463	0.388	0.403	0.508	0.485	0.442
	均值	0.434	0.511	0.506	0.583	0.661	0.564	0.721	0.817	0.842	0.638	0.646	0.751	0.747	0.719	—
西部	宁夏	0.216	0.259	0.260	0.310	0.394	0.446	0.367	0.227	0.255	0.144	0.230	0.253	0.236	0.225	0.273
	青海	0.185	0.162	0.222	0.195	0.172	0.154	0.149	0.149	0.178	0.162	0.145	0.174	0.179	0.170	0.171
	广西	0.234	0.270	0.276	0.319	0.400	0.323	0.316	0.357	0.439	0.319	0.267	0.278	0.351	0.334	0.320
	贵州	0.313	0.273	0.376	0.327	0.437	0.344	0.312	0.279	0.249	0.171	0.149	0.153	0.194	0.185	0.269
	内蒙古	0.294	0.312	0.347	0.367	0.418	0.369	0.335	0.384	0.345	0.263	0.260	0.259	0.305	0.291	0.325
	陕西	0.231	0.263	0.278	0.317	0.353	0.315	0.378	0.458	0.475	0.378	0.426	0.580	0.501	0.477	0.388
	四川	0.962	1.062	1.156	1.029	0.780	0.610	0.665	0.749	0.792	0.738	0.710	0.901	0.772	0.800	0.837
	重庆	0.393	0.432	0.426	0.468	0.534	0.544	0.689	0.637	0.638	0.461	0.480	0.630	0.593	0.565	0.535
	西藏	0.803	0.744	0.965	0.894	1.247	1.314	1.119	1.254	1.199	0.773	0.804	0.910	0.987	0.941	0.997
	新疆	1.417	1.013	1.669	1.193	0.750	1.057	1.356	0.921	0.670	0.529	0.531	0.498	0.604	0.537	0.910
	云南	0.385	0.463	0.475	0.504	0.658	0.296	0.346	0.417	0.452	0.387	0.397	0.436	0.445	0.396	0.433
	甘肃	0.252	0.316	0.296	0.373	0.319	0.256	0.320	0.388	0.399	0.309	0.348	0.476	0.412	0.367	0.345
	均值	0.474	0.464	0.562	0.525	0.539	0.462	0.487	0.518	0.508	0.386	0.396	0.462	0.465	0.441	—
全国总体		0.600	0.606	0.669	0.720	0.742	0.662	0.750	0.816	0.812	0.621	0.630	0.712	0.734	0.696	—

从东、中、西三大区域来看,东部地区整体对农村剩余劳动力的转移吸纳效率最高,2000年以来的效率值在先上升后下降的小幅振荡中保持着上升的总体趋势,其效率均值由2000年的0.859上升至

2013 年的 0.959,效率略有缺失,不过历年效率值均高于全国平均水平。

中部地区的劳动力转移吸纳效率从总体上看表现出较为明显的上升趋势,其效率均值由 2000 年的 0.434 上升至 2013 年的 0.719,提升了 65.67%,不过始终处于无效状态。与全国平均水平对比,中部地区吸纳劳动力效率值自 2007 年后始终高于全国水平。河南和湖北省是该区域劳动力转移吸纳效率领先的省域,效率值自 2000 年以来始终保持着较大幅度的提升,其中河南自 2007 年的效率值都大于 1,处于 DEA 有效状态,2013 年劳动力吸纳效率值为 1.011,比 2000 年提升了 91.21%。湖北 2013 年吸纳劳动力效率值为 0.977,相比 2000 年的 0.620,提升了 57.58%。

西部地区产业结构及城镇化演进对农村剩余劳动力的吸纳效率自 2000 年以来没有明显的改进,历年的效率均值均显著低于全国平均水平,更低于东部地区和中部地区,其效率均值由 2000 年的 0.474 演变为 2013 年的 0.441,处于下降态势,而且始终处于无效状态。西部地区西藏和新疆劳动力转移吸纳效率值最高,历年的效率均值分别为 0.997 和 0.910,不过从 2000 年以来的变化趋势看,新疆表现出明显的下降特征,2006 年之前基本处于 DEA 有效状态,此后便大幅度下降;而西藏的劳动力转移吸纳效率在波动中保持上升趋势,其效率值由 2000 年的 0.803 上升至 2013 年的 0.941。当然,由于劳动力转移吸纳效率值本质上是基于投入产出对比的角度进行测算,从绝对数量上看,新疆和西藏吸纳的转移劳动力数量并不具有领先优势。

为进一步分析 31 个省域劳动力转移吸纳效率的梯队情况,本文采用聚类分析方法对 31 个省域的效率值进行谱系聚类。谱系聚类是一种客观聚类方法,其基本思想是首先将 n 个样品看做是 n 类,然后将性质最接近的两类合并成一个新类,得到 $n-1$ 类,再从中找到最接近的两类合并成 $n-2$ 类,如此下去,最后所有的样品均在一类,将上述聚类过程画成谱系聚类图便可决定分多少类,各类有哪些样品。图 1 显示的是 2000-2013 年中国各省域农村剩

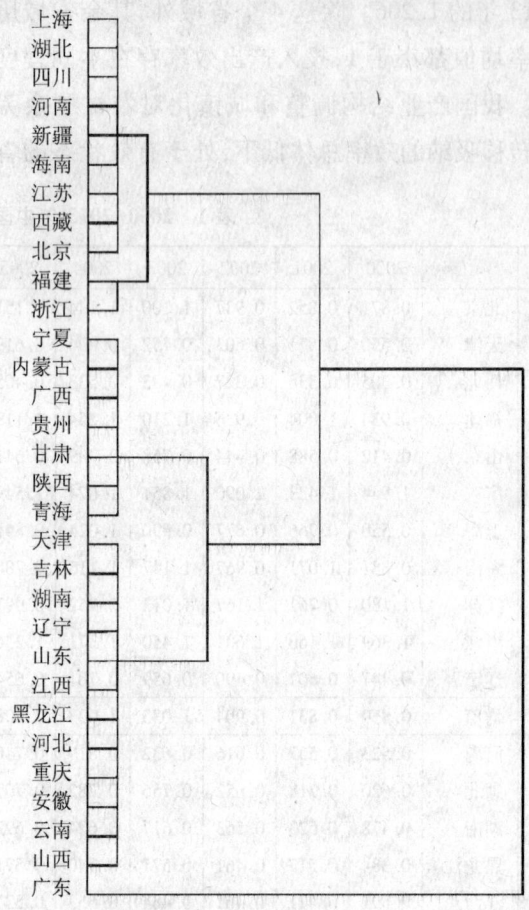

图 1　2000-2013 年中国省域农村剩余劳动力
转移吸纳效率谱系聚类图

余劳动力转移吸纳效率的谱系聚类图,总体来看,可以分为 5 个梯队:

广东一枝独秀,独属第一梯队,2000 年以来城镇化、产业结构演变对农村剩余劳动力转移吸纳的效率值始终大于 1,表明其城镇化演进、产业结构调整彼此耦合,形成了城镇吸纳农村剩余劳动力投入与产出的相对最优状态。

第二梯队包括浙江和福建,均属于东部地区。浙江省 2000 年以来的效率值均大于 1,历年均值为 1.214,始终处于 DEA 有效状态,这得益于浙江省劳动密集型制造业水平较高,而且县域经济发展也较好;福建省 2000 年以来的劳动力转移吸纳效率均值为 1.196,除 2000 年、2002 年效率值小于 1 而存在效率缺失外,其余年份均处于效率前沿面,从城镇化发展角度看,福建省中等城市数量较多,为其吸纳农村剩余劳动力提供了基础。

第三梯队包括北京、上海、湖北、四川、河南、新疆、海南、江苏、西藏9个省域,其中北京、上海、海南、江苏属于东部地区,湖北、河南属于中部地区,四川、新疆、西藏属于西部地区。2000年以来农村剩余劳动力转移吸纳效率均值最高为北京1.044,最低为四川0.837。从总体趋势看,北京、上海、河南、湖北、西藏等省域的劳动力转移吸纳效率值呈上升趋势,河南、湖北、四川、新疆等省域则呈下降趋势。该梯队中,新疆、西藏的经济发展水平相对落后,产业结构中以第一产业为主导,城镇化水平不高,对农村劳动力的转移吸纳在有限投入的基础上相对效率较高。

第四梯队包括天津、辽宁、山东、吉林、湖南、河北、安徽、黑龙江、山西、江西、云南、重庆共12个省域,该梯队2000年以来的劳动力转移吸纳效率的均值最高为辽宁省0.742,最低为云南0.433。该梯队中云南、山西2个省域自2000年以来的效率值除个别年份有所提升外,总体呈明显下降趋势;其余省域则都表现出上升态势,东部地区的天津、辽宁、山东劳动力转移吸纳效率处于该梯队内领先地位,2000年以来的效率快速上升,提升幅度较大。

第五梯队包括宁夏、内蒙古、广西、贵州、甘肃、陕西、青海7个省域,产业结构调整及城镇化演进对农村剩余劳动力的吸纳贡献有限,效率较低,这7个省域全部属于西部地区。从2000年以来的各省域劳动力转移吸纳效率的变化趋势看,广西、甘肃、陕西以较快的速度提升,贵州和青海则表现出明显的下降特征,宁夏和内蒙古在波动中保持稳定,在效率提升方面没有显著的成绩。

综合表1和图1,中国省域农村剩余劳动力转移吸纳效率存在显著的区域差异特征,东部地区效率最高,中部地区次之,西部地区最低,这与中国地区经济差距的总体状况是一致的,也存在"东高西低"的区域差距,这种差距的变化趋势如何?本文接下来对区域间的劳动力转移吸纳效率进行收敛性分析,从而把握其趋同或者发散状况。

五、区域农村劳动力转移吸纳效率的收敛性检验

收敛性分析最早应用于经济增长,用来研究不同经济体间经济发展水平差距随时间变化的趋势,本文同时采用σ收敛和绝对β收敛检验方法对我国区域农村劳动力转移吸纳效率进行检验。

(一)检验方法

1. σ收敛

σ收敛考察不同地区农村劳动力转移吸纳效率随着时间推移的标准差变化情况,其计算公式为:

$$\sigma_t = \sqrt{\frac{1}{m-1}\sum_{i=1}^{m}(Y_{it}-\bar{Y}_t)^2} \quad (11)$$

Y_{it}表示第i个地区在t时期的效率值,$\bar{Y}_t$表示某一区域内各省域在t时期的效率均值,m代表区域内省域个数,σ值若随时间变化逐渐变小,则表明该区域内农村劳动力转移吸纳效率的离散程度在缩小,趋于收敛。

2. 绝对β收敛检验

绝对β收敛检验考察不同省域的农村劳动力转移吸纳效率是否能够达到相同稳定的增长速度以及落后地区追赶的趋势,绝对β收敛的回归方程为:

$$[ln(Y_{i,t}) - ln(Y_{i,0})]/T = \alpha + \beta ln(Y_{i,0}) + \varepsilon \quad (12)$$

$[ln(Y_{i,t}) - ln(Y_{i,0})]/T$表示第$i$个地区在$0-T$期内的年均效率值的增长率。$\beta$若为负值,则表明存在绝对$\beta$收敛,落后地区存在追赶趋势,区域间的差异缩小。

(二)检验结果分析

表2显示的是2000-2013年中国区域农村劳动力转移吸纳效率的标准差,表3显示的是绝对β收敛检验的主要结果。结合表2和表3的结果可以看到,2000年以来东部地区产业结构调整、城镇化对农村剩余劳动力转系吸纳效率的标准差数值大于中部地区和西部地区,表明区域内部差异较大,但标准差数值在波动中呈下降趋势,存在σ收敛。同时,β的估计值为负数,在99%的置信度下,t检验和F检验均通过,检验结果与σ收敛检验的结论是

一致的,东部地区区域内农村剩余劳动力转系吸纳效率差异呈缩小趋势。

表2 农村劳动力转移吸纳效率标准差

	2000	2001	2002	2003	2004	2005	2006	2007	2008	2009	2010	2011	2012	2013
东部	0.491	0.315	0.531	0.394	0.337	0.335	0.415	0.491	0.550	0.290	0.307	0.299	0.362	0.335
中部	0.105	0.097	0.103	0.098	0.117	0.125	0.185	0.234	0.246	0.185	0.248	0.309	0.199	0.209
西部	0.384	0.306	0.456	0.326	0.286	0.346	0.366	0.320	0.284	0.209	0.209	0.258	0.244	0.240
全国	0.419	0.314	0.458	0.386	0.344	0.346	0.399	0.452	0.466	0.310	0.325	0.352	0.365	0.347

中部地区农村剩余劳动力转移吸纳效率的标准差呈现明显的上升趋势,不存在 σ 收敛,从绝对 β 收敛检验的结果看,β 为正值且 t 检验不显著,回归模型没有实际意义,同样不能确认绝对 β 收敛存在,也即中部地区产业结构调整与城镇化演进对农村劳动力转移吸纳的效率自2000年以来呈扩大趋势。

西部地区农村剩余劳动力转移吸纳效率的标准差呈现显著的下降趋势,由2000年的0.384下降为2013年的0.240,下降幅度较大,存在 σ 收敛,这与绝对 β 收敛检验的结论是一致的,β 为负值且 t 检验在95%的置信度下显著,西部地区区域内各省域劳动力转移吸纳效率的差距在缩小。

从全国总体情况看,农村剩余劳动力转移吸纳效率的标准差由2000年的0.419下降至2013年的0.347,存在 σ 收敛;β 为负值且 t 检验在99%的置信度下显著,存在绝对 β 收敛。从 β 的数值看,东部地区收敛强度最大。

表3 中国农村剩余劳动力转移吸纳效率绝对 β 检验结果

	东部	中部	西部	全国
β 估计值	-0.0396	0.01194	-0.0244	-0.0202
t 统计量	-16.4269	0.7748	-2.7223	-8.7868
t 检验的 P 值	0.0000	0.4679	0.0215	0.0000
R^2	0.9677	0.0909	0.4257	0.7270
F 统计量	269.8421	0.6004	7.4112	77.2077

六、主要结论与政策建议

(一)主要研究结论

本文运用非径向超效率 BCC 模型对2000-2013年内地31个省域产业结构调整、城镇化演进对农村剩余劳动力转移吸纳效率进行了测算,并着重分析了地区差异及其收敛性。研究得到的主要结论有:

第一,自2000年以来,我国产业结构调整和城镇化对农村剩余劳动力转移吸纳的效率总体低下,并表现出先上升后下降的特征,历年效率均处于缺损状态。

第二,从东、中、西三大区域以及梯队层次来看,中国省域农村剩余劳动力转移吸纳效率存在显著的区域差异特征,东部地区效率最高,中部地区次之,西部地区最低。

第三,σ 收敛检验与 β 的收敛检验结果表明全国总体、东部、西部地区区域内农村剩余劳动力转移吸纳效率差异呈缩小趋势,并且东部地区收敛性最强,而中部地区则呈扩大趋势。

(二)政策建议

分析劳动力转移吸纳效率较高的东部地区省域产业结构及城镇化发展状况,这些省域地区之间分工合作程度较高,第二和第三产业协调发展,城镇化质量也较高,同时形成了大中小城市协调发展的完善的城市体系,基于此,在未来促进劳动力转移的过程中,应该从以下方面着手:

第一,促进产业结构向合理化方向调整。农村剩余劳动力的有效转移与吸纳依赖于三次产业之间以及各产业内部结构的合理化。首先要继续推进农业产业化进程,解决好我国目前存在的小农户大市场的矛盾,大量实行农业产业化经营,促进农产品深度加工,延长产业链,将第一产业的产业优势和产品优势转化为更多的就业岗位,从而吸纳更多的农村剩余劳动力;其次要加速工业产业结构升级,建成城乡产业融合发展的现代产业体系,进一步促进中小企业、民营企业的发展,以增强非农产业对农业剩余劳动力吸纳力;再次,要将把大力推进服务业发展作为我国今后促进劳动就业的战略方向,处理好现代服务业与传统服务业、生产性服务业与生活服务业的关系。现代服务业和生产性服务业,当前就业吸纳能力并不高,但是这些行业却代表了服务业未来发展的方向,随着劳动力素质的不断提升,必然有大量转移的劳动力进入这些行业。大力发展现代服务业和生产性服务业的同时,继续发挥传统服务业就业门槛低、就业容量大的作用。

第二,完善大中小城市等级体系。鼓励大、中城市集约化发展,大中城市是资本、技术、人口、资源的聚集地,生产和流通效率高,对周边地区的经济社会发展具有较强的辐射带动作用,尤其可为就业吸纳能力较强的第三产业发展提供广阔空间;要根据区域实际情况,考虑小城镇、乡镇企业布局分散,竞争力弱的特点,合理发展小城镇,促进新型农村社区发展,增强城镇对人口和产业的承载力。

第三,创造促进农村剩余劳动力转移的制度环境。应进一步深化户籍管理制度改革,深化土地政策的调整和改革,深化社会保障制度以及其他各项配套政策改革与措施跟进,为农村剩余劳动力转移吸纳提供基本保障。要让农民工真正"市民化",各级政府要积极制定和完善各项政策,均衡公共福利,切实保障农民工的各项权益,最终建立起城乡一体化的劳动力市场。

参考文献

[1] 付凌晖,"我国产业结构高级化与经济增长关系的实证分析",《统计研究》,2010年第8期,第79-81页。

[2] 干春晖,"中国产业结构变迁对经济增长和波动的影响",《经济研究》,2011年第5期,第6页。

[3] 葛青华,"贵州省工业化、城镇化、农业现代化与农村劳动力转移研究",《经济研究导刊》,2013年第22期,第49-51页。

[4] 辜胜祖,"当代中国人口流动与城镇化—跨世纪的社会经济工程",湖北:武汉大学出版社,1994年。

[5] 辜胜祖,"人口流动与农村城镇化战略管理",华中理工大学出版社,2000。

[6] 关海玲、丁晶珂、赵静,"产业结构转型对农村劳动力转移吸纳效率的实证分析",《经济问题》,2015年第2期,第81-85页。

[7] 郭庆、胡鞍钢,"中国工业化问题初探",北京:中国科学技术出版社,1991年。

[8] 何建新,"城市化进程中农村转移劳动力的配置结构与配置效率研究",华中农业大学,2013年。

[9] 何建新、舒宏应、田云,"我国农村劳动力转移数量测算及其影响因素分解研究",《中国人口·资源与环境》,2011年第12期,第148-149页。

[10] 景普秋,"产业演进、劳动力转移与城市化发展—对中国新兴城市化道路的探索",厦门大学,2005年。

[11] 李洪娟,"基于非径向SE-BCC模型的中国上市银行投资价值分析",《现代管理科学》,2010年第12期,第80-81页。

[12] 尹继东、张文,"论我国工业化与城市化的双重演进——基于劳动力转移理论的实证分析",《南昌大学学报(人文社会科学版)》,2007年第1期,第90-94页。

[13] 曾湘泉、陈力闻、杨玉梅,"城镇化、产业结构与农村劳动力转移吸纳效率",《中国人民大学学报》,2013年第4期,第36-46页。

沪港股市波动和联动效应研究

基于条件方差分解模型*

潘丽莉　胡永宏

（中央财经大学统计与数学学院　北京　100081）

摘　要：随着沪港通的深入推进,市场对两地股市的波动特征和联动效应愈发关注。当波动率具有结构转换特征时,波动的高度持续性就是假象。本文将条件方差分解为平滑转变的长期波动和平稳的短期波动,创新性地应用该方法对沪港股市 2004-2014 年的收益率序列进行实证分析。结果表明：长期波动都具有抛物线型的平滑特征,港市对外部冲击的敏感性更高；短期波动都具有平稳的 GARCH(1,1)特征,格兰杰因果性检验表明,沪市短期波动是港市的格兰杰原因,反之不成立,两市存在单向的因果关系。

关键词：条件方差分解；波动特征；波动联动效应

Volatility and Linkage Effects between Shanghai and Hong Kong Stock Markets Based on Conditional Variance Decomposition

Pan Lili　Hu Yonghong

(*School of Statistics and Mathematics, Central University of Finance and Economics, Beijing* 100081)

Abstract: As the Shanghai-Hong Kong Stock Connect program is deepened, the market pays more attention to volatility characteristics and linkage effect. When the fluctuations have structural characteristics, the persistence of the volatility is illusion. In this paper, we consider volatility sequences as nonstationary series. It has the structure characteristic of smooth transition so that we decompose the volatility to the short-term and long-term. We select Shanghai 180 index and hang seng index during the period of 2004 to 2014 as sample data. Both the long-term volatilities have the graphical features of parabola, the Hong Kong stock market has a higher sensitivity to external impact; On the basis of stationary short-term volatility, the Shanghai stock market volatility is the granger cause of the Hong Kong stock market fluctuations.

Key Words: Conditional Variance Decomposition; Volatility; Linkage Effects

---

* 基金项目：本文得到国家自然科学基金面上项目(项目批准号：61272193)的资助。

作者简介：潘丽莉,1991 年生,女,中粮贸易有限公司,统计学硕士,研究方向：金融统计学,胡永宏,1966 年生,男,中央财经大学统计与数学学院,教授,博士生导师。

一、引言

2014年中国股票市场上的重要性历史事件无疑是沪港通的正式获批。在继股权分置改革、QFII和QDII制度后,中国资本市场再次向成熟开放的证券市场迈进了一大步。香港股市作为连接内陆和全球资本市场的桥梁,既可拓宽国际金融资本借香港股市通道投资中国股市的投资渠道,也能方便境内人民币资本有序地流向国际,加速人民币的国际化进程。然而,政策红利背后的担忧也常被人们提及。第一,不同机制下的跨境交易给监管执法合作带来不小的挑战;第二,资源更加自由地在沪港两地股市流通,这意味着金融市场间将变得更加依赖。局部地区市场的价格波动会迅速联动到相互关联的其他市场。2007年的美国次贷危机,造成欧盟、日本乃至全球股市剧烈震荡,正是股市联动现象的典型案例。

当波动率不满足平稳性条件时,股票收益率的波动具有长期连续性。国外对波动持续性的研究从IGARCH和FIGARCH模型开始。FIGARCH模型最早由Baillie、Bollerslev和Mikkelson(1996)提出,它通过构造分数阶的求和结构,使得自身的自回归条件异方差介于传统短记忆的GARCH和无限长记忆性的IGARCH之间。然而,Lamoureux和Lastrapesz(1990)认为如果波动率的条件异方差过程的模型系数发生变化,即条件方差在研究样本期间内存在机制转换,就不能认为该时间序列具有高度的持续性。Hamilton(1989)创新性地结合了Markov转换过程与ARCH模型,应用状态转换过程探讨了金融资产价格的波动会在不同状态下发生转变,给波动率结构突变的研究提供新的思路。国外学者有关股市联动性的研究文献也十分丰富,通过向量自回归、协整、格兰杰因果关系、脉冲响应和多元ARCH族等方法研究股市之间的联动,Karolyi和Stulz(1996)运用GARCH族模型研究1988-1992年美国股市和日本股市之间的波动性溢出效应,研究表明美国股市与日本股市动态相关程度较高,并且两个股市之间存在显著的波动性双向溢出效应。

国内关于股票市场波动率的研究包括三个方面,第一,该类文献研究的时间序列对象是非平稳的,在样本期间内研究其整体的长期记忆性和持续性;张群等(2011)在Heston-Nandi模型的基础上,同时考虑金融波动的长期记忆性和杠杆性,将波动率分解为长期冲击和短期冲击,但并没有给出长期波动率的平滑机制。第二,针对平稳的时间序列,研究收益率波动的结构平滑转化。这种非线性GARCH模型的研究很少,关于平滑函数的处理也没有统一。董秀成、王守春(2011)在对国际油价波动的研究中,将logistic平滑转换函数加入条件方差方程,认为条件方差服从由一种机制向另一种机制平滑转变的动态过程。第三,针对结构突变的时间序列,陈浪南和黄杰鲲(2002)采用了迭代累计平方和的算法对深证成分股指数进行突变点检验,并将样本期间1993-2001年划分至4个阶段,但该方法是建立在严格的独立同分布假设下。实际中的误差项很难满足检验条件,会使检验结果出现偏误。

从以上国内外的相关研究文献可以看出,股市市场的长记忆性是一直存在的,沪港两地股市也伴随着资本市场的逐步开放,二者间的联动性也将越来越明显。但当前关于股市波动和联动的研究主要有如下不足:第一,常常假设条件方差具有平稳性,忽略了长记忆性和高度持续性,特别在研究股市联动性的相关文献中,也多以时间序列平稳性为假设基础,以协整模型探讨相关关系。第二,在考虑了条件方差具有高度持续性的研究文献中,对股市收益率的结构特征也仅作结构突变检验,并未对整体结构转换机制做分析,对单个股市市场波动率的平滑转变特征鲜有数量化研究文献。

本文从波动率序列是非平稳的实际出发,以波动率平滑转变的结构特征为基础,分解为平滑转变的长期波动和平稳的短期波动,在此基础上进一步对比分析两地股市的动态相关性。创新之处在于:(1)在条件方差具有非平稳性和高度持续性的情况下,首次应用方差分解的平滑转换GARCH模型对我国沪港股市的指数价格建模,说明波动存在结构转变时,波动的高持续性是假象。条件方差分解出的短期波动代表波动的平稳性和聚集性特征,用GARCH模型度量;分解出的长期波动代表波动的非平稳性和高度持续性,用平滑转换函数度量。该模型具有较强的灵活性,不仅能刻画波动的聚集特征和杠杆性,也能灵活直观地给出长期波动的结构变化特征。(2)本文创新性地结合了方差分解建立的平滑转换GARCH模型和格兰杰因果性检验的各自优势,在得到条件方差分解后的平稳短期波动后,进行格兰杰因果性检验,更能准确地描述股市短期波动的联动效应。

二、计量模型的构建

(一)基于方差分解的平滑转换GARCH模型

GARCH模型是面向条件方差 h_t 的ARMA模型,它除了更贴切地拟合收益序列外,还适用于波动性的分析和预测。它要求收益率的残差序列是平稳的,参数估计要满足条件:$\sum_{i=1}^{q}\alpha_i+\sum_{j=1}^{p}\beta_j<1$。时间序列在受到外在冲击后,往往表现一定的线性或非线性趋势,波动率的结构会发生变化。方差分解的基本思想就是,将条件方差分解为平稳部分和非平稳部分。平稳部分的条件方差用一般GARCH模型建模,反映了短期波动特征;非平稳部分的条件方差吸纳了非线性趋势,反映了长期波动特征。

条件方差分解模型的提出者是Cristina Amado和Timo Teräsvirta[①],假定条件方差 σ_t^2 具有加法结构:$\sigma_t^2=h_t+g_t$,其中,h_t 是描述平稳条件异方差的部分,而 g_t 刻画非平稳性。对 h_t 应用平稳的GARCH(p,q)建模:

$$h_t = \alpha_0 + \sum_{i=1}^{q}\alpha_i \varepsilon_{t-i}^2 + \sum_{j=1}^{p}\beta_j h_{t-j} \quad (1)$$

假设条件方差非平稳的部分会随时间平滑改变。通过定义 g_t 函数来实现:

$$g_t = \{\alpha_0^* + \sum_{i=1}^{q}(\alpha_i^*)\varepsilon_{t-i}^2 + \sum_{j=1}^{p}\beta_j^* h_{t-j}\}$$

$$\times G(\frac{t}{T};\gamma,c) \quad (2)$$

其中,$G(\frac{t}{T};\gamma,c)$ 是平滑转移函数,要求连续非负,取值在0到1之间。$\frac{t}{T}$ 是转移变量,定义在区间[0,1]内,T 是观测变量的总个数。实际中常选用logistic函数形式:

$$G\left(\frac{t}{T};\gamma,c\right) = (1+exp\{-\gamma\prod_{k=1}^{K}(\frac{t}{T}-c_k)\})^{-1},$$
$$\gamma>0, c_1 \leq \cdots \leq c_K \quad (3)$$

应用平滑转移来度量参数改变的这一思想起于Lin和Teräsvirta(1994)。平滑函数使得模型的估计在 (α_i,β_j) 和 $(\alpha_i+\alpha_i^*,\beta_j+\beta_j^*)$ 之间平滑地随时间改变,$i=0,1,\cdots,q,j=1,\cdots,p$。斜率参数 γ 控制了转换函数的平滑程度,当 $\gamma\rightarrow\infty$ 时,转换的过程越迅速,也就是越不平滑。结构改变发生在 $c_1,c_2,\cdots,c_K$ 各点。K 是正整数,决定转移函数的形状。实际中常常的选择是 $K=1$ 或 $K=2$。图1刻画了不同的参数取值下,平滑转移函数的形状特征。图中明显看出,γ 取值越大,函数从0到1的速度越快。$K=1$ 适合描述序列经过平滑改变后,波动率前后不同的情况;$K=2$ 时,参数会有所改变,但最终又回到初始值。

更一般地,令 g_t 含有多个平滑转移函数:$g_t = \sum_{l=1}^{r}\{\alpha_{0l}+\sum_{i=1}^{q}(\alpha_{il})\varepsilon_{t-i}^2+\sum_{j=1}^{p}\beta_{jl}h_{t-j}\}\times G_l(\frac{t}{T};\gamma_l,c_l)$,其中,平滑转移函数 $G_l(\frac{t}{T};\gamma_l,c_l)$,$l=1,\cdots,r$,是logistic函数形式,平滑参数是 γ_l,门限参数向量是 c_l。模型的估计都是随时间变化的。这意味着模型有能力容纳系统性的改变,而这种改变很难用常系数的GARCH模型来解释。系数随时间随机平滑改变,因此既能解释波动聚集,又能解释条件方差的平滑改变。

---

① Amado C., T. Teräsvirta. Modelling volatility by variance decomposition[J]. Journal of Econometrics 175(2013), 142-153

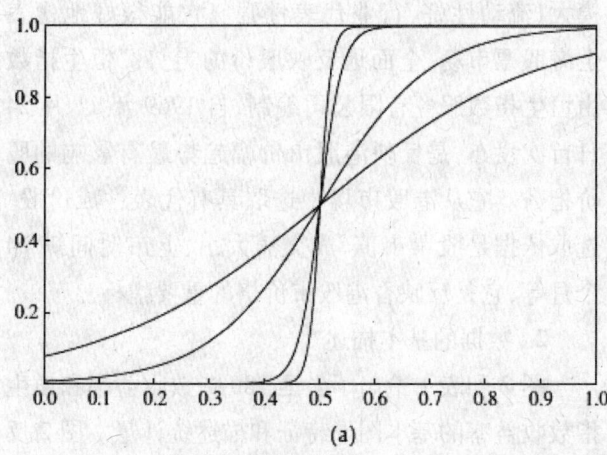
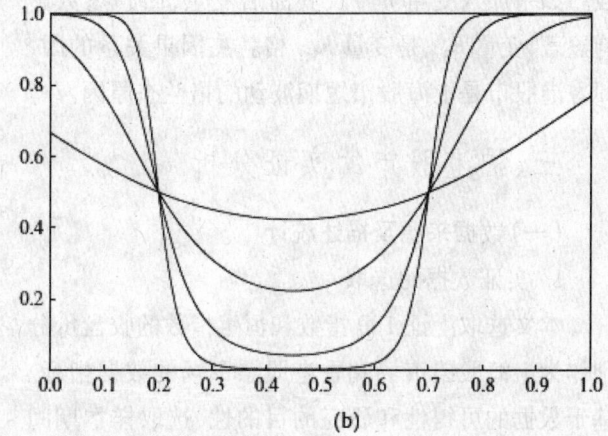

图 1　平滑转移函数：(a) $K = 1$，位置参数 $c_1 = 0.5$，(b) $K = 2$，位置参数 $c_1 = 0.2, c_2 = 0.7$，各自取 $\gamma = 5, 10, 50, 100$，当 γ 取值越低时，函数越平滑

假设对任意的 $l = 1, \cdots, r$，$\alpha_{0l} = \alpha_0\, \delta_l$，$\alpha_{il} = (\alpha_i)\, \delta_l, i = 1, \cdots, q$；$\beta_{jl} = \beta_j\, \delta_l, j = 1, \cdots, p$，将这些约束强加到函数 g_t，再代入到 $\sigma_t^2 = h_t + g_t$，得到

$$\sigma_t^2 = h_t \{ 1 + \sum_{l=1}^{r} \delta_l\, G_l(\frac{t}{T}; \gamma_l, c_l) \} \quad (4)$$

令 $g_t = 1 + \sum_{l=1}^{r} \delta_l\, G_l(\frac{t}{T}; \gamma_l, c_l)$，这就写成了乘法分解形式，说明乘法分解是加法分解 GARCH 模型的特例。比例因子 δ_l 需满足一定的约束条件，使得任意的 $g_t > 0$。

乘法分解的 GARCH 模型具有更直接的解释作用：

$$\Phi_t = \varepsilon_t / g_t^{1/2} = \xi_t\, h_t^{1/2}, \quad t = 1, \cdots, T \quad (5)$$

可以看到，Φ_t 的无条件方差是一个常数，是 $E h_t$，Φ_t 具有平稳 GARCH 模型的标准形式。

$$\Psi_t = \varepsilon_t / h_t^{1/2} = \xi_t\, g_t^{1/2}, \quad t = 1, \cdots, T \quad (6)$$

Ψ_t 序列是独立的，但分布不可识别，它的无条件方差随时间平滑改变，吸收了波动中的非平稳部分。

综上所述，本文应用方差分解的乘法形式，建立平滑转变的 GARCH 模型：

$$\begin{aligned}
R_t &= u_t + \varepsilon_t \\
\varepsilon_t &= \xi_t\, \sigma_t \\
\sigma_t^2 &= h_t\, g_t \\
h_t &= \alpha_0 + \sum_{i=1}^{q} \alpha_i\, \varepsilon_{t-i}^2 / g_{t-i} + \sum_{j=1}^{p} \beta_j\, h_{t-j}
\end{aligned} \quad (7)$$

$$g_t = 1 + \sum_{l=1}^{r} \delta_l\, G_l(\frac{t}{T}; \gamma_l, c_l)$$

$$G\left(\frac{t}{T}; \gamma, c\right) = \left(1 + exp\{ -\gamma \prod_{k=1}^{K}(\frac{t}{T} - c_k)\}\right)^{-1},$$

$$\gamma > 0, c_1 \leqslant \cdots \leqslant c_K$$

式(7)构成了本文研究股市波动率变化特征的理论基础。

与传统的 GARCH 族模型相比，方差分解建立 GARCH 模型的新方法有如下特点：第一，它明确了在受到经济政策或政治事件的冲击后，波动率是非平稳的。第二，将非平稳的波动率分解为条件方差和无条件方差两部分，分解方式有加法分解和乘法分解两种，乘法分解是加法分解的一种特殊形式。第三，无条件方差的确定项系数随时间变化，用来刻画波动率的平滑改变，吸收了长期波动过程的非平稳性。正是考虑了这种水平移动的非线性特征，令高波动的持续性成为一种假象。第四，条件方差部分是标准的 GARCH 过程，保证了 GARCH 建模的平稳性，此外也能拓展到具有杠杆效应的 T-GARCH 和 E-GARCH 的建模中去。

(二)格兰杰因果性关系检验

为进一步研究沪港股市收益率波动的联动特征，本文将选用格兰杰因果性检验对两个股市的平稳短期波动序列进行分析。$h_{1,t}$ 指上海股票市场的短期波动，$h_{2,t}$ 指香港股票市场的短期波动。单有变量 $h_{1,t}$ 的前期信息时，对 $h_{1,t}$ 的当期预测能力并不强。如果加入变量 $h_{2,t}$ 及其滞后变量,回归参数影响显著,变量 $h_{2,t}$ 是变量 $h_{1,t}$ 格兰杰因果关系的因,即香港股市是上海股市短期波动的格兰杰原因。

三、沪港股市的实证分析

(一) 数据来源及描述统计

1. 实证数据的选取

本文选取上证180指数和恒生指数的收盘价分别作为上海股票市场和香港股票市场的数据指标。基于数据的可得性和研究的目的性,选取样本期间从2004年1月1日至2014年12月31日,除去周末和法定节假日后,上证180指数共有2670个有效数据,恒生指数共有2716个有效数据。数据来源wind资讯。两者样本量不一致的原因是:香港市场与国际接轨程度高,对于法定节假日以及交易时间段的规定与内地不同。

上证180指数又被称为上证成份指数,自2002年7月1日起正式发布,是上海证券交易所反映上证市场整体概貌的指数。它从A股中抽取最具代表性的180种样本。样本股的特点有以下几点:规模大、流动性好、行业代表性强。它能很好地代表上海股票市场,全面地反映股价的走势。恒生指数由恒生指数服务有限公司编制,自1969年11月24日首次发布,是反映港股市价幅趋势最有影响的股价指数。它从港股市场中选取具有代表性成份股。选取依据是股票市值、成交额大小、上市时间满24个月等,它是反映香港股市价格的重要指标。

2. 数据的基本描述

图2和表1给出了上证180指数收益率和恒生指数收益率的基本图形特征和描述统计量。图2反映沪港两市的收益率序列在样本期两端的波动较小,中间阶段的平均波动率较大。大的波动后跟随着较大的波动,小的波动总跟在较小的波动后面,体现波动聚集的现象。表1列出沪港两市收益率的基本统计量,均值和标准差上没有明显差异。两者的偏度和峰度表现出类似的特征,即偏度均为负,峰度均显著大于0,体现出分布是左偏的,呈尖峰分布。从JB统计量和p值可以看出,数据显著地拒绝了假定为正态分布的原假设,呈现明显的尖峰厚尾现象。

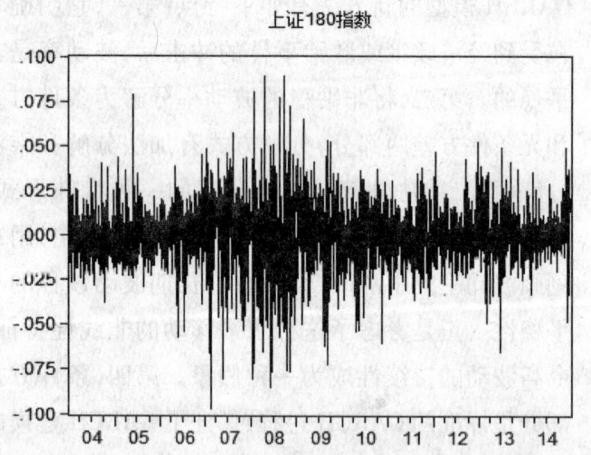
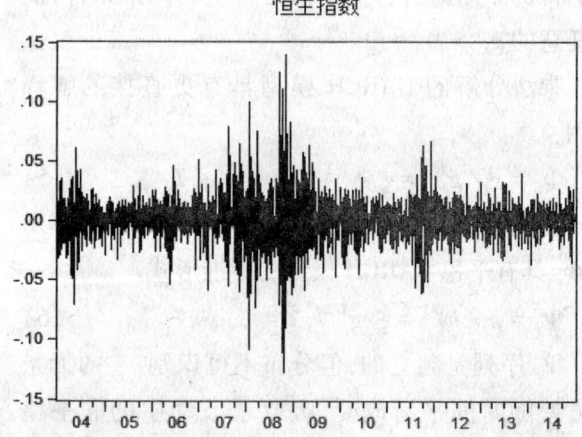

图 2 上证 180 指数收益率和恒生指数收益率

表 1 沪市与港市收益率描述统计

基本统计量	上证180指数收益率	恒生指数收益率
均值	0.000388	0.000351
标准差	0.017704	0.018392
偏度	-0.265777	-0.061427
峰度	6.073559	9.524447
Jarque-Bera	1081.981	4817.259
P值	0.0000	0.0000

3. 数据检验及处理

首先,对上证180指数和恒生指数收益率序列分别应用ADF单位根检验,在0.05的显著性水平下都拒绝了原假设,是平稳的时间序列。进一步,通过自相关检验建立均值方程,均值方程的残差反映了一系列作用于价格上的扰动因素,针对该残差序列建模是本文的考察重点。对残差序列分别进行 ARCH 效应检验，Q 检验滞后 10 阶的结果表明，在 0.05 的显著性水平下拒绝了原假设，残差序列具有明显的 ARCH 效应。因此，上证 180 指数和恒生指数的波动具有集聚性，对其建立 GARCH 族模型是合适的。

（二）模型实证

1. 普通一元 GARCH

分别为沪港数据建立 GARCH(1,1)模型，表 2 给出了一元 GARCH 模型的估计结果：

表 2 GARCH(1,1)模型参数估计结果

参数	上证 180 指数	恒生指数
ω	0.000002*** (4.0778)	0.000003*** (4.3505)
α	0.051151*** (9.1626)	0.079335*** (9.9723)
β	0.942019*** (153.2864)	0.909255*** (97.4125)
Log likelihood	7255.661	7551.663

注：显著性符号，*** 代表在 0.01 水平下显著。括号内数字为 t 检验值。

回归估计系数在 0.01 的显著性水平下均显著，表明两市波动具有明显的集聚性特征。α 为 ARCH 项系数，代表了市场短期的冲击对当期产生波动的影响，由系数可知两市的短期冲击均会对当期波动造成影响，恒生指数波动对于短期冲击的反应大于上证 180 指数；β 为 GARCH 项的系数，代表了市场波动的持久性，上证 180 指数的系数估计值比恒生指数更大，表明沪市比港市的波动更具持久性。

为保证条件方差的平稳性，同时保证序列无条件方差的存在性，GARCH(1,1)模型常常对系数有如下要求：$\omega>0, \alpha+\beta<1$。然而，上证 180 指数模型的估计系数 $\alpha_1+\beta_1=0.99317$，恒生指数模型的估计系数 $\alpha_2+\beta_2=0.98859$，都表现了较高的波动持续性。

2. 条件方差分解的 GARCH 模型

本文将基于历史信息的条件方差分解为长期非平稳部分和短期平稳部分。考虑到实证的简明性，选取 GARCH(1,1)模型，平滑转移函数 G 只取一个。图 2 表明波动表现了先小波动、再大波动、最后还是小波动的特点，结合图 1 平滑转移函数的图形特征，可确定平滑转移函数中存在两个门限值。构建极大似然函数的目标，采用分部最大化并循环迭代的算法思想，应用 Matlab 软件编程优化求解。上证 180 指数和恒生指数的估计结果分别为式(8)和式(9)：

$$h_{1,t} = 0.000006 + 0.046039\varepsilon_{1,t-1}^2/g_{1,t-1} + 0.903000 h_{1,t-1} \quad (8)$$

$$g_{1,t} = 1 + 7.215940\, G_1\left(\frac{t}{T};\gamma,c\right)$$

$$G_1\left(\frac{t}{T};\gamma,c\right) = \left(1 + exp\left\{-113.875263\left(\frac{t}{T} - 0.398905\right) \times \left(\frac{t}{T} - 0.402857\right)\right\}\right)^{-1}$$

$$h_{2,t} = 0.000005 + 0.037063\varepsilon_{2,t-1}^2/g_{2,t-1} + 0.892088 h_{2,t-1} \quad (9)$$

$$g_{2,t} = 1 + 6.779274\, G_2\left(\frac{t}{T};\gamma,c\right)$$

$$G_2\left(\frac{t}{T};\gamma,c\right) = \left(1 + exp\left\{-175.162218\left(\frac{t}{T} - 0.353154\right) \times \left(\frac{t}{T} - 0.476832\right)\right\}\right)^{-1}$$

模型的系数之和均小于传统的 GARCH(1,1)模型的估计系数之和。其中，ARCH 项用原始残差平方和除以长期非平稳的函数 g_t 得到，更能较好地代表了市场短期冲击对当期波动的影响；式(8)的 GARCH 项系数明显小于传统模型的 GARCH 系数 0.942019，式(9)的 GARCH 项系数小于传统模型的 GARCH 系数 0.909255，说明历史波动的持久性对当期波动的影响程度较低了。

图 3 绘制了函数 $g_{1,t}$ 和 $g_{2,t}$ 的图形特征，反映了金融危机前后的较高波动，特别是在 2008 年 5 月长期波动达到了极值。港市受外在冲击影响的长期波动更敏感，图形表现为曲线更陡峭，波动的极值更大。此外，两市在长期波动机制转变的门限值上有一定的差异。

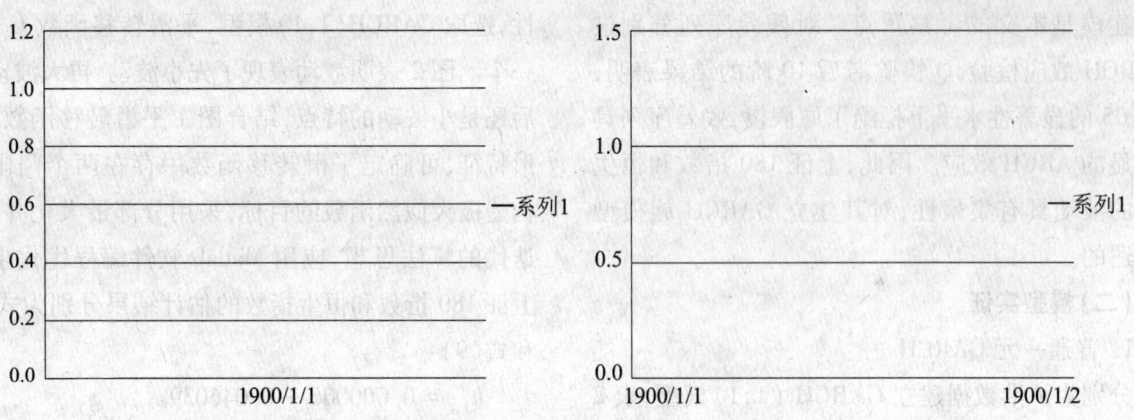

图 3 证180和恒生指数具有平滑转换特征的长期波动的估计图形

为进一步说明使用方差乘法分解建立的 GARCH(1,1)模型与传统模型的不同,图4的左半部分是上证180指数收益率残差绝对值序列的自相关,自相关程度随着滞后阶数的增大缓慢衰退,持续性特征明显,右半部分是上证180指数建立乘法分解的 GARCH 模型后,序列 $|\varepsilon_{1,t}|/g_{1,t}^{1/2}$ 的自相关情况。它的自相关系数要远远小得多,只有少部分超过两倍标准差。这说明指数波动的主要部分被长期非平稳项函数 $g_{1,t}$ 吸收了,剩下的较少波动是平稳的且能用 GARCH 模型度量。

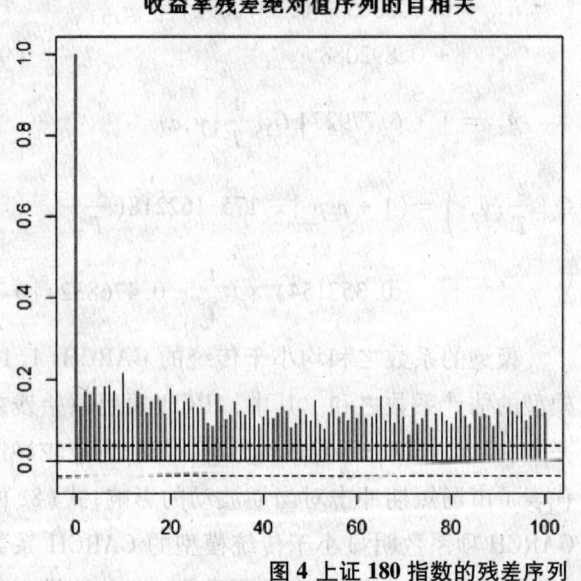
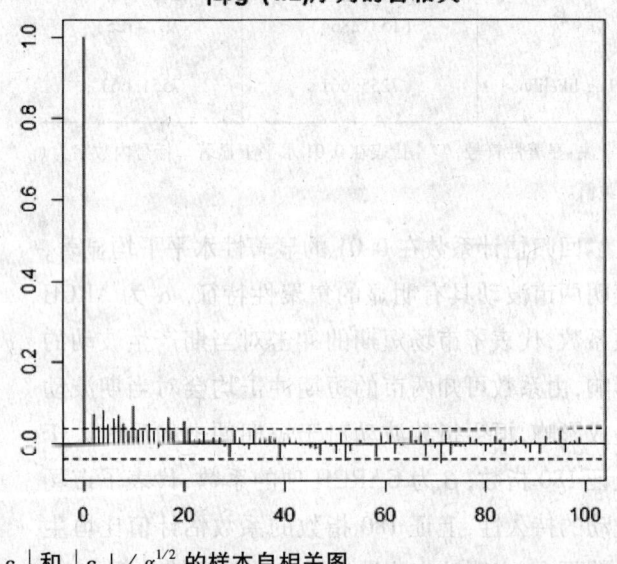

图 4 上证180指数的残差序列 $|\varepsilon_t|$ 和 $|\varepsilon_t|/g_t^{1/2}$ 的样本自相关图

图5是对上证180指数传统 GARCH(1,1)模型的条件标准差 $h_{1,t}^{1/2}$ 和乘法分解 GARCH(1,1)得到的平稳条件标准差 $h_{1,t}^{1/2}$ 绘图。左半部分展示了非线性的趋势,因而是非平稳的;右半部分是经过条件方差乘法分解后,剩下的平稳条件标准差部分,它展现出波动仍然随着时间变化,但持续性大波动不再存在。

恒生指数基于条件方差分解建模的结果与传统 GARCH(1,1)模型对比,也呈现了类似的结果,详见图6和图7,表明了条件方差分解建模能很好地吸收了长期波动的持续性。对比图5的右半部分和图7的右半部分:上证180指数的条件标准差平稳地在(0.00978,0.021838)区间内小幅波动;恒生指数的条件标准差平稳地在(0.008414,0.032451)区间内小幅波动,短期波动范围更大,但从图形上表现出的波动频繁程度不及上证180指数。

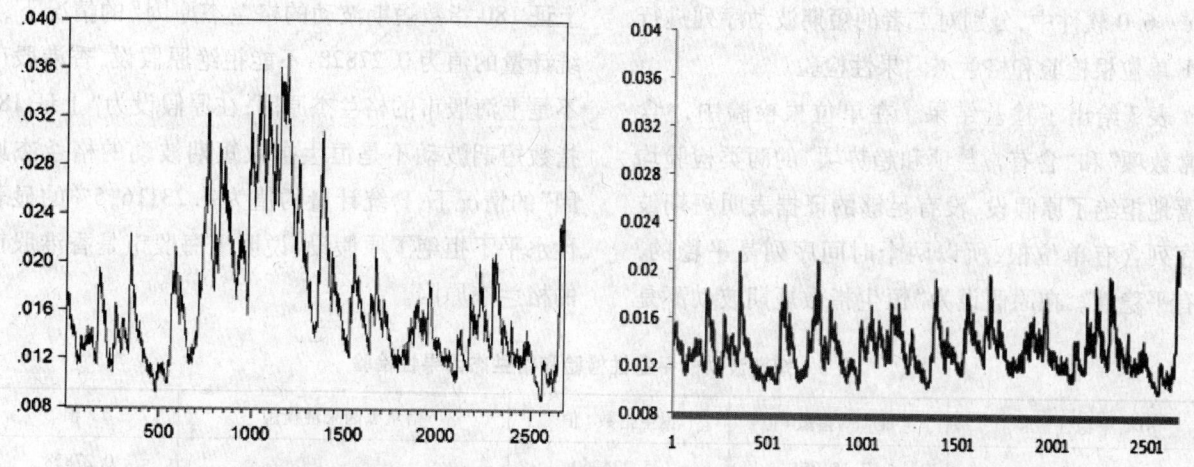

图 5　上证 180 指数传统 GARCH 模型的条件标准差和方差分解建模的条件平稳标准差

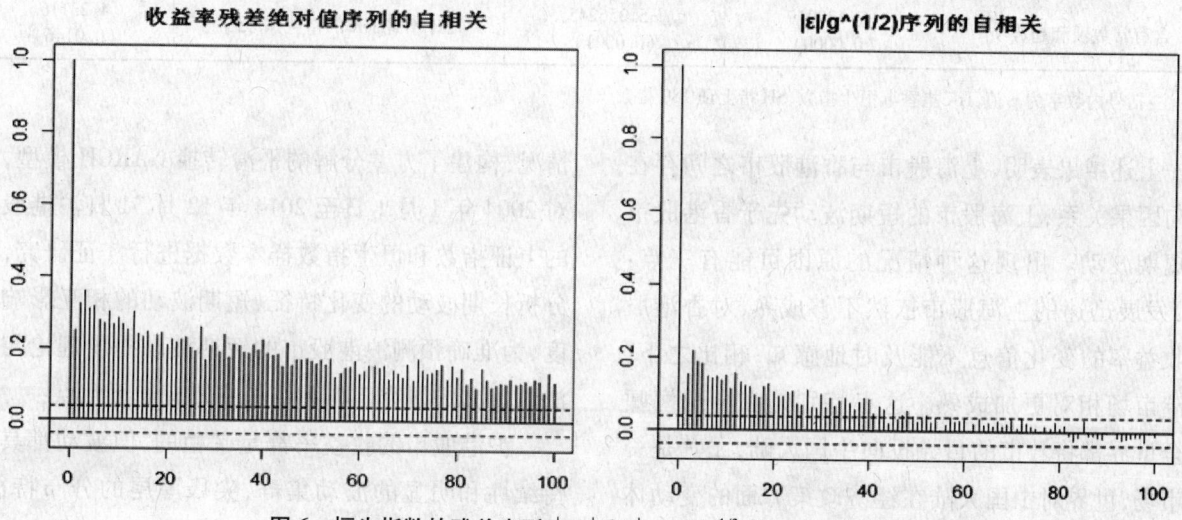

图 6　恒生指数的残差序列 $|\varepsilon_t|$ 和 $|\varepsilon_t|/g_t^{1/2}$ 的样本自相关图

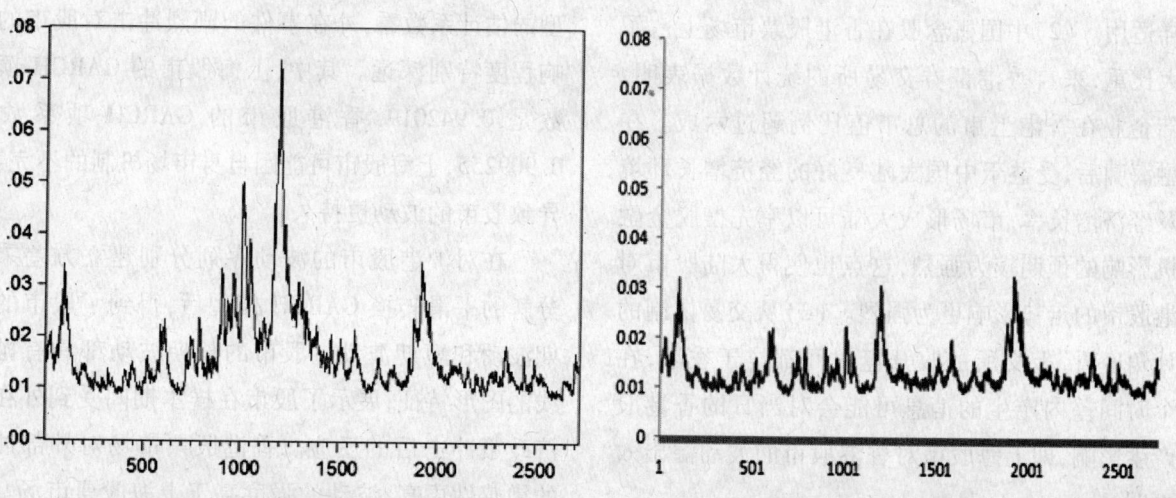

图 7　恒生指数传统 GARCH 模型的条件标准差和方差分解建模的条件平稳标准差

（二）联动效应分析-格兰杰因果性检验

从方差乘法分解的 GARCH 模型结果中，得到上海和香港股票市场短期波动的序列。剔除不一致的交易日期，各自的样本量为 2589。在

Eviews6.0 软件中,分别对二者的短期波动序列进行 ADF 单位根检验和格兰杰因果性检验。

表3给出了检验结果。在单位根检验中,"含有常数项"和"含有常数项和趋势项"的两类检验均显著地拒绝了原假设,没有足够的证据表明短期波动序列含有单位根,所以两个时间序列是平稳的,具有平稳性。在原假设为"恒生指数短期波动不是上证180指数短期波动的格兰杰原因"的情况下,F统计量的值为0.27828,不能拒绝原假设,香港股市不是上海股市的格兰杰原因;在原假设为"上证180指数短期波动不是恒生指数短期波动的格兰杰原因"的情况下,F统计量的值为4.23116,5%的显著性水平下拒绝了原假设,说明上海股市是香港股市的格兰杰原因。

表3 短期波动的平稳性检验和格兰杰因果性检验

ADF 平稳性检验	上证180指数 t 值	恒生指数 t 值	格兰杰因果性检验	F 值
含有常数项	−7.151051 (0.0000)	−5.234960 (0.0000)	HK 不是 SH 的格兰杰原因	0.27828 (0.7571)
含有常数项和趋势项	−7.139019 (0.0000)	−5.256245 (0.0001)	SH 不是 HK 的格兰杰原因	4.23116 (0.0146)

注:括号内数字为 p 值,HK 指香港恒生指数,SH 指上证180指数

上述结果表明,上海股市与香港股市之间存在单向因果关系,上海股市的短期波动先于香港股市的短期波动。出现这种情况的原因可能有三点:(1)发展迅速的上海股市依然不够成熟,对香港股市收益率的变化信息不能及时地感知;相比之下,香港市场相对更加成熟。这点特别是在金融海啸后全世界都将救市的目光投向中国大陆,尤其是资本市场,世界对中国大陆在经济政策方面的变动体现出的敏感度极高,这点对于高度国际化的港股也同样适用。(2)中国概念股在香港股票市场上占了较大比重,来自香港证券交易所的统计数据表明,大陆企业在香港上市的总市值比例超过六成。在金融海啸后,受益于中国大陆良好的经济增长环境以及经济增长率,市场形成大陆可以率先摆脱金融危机影响的预期较为强烈,这点也使得大陆股市对香港股市的走势影响更为强烈。(3)从交易体制的设计角度看,上交所的收开盘时间都早于香港,在这个时间差内产生的消息可能会对当日的香港股市产生影响,即上海股市对香港股市的波动溢出效应更明显。

四、结论

本文基于资产收益率的波动是非平稳的实际情况,构建了方差分解的平滑转换 GARCH 模型,并对2004年1月1日至2014年12月31日沪港股市的上证指数和恒生指数样本数据进行实证研究,以分析长期波动的变化特征、短期波动的相互影响程度,为准确预测沪港股市的短期波动提供理论与方法。本文的研究工作和结论主要有如下几点:

沪港股市的收益率都是平稳的,但波动都具有持续性和明显的波动集群、尖峰厚尾的分布特征。为单一股市分别建立了 GARCH(1,1)模型。从模型的估计系数看,外在事件的剧烈冲击对股市的影响程度特别深远。其中,上海股市的 GARCH 项系数是0.942019,香港股市的 GARCH 项系数是0.909255,上海股市可能因自身市场机制的不完善,导致股市的波动更持久。

在对沪港股市的波动序列分别建立方差乘法分解的平滑转换 GARCH 模型后,得到了股市的长期波动和短期波动。股市的长期波动都具有抛物线的图形特征,展示了股市在样本期间受到外在经济政策冲击后的反应。香港股票市场对外部冲击的敏感性更高,波动的强度高于上海股票市场。股票的短期波动都是平稳的,上海股市的短期波动较为频繁。

基于平稳的短期波动,应用格兰杰因果性检验

讨论沪港股市的短期波动是否存在联动效应。检验结果表明,香港股市波动不是上海股市波动的格兰杰原因,上海股市波动是香港股市波动的格兰杰原因,两市存在单向的因果关系。

参考文献

[1] Amado C., T.Teräsvirta.Modelling volatility by variance decomposition. Journal of Econometrics, 2013, (175): 142-153.

[2] 陈浪南、黄杰鲲,"中国股票市场波动非对称性的实证研究",《金融研究》,2002年第5期,第67-73页。

[3] 陈梦根,"中国股市长期记忆效应的实证研究",《经济研究》,2003年第5期,第70-78页。

[4] 董秀成、王守春,"基于LST-GARCH模型的国际油价波动研究",《数理统计与管理》,2011年,第381-387页。

[5] 丁振辉、徐谨,"上海和香港两地股市联动性研究——基于GARCH模型的分析",《金融发展研究》,2013年第5期,第20-25页。

[6] Hamilton J D.A new approach to the economic analysis of nonstationary time series and the business cycle.Econometrica,1989,57:357-384.

[7] Karolyi, R. M. Stulz. Are financial assets priced locally or globally? . The Handbook of the Economics of Finance, North-Holland Elsevier, New York,2002.

[8] Lamoureux C G, Lastrapes W D.Persistence in variance, structural change, and the GARCH model. Bus. Econ. Stat., 1990:225-243.

[9] 张群、张超、孙彬,"基于结构突变的波动率分解模型",《数学的实践与认识》,2011年41(22),76-83页。

"十三五"时期北京市社会消费品零售总额的预测

唐 军

（北京工商大学 经济学院 北京 100048）

摘 要：本文以 1979-2014 年年度统计数据为基础，通过构建包含常住人口、居民实际人均可支配收入以及非居民实际人均可支配收入等影响因素的 ARIMA 模型，结合对"十三五"时期北京市相关经济指标变化趋势的判断，并在着重考虑了旅游和网上零售等结构性因素影响的情况下，对北京市社会消费品零售总额进行了预测。本文的研究发现：多种影响因素的引入可以较好的提升 ARIMA 模型对社会消费品零售总额的中长期预测能力；对于北京市社零额的预测来说，旅游、网上零售等因素的考虑非常重要，特别是网上零售因素对社会消费品零售总额的结构性冲击将越来越突出。

关键字："十三五"时期；北京市；社会消费品零售总额；ARIMA 模型

An Estimate of Beijing's Social Retail Goods for the Period of the Thirteenth Five-year Plan

Tang Jun

Technology and Business University, Beijing 100048

Abstract: Based on the time series data between 1979 and 2014, this paper gives an estimation of Beijing's Social Retailing Goods for the period of the Thirteenth Five-year Plan by constructing an ARIMA model incorporating factors like residential population, household per capita disposable income, and non-household per capita disposable income, with the consideration of the developing trends of relevant indicators in Beijing and highlighted focus in structural factors including tourism and online retailing. This paper finds that firstly, the incorporation of multiple factors could enhance the prediction ability of ARIMA model regarding the forecasting ofSocial Retailing Goods in the middle and long term, and secondly, the structural impact of tourism and online retailing factors on Social Retailing Goods is too important to be excluded, and especially the significance of online retailing is increasing dramatically.

Key Words: The Period Of The Thirteenth Five-year Plan; Beijing; Total Retail Sales of Consumer Goods; ARIMA Model

---

* 基金项目：北京市哲学社会科学首都流通业研究基地项目

作者简介：唐军，男，1982 年 1 月生，北京工商大学经济学院，讲师，主要研究方向是经济统计、贸易经济和国际经济

一、引言

社会消费品零售总额（简称"社零额"）是我国批发和零售业统计报表制度的常规性统计产出之一，也是反映全国和各地区消费市场规模和活跃程度的重要指标。多年来，我国已经积累了较为丰富的相关统计数据。与此同时，围绕社零额的相关理论研究和实际应用也在不断取得新的进展。

我国批发和零售业统计报表制度采用规模以上全面调查和规模以下抽样统计相结合的基本方法，由此得到的社零额具有较为坚实的统计基础，其统计分析价值和实际经济政策含义受到较为广泛的关注。在具体内涵方面，社零额与最终消费既相互区别（贺铿，1999），又存在较为紧密的联系。由于社零额统计时效性更强且有月度数据，普遍被用作最终消费的替代指标，或者被用于与最终消费有关的粗略估计。比如，在宏观经济领域，社零额被广泛认为是社会消费水平的晴雨表；在流通经济领域，社零额也被普遍视为流通产业发展规划中最为重要的基础性和先导性指标。

2015年是我国"十二五"时期的最后一年，也是启动"十三五"时期全国和各地区经济社会发展总体规划和主要行业规划的重要年份。"十三五"时期，面对世界经济深度调整、国内经济发展进入新常态的总体经济形势，北京市将从产业发展现状和城市战略定位出发，落实京津冀协同发展战略、主动融入国家"一带一路"战略，加快推动国际一流的和谐宜居之都的建设。对于北京而言，社零额的预测研究是"十三五"时期经济社会发展规划研究的重要内容，研究成果可以为相关规划制定提供重要理论参考和决策支持。

从当前北京市经济社会发展的实际情况和未来发展走向的基本判断出发，本文第二部分对国内社零额相关研究特别是预测研究进行了回顾，第三部分基于对"十三五"时期北京市经济发展形势变化的判断，对社零额预测方法的选择问题进行了分析，第四部分按照北京市社零额结构的实际特点、综合采用多种方法对"十三五"时期北京市社零额进行了预测，第五部分对全文进行总结并提出相关政策建议。

二、相关研究回顾

与经济领域大多数时间序列变量相近，时间序列分析方法也是社零额预测的主流方法。早期社零额预测主要使用了以时间为自变量的回归分析方法、自回归分析、指数平滑分析等较为初步的方法（如袁媛，1999；周坤乔，2005）。随着数据时间序列的积累以及相关研究的深入，涌现出了一大批以社零额预测为目标的文献，社零额预测方面逐步发展出了几大类相对成熟的方法。

（一）基于自回归协整移动平均（ARIMA）模型的预测

1. 基本方法

基于月度数据使用 ARIMA 乘积模型是对社零额 ARIMA 模型预测的标准选择。张华初和林洪（2006）使用1978年1月-2004年12月共324个我国月度社零额数据，建立了一个同时考虑时序滞后和季节影响的 ARIMA 乘积模型（ARIMA$(p,d,q) \times (P,D,Q)s$），并且将2005年1月-12月的我国月度社零额的实际数据用于模型的预测检验。

刘领坡（2011）、黄彦（2011）先后使用了与张华初和林洪（2006）思路相似的 ARIMA 乘积模型对2000-2009年以及2001-2010年的我国月度社零额进行了拟合。

另外，也有部分文献如王蒋凤等（2011）运用 ARIMA 模型对部分地区的社零额进行了拟合和预测。

2. 主要发展

近年来，针对社零额预测的 ARIMA 模型的发展主要有三个方面。

一是对原始数据噪音的处理。王正欢等（2011）在运用小波分析消除原始数据噪音的基础上使用 ARIMA 模型对2003年1月-2010年3月的我国月度社零额数据进行了拟合。

二是 ARIMAX 模型的应用。朱宗元和王秋霞（2010）使用引入了自变量（国民总收入）的

ARIMAX模型,对1978-2008我国年度社零额进行了拟合。李庭辉和许涤龙(2012)虽然以基于匹配性的数据质量评估为目标,但是实际使用了引入了自变量(城镇居民家庭人均可支配收入)并经过季节调整的ARIMAX对2002年第1季度-2011年第2季度的社零额进行了拟合分析,并且以拟合相对误差为依据来对社零额统计质量进行评估。因此,该文实际上可被视为ARIMA预测方法的一种应用。

三是年度数据的分析。随着时间序列长度的增加,直接基于年度数据的分析也开始成为可能。上文已经提到的朱宗元和王秋霞(2010)所使用的就是年度数据。王志坚和王斌会(2014)通过对比分析,实际使用了ARIMA(1,2,1)模型对其选取的1953-2012年共60年的我国年度社零额(其中前58年用于拟合,最后两年用于预测检验)进行了统计分析和预测。

(二)基于灰色系统(GM)模型的预测

1. 基本方法

GM模型也是社零额预测中较为普遍的另一种方法。邵民智(2005)运用灰色系统理论模型GM(1,1)对1995-2002年上海社零额进行了拟合估计,并对2003-2007年社零额进行了预测。结果显示,估计相对误差在-3%-4%之间,拟合效果较好。

2. 主要发展

近年来,针对社零额预测的GM模型的发展也主要有三个方面。

一是最小二乘(OLS)改进。OLS改进的原理在于运用OLS回归分析对白化形式的微分方程参数进行估算,从而提高模型拟合和预测能力。吴天魁等(2014)利用OLS改进的单变量一阶灰色系统模型(GM(1,1))对2007-2012年的我国社零额进行了拟合,使用后验差检验方法对拟合结果进行了检验,并对2013-2015年我国社零额进行了预测。

二是马尔科夫(Markov)修正。丁宏术(2014)首先使用GM(1,1)对1990年1月-2013年4月我国月度社零额进行了拟合,随后应用相邻年度间相对误差状态变化的数据计算出了Markov概率转移矩阵,最后以该矩阵为基础对GM(1,1)拟合结果的相对误差进行修正。该研究认为Markov修正能够起到改进GM(1,1)预测精度的作用。

三是由单变量向多变量模型的发展。尽管邵民智(2005)构建了多变量的GM(1,N)模型,但是在具体预测时应用的仍然是单变量的GM(1,1)模型。近年来,直接基于GM(1,N)模型的预测研究也有所发展。邓唯茹等(2014)使用多变量一阶灰色系统(GM(1,N))模型对2009年10月-2012年5月共32个月的我国月度社零额数据进行了拟合,并对2012年6月-8月的数据进行了预测检验。其中,灰色系统模型中的"多变量"是在社零额滞后变量的基础上增加了消费者信心指数作为新的自变量。

(三)组合预测方法

为了综合不同模型的优点并提高模型预测的精度,一些研究也对组合预测方法的应用进行了探讨。田瑾(2008)分别用三种自回归模型对1990年1月-2007年6月的我国月度社零额进行了拟合,同时发现不同模型的组合分析能够提高拟合精度。

邓唯茹等(2014)分别应用了GMDH自回归模型和多变量一阶灰色系统模型进行拟合的基础上,将二者结合起来,形成了组合模型(GMDH-GM(1,N))。该研究发现组合模型也能够实现单一模型的部分改进,具有一定的优点。

(四)其他方法

1. 状态空间模型

秦伟良和姚如一(2008)使用2002-2006年我国月度社零额、商品零售价格指数和城镇居民人均可支配收入,建立了状态空间模型,运用Kalman滤波方法对模型进行估计,并对2007年全年月度社零额进行了预测检验(其中上半年与实际值进行了相对误差分析)。他们的研究认为,状态空间模型的拟合误差优于常用的ARIMA模型。

2. 三次指数平滑法

罗中德和赖美艳(2013)以我国1990-2010年的我国年度社会消费品零售总额数据作为样本,利用三次指数平滑法预测2011、2012和2013年的社零额。

总的来看,通过对已有研究的回顾可以发现:第一,现有对全国或地方社零额的拟合和预测研究已经形成较为成熟的方法,但是在具体预测方面模型设定和选择的空间仍然较大,通常应该根据实际情况包括数据可得性等因素来决定模型的具体形式。第二,现有对社零额的预测研究较少关注社零额本身的结构特点,比如对旅游、网上零售等因素的考虑相对不足,且对影响因素的理论分析相对较少,有任意性,从而存在一定的理论缺陷。第三,上述时间序列计量分析方法通常以相关影响因素保持稳定或不发生重大变化为前提,较适用于短期预测;为了使得上述预测能够为中长期预测服务,应该在已有模型研究中纳入更多变化因素,从而涵盖更多变量变化的影响。

三、影响北京市社会消费品零售总额的主要经济指标及其变化趋势

近年来,北京市经济已经在经济增长速度、经济结构、发展动力等方面发生一些明显变化。与全国的总体形势相比,经济新常态在北京表现得更为突出和明显。"十三五"时期,随着京津冀协同发展等战略的落实,北京市经济形势还将发生进一步变化。上述经济形势的变化特别是与社零额相关经济指标的变化对"十三五"时期社零额的预测提出了新的要求。

(一)影响社会消费品零售总额的主要因素

为了提高模型对社零额预测的能力,首先需要识别影响社零额的主要因素。通过已有的研究,我们可以发现影响社零额的主要因素通常包括:

1. 价格因素,通常为商品零售价格指数,如邵民智(2005)、刘亚男(2006)和黄彦(2011);

2. 人口因素,通常为常住人口,如邵民智(2005)、郑小玲(2012)等;

3. 收入因素,通常为国内生产总值或地区生产总值以及可支配收入,如邵民智(2005)、刘亚男(2006)和黄彦(2011)、张颖和施一帆(2011)、郑小玲(2012)以及郜奕钧和何林芮(2014)等。

此外,消费因素(如消费性支出,见邵民智(2005))、利率水平和分配状况(黄彦,2011),甚至交通因素(郜奕钧和何林芮,2014)也是一些研究中涉及到的备选因素。

应该指出的是,影响因素及代表性指标的选取并非越多越好,而是需要针对作为预测对象的社零额的特点。比如,通常不宜同时考察收入因素和消费因素,因为两者通常相关程度高,会造成多重共线性方面的估计难题;二者之中一般应选择收入因素,因为选取消费因素时存在"以消费解释消费"的问题。

(二)对旅游因素和网上零售因素的调整

对北京市来说,旅游因素的影响较大,同时随着网上零售的迅速发展,网上零售也对社零额本身的结构具有潜在的重大冲击。为此,需要针对两种结构性因素——旅游因素和网上零售因素对社零额进行调整。调整公式为

$$SRG\_A_t = SRG_t - (DTI_t \times DTI\_RR_t + FTI_t \times FTI\_RR_t) + LRTE_t \times LRTE\_RR_t - OROLE_t + LROLE_t \quad (1)$$

其中,SRG_A 为经旅游和网上零售因素调整的社零额,SRG 为社零额,t 为相应的年份,DTI 和 DTI_RR 分别为境内旅游收入和其中用于餐饮和购物的比例,FTI 和 FTI_RR 分别为境外旅游收入和其中用于餐饮和购物的比例,$LRTE$ 和 $LRTE\_RR$ 分别为北京本地居民在外地或境外旅游支出和其中用于餐饮和购物的部分,$OROLE$ 为外地或境外通过网络购买本地消费品支出,$LROLE$ 为本地通过网络购买外地或境外消费品支出。

根据已有统计资料,我们可以从社零额中剔除境外旅游收入中用于餐饮和购物的部分,调整结果参见附表1。同时,考虑到北京本地居民在外地或境外旅游支出中用于餐饮和购物的部分($LRTE \times LRTE\_RR$)的规模相对较小,外地或境外通过网络购买本地消费品支出($OROLE$)与本地通过网络购买外地或境外消费品支出($LROLE$)最近几年才出现且其对社零额的调整方向相反、很大程度上可以相互抵消,特别是由于相关资料存在缺失,我们未进一步对社零额进行调整。

（三）相关经济指标的选取及其变化趋势分析

根据北京市社零额结构特征，在单独剔除价格因素以估计实际社零额增长率的基本前提下，我们选取了以下三项经济指标，以探讨其变化特点及其在实际社零额估计中的作用（参见附表2）。

1. 常住人口（RP）

从统计数据来看，"十二五"前三年北京市常住人口增速已经明显下降，相比"十一五"时期平均下降在2-3个百分点之间。2014年北京市常住人口增速仅1.7%，对常住人口的严格控制措施收到了进一步成效。受产业转移和疏解以及常住人口控制政策的影响，根据北京市2020年前常住人口控制在2300万人的总体目标，我们认为，"十三五"时期北京城镇常住人口、农村常住人口和常住人口增速均将保持在年平均1%左右。

2. 居民实际人均可支配收入（RRPDI）

从速度看，北京是较早进入经济增速换挡期的地区。"十二五"期间，北京经济增速已经显现出阶段性放缓态势，进入了7%-8%的中高速增速区间。人均经济增速更是早在2008年就出现了明显回落。受全国经济增速回落以及北京市产业转移和疏解等因素影响，我们认为，"十三五"时期北京市经济增速将回落到6%-7%之间，人均增速的平均水平将处于5%-6%之间。

尽管居民实际人均可支配收入从绝对量来看是实际人均国内生产总值的一部分，但是从北京市的具体情况来看，二者变动的相关性较小，其对社零额的增长效应互补性较强：实际人均国内生产总值主要反映初次分配中政府和企业收入对社零额的作用，居民实际人均可支配收入则主要用于反映居民收入对社零额的作用。与实际人均国内生产总值的回落不同，受劳动力市场供给变化和收入分配政策的影响，"十三五"时期北京市城镇居民、农村居民和居民实际人均可支配收入有望保持基本稳定，增长率均在7%左右。

3. 非居民实际人均可支配收入（RNRPDI）

根据实际人均国内生产总值增长率和居民实际人均可支配收入增长率的预测值，我们可以计算得到非居民实际人均可支配收入的预测值。当实际人均国内生产总值增长率在5%-6%之间且居民实际人均可支配收入增长率为7%时，非居民实际人均可支配收入增长率在3.6%-5.3%之间。

四、北京市社会消费品零售总额的预测

基于上一部分对北京市社零额影响因素的识别，我们可以着手开始构建用于北京市社零额预测的模型。

（一）模型设定

考虑到ARIMA模型在滞后影响阶数选择的灵活性等方面的特点，结合"十三五"时期社零额预测应反映北京市经济形势重大变化的需要，我们将以年度时间序列为基础，通过ARIMAX模型对过往年份北京市社零额进行拟合，然后在"十三五"时期主要变化因素的预测的基础上通过以上已经完成估计的模型对2015年和"十三五"时期社零额进行预测。

对于我们的模型而言，被解释变量（经结构调整的实际社会消费品零售总额增长率）和解释变量（常住人口增长率、居民实际人均可支配收入增长率、非居民实际人均可支配收入增长率）均为不含单位根的平稳变量（见表1）。

表1　被解释变量和解释变量的ADF单位根检验

变量名	简写	ADF统计量	P
经结构调整的实际社会消费品零售总额增长率(%)	D.SRG_AR/SRG_AR	-6.72	0.00
常住人口增长率(%)	D.RP/RP	-5.22	0.00
居民实际人均可支配收入增长率(%)	D.RRPDI/RRPDI	-3.26	0.02
非居民实际人均可支配收入增长率(%)	D.NRRPDI/NRRPDI	-4.19	0.00

数据来源：ADF单位根检验结果。

因此，模型应为ARIMA(p,q)形式，形如
$$\rho(L^p)(y_t - x_t\beta) = \theta(L^q)\varepsilon_t$$
其中：$\rho(L^p) = 1 - \rho_1 L - \rho_2 L^2 - \cdots - \rho_p L^p$，

$\theta(L^q) = 1 - \theta_1 L - \theta_2 L^2 - \cdots - \theta_q L^q$, $L^j y_t = y_{t-j}$。

上述模型中，$y_t = D.SRG\_AR_t/SRG\_AR_t$，$x_t = (D.RP_t/RP_t, D.RRPDI_t/RRPDI_t, D.NRRPDI_t/NRRPDI_t)$，$p$ 为自回归滞后阶数，q 为移动平均滞后阶数，β 为待估参数。

（二）主要参数估计及分析

对上述 ARIMA 模型进行估计，结果显示当 p 和 q 分别取 1、解释变量不含无常数项时，模型待估参数全部显著。具体结果如表 2 所示。

表 2　模型估计结果

解释变量	系数	标准误	Z 统计量	P>|Z|	95%置信区间	
D.RP/RP	1.15	0.37	3.16	0.002	0.44	1.87
D.RRPDI/RRPDI	0.42	0.17	3.11	0.002	0.16	0.69
D.NRRPDI/NRRPDI	0.60	0.17	3.54	0.000	0.27	0.93
AR L1.	0.66	0.15	4.36	0.000	0.36	0.95
MA L1.	-1.00	0.36	-2.80	0.005	-1.70	-0.30

数据来源：本表为模型回归估计结果。

表 2 显示，三个解释变量以及一阶自回归变量、一阶移动平均变量的系数均在 99% 的显著性水平上显著，且除一阶的移动平均变量的系数为负外，其他系数均为正，与模型的理论预测基本一致。

（三）预测

根据表 2 的模型估算结果，我们可以根据常住人口增长率、居民实际人均可支配收入增长率、非居民实际人均可支配收入增长率的预测值对经结构调整的实际社会消费品零售总额增长率（D.SRG_AR/SRG_AR）进行预测。推算结果如表 3 所示。在假设常住人口增长率为 1%、居民实际人均可支配收入增长率为 7%、非居民实际人均可支配收入增长率在 3.6%-5.3% 之间的前提下（实际人均地区生产总值在 5%-6% 之间），2015-2020 年经结构调整的实际社零额增长率将在探底后稳步回升，平均增长率在 5.7%-6.4% 之间。

表 3　经结构调整的实际社会消费品零售总额增长率的预测

变量名 年份	经结构调整的实际社会消费品零售总额增长率（%）	常住人口增长率（%）	居民实际人均可支配收入增长率（%）	非居民实际人均可支配收入增长率（%）
	D.SRG_AR/SRG_AR	D.RP/RP	D.RRPDI/RRPDI	D.NRRPDI/NRRPDI
2015	4.3-5.0	1	7	3.6-5.3
2016	5.2-5.9	1	7	3.6-5.3
2017	5.8-6.5	1	7	3.6-5.3
2018	6.1-6.9	1	7	3.6-5.3
2019	6.4-7.1	1	7	3.6-5.3
2020	6.6-7.3	1	7	3.6-5.3
2015-2020 平均	5.7-6.4	1	7	3.6-5.3

数据来源：本表中 D.SRG_AR/SRG_AR 的预测值为根据 D.RP/RP、D.RRPDI/RRPDI、D.NRRPDI/NRRPDI 的预测值经模型推算得到。

如果进一步假定 2015-2020 年商品零售价格指数虽有所回升，但仍保持在较低水平，约为 1%，那么可以对经结构调整的社会消费品零售总额增长率进行预测。如表 4 所示，2015-2020 年经结构调整的社零额增长率将在 6.7%-7.4% 之间。

表4 经结构调整的社会消费品零售总额增长率的预测

变量名 年份	经结构调整的 社会消费品零售 总额增长率(%) D.SRG_A/SRG_A	商品零售价格 指数增长率 (%) D.RPI/RPI	经结构调整的实际 社会消费品零售 总额增长率(%) D.SRG_AR/SRG_AR
2015–2020 平均	6.7–7.4	1	5.7–6.4

数据来源:本表中 D.SRG_A/SRG_A 的预测值为 D.RPI/RPI 与 D.SRG_AR/SRG_AR 之和。

最后,考虑境内外旅游收入中用于餐饮和购物部分对社零额预测的影响。如表5所示,假定2015-2020年北京市境内旅游收入增速保持在10%左右,同时境外旅游收入逐步由负增长转入正增长从而预测期增速为0,同时假定境内外旅游收入中用于餐饮和购物部分的比例保持2014年的水平,我们可以最终推算得到 2015-2020 年北京市社零额增长率在7.4%-7.9%之间,到2020年北京市社零额将达到1.4万亿元以上。

表5 社会消费品零售总额增长率的预测

变量名 年份	社会消费品零售 总额增长率 (%) D.SRG/SRG	境内旅游 收入增长率 (%) D.DTI/DTI	境外旅游 收入增长率 (%) D.FTI/FTI	经结构调整的社会消费品 零售总额增长率 (%) D.SRG_A/SRG_A
2015–2020 平均	7.4–7.9	10	0	6.7–7.4

数据来源:本表中 D.SRG/SRG 的预测值为以上一年 SRG_A、DTI 和 FTI 在社零额中的比例为权数、D.SRG_A/SRG_A、D.DTI/DTI 和 D.FTI/FTI 的加权和。

五、结论和建议

通过本文的研究,我们可以得到以下两方面的结论。第一,ARIMA 模型对于北京市社零额预测是有效的。通过在 ARIMA 模型中引入包括常住人口、实际人均居民可支配收入以及实际人均非居民可支配收入等影响社零额的主要因素,可以较好的提升 ARIMA 模型对社零额的中长期预测能力。第二,对于北京市社零额的预测来说,旅游、网上零售等因素的考虑非常重要。尽管从全国层面来说,旅游和网上零售等因素的影响要小得多,但是从北京市地区层面,类似因素的影响会对结果带来较为显著的影响。

虽然本文从理论上同时分析了旅游因素和网上零售因素对社零额预测的影响,但是实际处理方面有所简化,比如没有对北京常住人口到外地或境外旅游的影响以及网上零售的影响进行定量讨论和研究,未来仍然还有进一步研究空间。特别是关于网上零售对社零额预测的冲击尤其值得注意。网上零售是近年来对传统批发零售业经营格局造成重大冲击的一种新兴业态。网上零售总体上形成对传统渠道零售的替代,同时从空间上实质上推动了社零额在各地区之间的重新分配。未来,随着网上零售规模的继续高速扩张,其对社零额的冲击还将越来越明显。

最后,针对"十三五"时期北京市社零额的统计及相关产业发展规划和政策的制定,我们提出以下两个方面的建议。第一,考虑到旅游和网上零售等结构性因素对社零额的重大冲击,北京市应该着力完善旅游和网上零售统计制度,旅游统计中应增加北京居民在外地或境外旅游的相关情况,而网上零售统计应考虑对本地通过网络购买外地或境外消费品支出进行统计。否则,社零额对北京市最终消费的指针作用将受到越来越大的干扰。第二,随着常住人口和收入等因素对零售需求的减弱,北京市应该着重利用自身在电子商务发展方面的优势,加快传统零售业态转型发展,推动网络零售业态创新和规模扩大,并且通过强化网络零售等环节的服务,巩固和发展零售业发展新优势。

参考文献

[1] 邓唯茹、何跃、蒲彦希,"社会消费品零售总额组合预测模型研究",《统计与决策》,2014年第4期,第24-27页。

[2] 丁宏术,"基于Gm-Markov修正模型的社会消费品零售总额预测",《统计与决策》,2014年第14期,第70-72页。

[3] 郜奕钧、何林芮,"社会消费品零售总额影响因素探讨",《商业时代》,2014年第7期,第8-9页。

[4] 黄彦,"基于ARIMA模型的我国社会消费品零售总额实证分析",《经济论坛》,2011年第11期,第31-37页。

[5] 贺铿,"谈谈'社会消费品零售总额'指标",《中国统计》,1999年第5期,第4-5页。

[6] 李庭辉、许涤龙,"基于匹配性的社会消费品零售总额数据质量评估研究",《统计与决策》,2012年第8期,第24-27页。

[7] 林浦任、胡向飞,"中国社会消费品零售总额的预测模型",《广西科学》,2010年第3期,第206-208页。

[8] 刘领坡,"我国社会消费品零售总额时间序列模型及预测",《经济论坛》,2011年第6期,第5-8页。

[9] 刘亚男,"社会消费品零售总额的影响因素分析",《时代经贸》,2007年第11期,第22-23页。

[10] 罗中德、赖美艳,"中国社会消费品零售总额的预测分析",《统计与决策》,2013年第2期,第143-145页。

[11] 秦伟良、姚如一,"基于状态空间建模法的社会消费品零售总额预测",《统计与决策》,2008年第10期,第16-18页。

[12] 邵民智,"上海社会消费品零售总额的灰色系统分析",《统计与决策》,2005年第23期,第70-72页。

[13] 田瑾,"社会消费品指数的时间序列建模及组合预测",《首都经济贸易大学学报》,2008年第3期,第22-25页。

[14] 王蒋凤、吴群英、夏宝飞,"桂林市社会消费品零售总额ARIMA模型的建立与预测",《中国市场》,2011年第49期,第124-125、131页。

[15] 王正欢、刘琦、罗朝辉、杨柱元,"基于小波分析的全国社会消费品零售总额时间序列预测",《云南民族大学学报(自然科学版)》,2011年第3期,第185-189页。

[16] 王志坚、王斌会,"基于ARMA模型的社会消费品零售总额预测",《统计与决策》,2014年第11期,第77-79页。

[17] 吴天魁、王波、周晓辉,"我国社会消费品零售总额的预测分析——基于最小二乘法的改进GM(1,1)模型",《中国商贸》,2014年第16期,第83-84、88页。

[18] 袁婕,"广州市社会消费品零售总额的月度预测",《统计教育》,1999年第4期,第37-38页。

[19] 张华初、林洪,"我国社会消费品零售额ARIMA预测模型",《统计研究》,2006年第7期,第58-60页。

[20] 张晓峰、李博,"ARIMA模型在社会消费品零售总额预测中的应用",《商场现代化》,2007年第32期,第55-56页。

[21] 张颖、施一帆,"消费品零售总额与GDP的长期均衡及因果关系——基于中国改革开放30年数据的实证研究",《经济问题》,2011年第10期,第54-57页。

[22] 郑小玲,"人口相关因素对社会消费品零售总额影响的实证分析",《统计与管理》,2012年第2期,第108-109页。

[23] 周坤乔,"社会消费品零售总额实际预测方法的探讨",《浙江统计》,2005年第8期,第61-62页。

[24] 朱宗元、王秋霞,"基于传递函数模型的我国社会消费品零售总额预测",《统计与决策》,2010年第10期,第110-113页。

工业发展战略对城乡收入差距的影响

基于广义空间面板模型的研究*

许 芳　向书坚

(中南财经政法大学统计与数学学院　武汉　430073)

摘　要：选择基于地理距离的空间权重矩阵，引入广义空间面板模型(GSPM)，利用我国各省区 1985-2012 年的面板数据，研究重工业发展战略和城乡收入差距的关系，结果发现，重工业优先发展战略对城乡收入差距具有直接和间接两种影响效应，即省域重工业优先发展战略不仅会扩大本省城乡收入差距，而且还具有空间溢出效应，扩大"相邻"省的城乡收入差距。研究还发现，经济开放有利于缩小城乡收入差距。

关键词：城乡收入差距；工业发展战略；空间溢出

Development Strategy's Direct and Indirent Effects on Urban-rural Income Disparity
——Study Based on General Spatial Panel Model

Xu Fang　Xiang Shujian

(*School of Statistcis and Mathematcis, Zhongnan University of Economics and Law, Wuhan, 430073*)

Abstract: This paper redefines the spatial weight matrix based on geographical distance factor, employs the general spatial panel model(GSPM) and uses the provincial panel data in 1985-2012 to study the relationship between development strategy and urban-rural income disparity, the results show that heavy-industry-oriented development strategy has both direct and indirect effects on urban-rural income disparity. More specifically, one province's heavy-industry-oriented development strategy will increase not only this province's but also its adjoining provinces' urban-rural income disparity. The study also reveals that openness is advantages to narrow rural-urban income disparity.

Key Words: Development Strategy; Urban-rural income disparity; Spatial spillover

---

* 基金项目：中南财经政法大学研究生教育创新基金(2014B1902)

作者简介：许芳,1981 年生,女,河南邓州人,中南财经政法大学统计与数学学院在读博士研究生,主要研究方向空间统计和收入分配。向书坚,1963 年生,男,湖南洞口人,中南财经政法大学科研部部长,统计与数学学院教授、博士生导师,经济学博士,主要研究方向为宏观经济统计与国民经济核算。

一、引言

研究表明,我国重工业优先发展战略及其衍生的城市偏向的政府政策是城乡收入差距扩大的根本原因。林毅夫等(1994)研究发现,我国众多城市偏向型政策都根源于政府优先发展重工业的战略。蔡昉(2003)指出,优先发展重工业的战略及其衍生的一整套政府干预政策是中国城乡收入差距扩大的重要原因。林毅夫和刘培林(2003)利用跨国数据实证检验了发展战略与收入分配之间的关系,发现重工业优先发展战略将导致更高的收入不平等。而陈斌开和林毅夫(2010,2013)则着重研究了重工业发展战略对城乡收入差距的核心影响机制,结果发现,旨在鼓励资本密集型部门优先发展的政府战略造成城市部门就业需求的相对下降,进而延缓城市化进程,农村居民不能有效地向城市转移,城乡收入差距扩大。

尽管重工业优先发展战略会扩大城乡收入差距这一结论已经达成共识,但学术界在研究视角和研究方法上仍可进一步改进。与现有研究不同,本文以空间相关性和空间溢出为视角,首次将广义空间面板模型(GSPM)用以研究重工业发展战略对城乡收入差距影响机制,结果发现:重工业优先发展战略对城乡收入差距具有直接和间接两种影响效应,即省域重工业优先发展战略不仅会扩大本省城乡收入差距,而且还具有空间溢出效应,扩大"相邻"省的城乡收入差距,这一结论不仅补充了现有理论,而且对改善城乡收入差距及其区域失衡提供了一种现实路径。

二、指标选择与研究方法

(一)指标选择

为研究重工业发展战略对城乡收入差距的影响,首先选择城乡收入差距和重工业发展战略的代理变量,其次选取影响城乡收入差距的控制变量。

1. 城乡收入差距

考虑到中国各省区数据收集的实际情况,本文采用城乡居民收入比(incr)来衡量城乡收入差距,计算公式为城镇居民家庭人均年可支配收入比农村居民家庭人均年纯收入。

2. 重工业优先发展程度

根据实际情况,本文用工业部门比较劳动生产率(tci)反映我国重工业优先发展程度。记 i 省区 t 时期工业部门的比较劳动生产率

$$tci_{it} = (AVM_{it}/GDP_{it})/(LM_{it}/L_{it})$$

其中,AVM_{it} 指 i 省区 t 时期工业增加值,GDP_{it} 指 i 省区 t 时期生产总值,LM_{it} 指 i 省区 t 时期工业就业人数,L_{it} 指 i 省区 t 时期总就业人数。tic_{it} 越大,说明重工业优先发展程度越高,即工业比重相对过高,而所吸纳的劳动力相对过少。

3. 控制变量

基于现有文献,本文控制其他可能影响城乡收入差距的变量,具体如下:

(1)经济发展程度

经济发展程度用人均 GDP(pergdp)表示。Simon Kuznets(1955)通过对发达国家经济发展过程中收入分配变化的统计研究,发现一国在经济发展过程中收入差距表现为先上升后下降的"倒 U 型"过程。为检验"倒 U 型"假说在中国是否成立,在模型中引入人均实际 GDP(pergdp)和其平方项(pergdp2)。如果该假说成立,则人均实际 GDP 系数的符号应该显著为正,而其平方项的符号应该显著为负。在本文中,各年份省区人均 GDP 是以 1985 不变价调整而得。

(2)国有化水平

国有化水平用国有企业职工人数占职工总人数的比重(soer)表示。非国有单位就业份额的上升是由城镇国有企业非国有化和农村乡镇企业发展造成的。一方面,乡镇企业的发展有效吸纳了农业剩余劳动力,有利于提高农村居民收入;但另一方面,由于非国有部门的人力资本边际回报往往高于国有部门,所以城镇国有企业的非国有化有利于提高城镇居民收入水平。总之,所有制结构变迁对城乡收入差距的影响包括方向不同的两个方面,其净影响要通过实证结果来估计。

（3）对外贸易程度

用进出口总额①占 GDP 比重（openness）度量省区的对外贸易程度。改革开放以来，我国对外开放政策对中国经济产生了深远的影响，大大推动了中国制造业以及与贸易相关服务业的发展。由于贸易相关产业集中在城镇，有利于提高城镇居民收入；同时，由于贸易的相关产业有助于吸纳农村劳动力，进而增加农民收入。因此，对外贸易程度对城乡收入差距的净影响要通过实证结果来估计。

（4）财政分权

用政府财政支出占 GDP 比重（govexpr）来衡量地方政府的财政分权程度。地方政府在经济生活中始终扮演着重要的角色，它不仅是实行收入再分配的主体，同时也直接影响初次分配。陆铭和陈钊（2004）考察了政府财政支出对城乡收入差距的影响，认为地方政府以经济增长为首要目标，财政支出可能带有城镇倾向，致使城乡收入差距扩大。但是，由于经济条件、地理禀赋和城镇化发展程度不同，不同省区地方财政的影响可能存在较大差异；同时，近年来城镇化发展加快，地方政策和财政支出也更有利于提高农民收入。所以，政府财政支出对城乡收入差距的影响要进一步通过实证结果来估计。

由于1985年以前数据缺失较多，所以样本期取为1985-2012年，其中，1985-2008年数据来源于《新中国六十年统计资料汇编》，2009-2012年数据主要来源于各省区各年份统计年鉴及各期《中国劳动统计年鉴》。

（二）研究方法

1. 空间相关性分析

建立空间面板模型之前，必须先对空间相关性进行检验。检验空间变量 y 的空间相关性，最常用的方法是对其空间自相关系数 $Moran\ I$ 进行显著性检验。$Moran\ I$ 由 Moran（1950b）首先提出，其定义为：

$$Moran\ I = \frac{n \sum_{i=1}^{n} \sum_{j=1}^{n} w_{ij}(y_i - \bar{y})(y_j - \bar{y})}{\left(\sum_{i=1}^{n} \sum_{j=1}^{n} w_{ij}\right) \sum_{i=1}^{n} (y_i - \bar{y})^2}$$

其中，w_{ij} 为空间权重，若空间 i 和空间 j 相邻，则 $w_{ij} = 1$，否则 $w_{ij} = 0$。如果 $Moran\ I$ 的值大于0，称变量 y 为空间正相关，说明 y 在相邻空间上的取值存在相似属性（空间集聚性）；值小于0，称变量 y 为空间负相关，说明 y 在相邻空间上的取值存在相异属性；值等于0，则表示 y 不存在空间相关性。

2. 广义空间面板模型（General Spatial Panel Model, GSPM）

空间面板模型用于处理面板数据中的空间相互作用和空间结构分析问题。Millo. G 和 Piras. G（2012）给出了静态②广义空间面板模型（General Spatial Panel Model, GSPM），并发布 R splm 包对模型进行 ML 估计。GSPM 同时包含被解释变量的空间滞后项（spatial lag）和空间误差项（spatial error）③，即

$$y = \underbrace{\lambda(I_T \otimes W_N)y}_{spatial\,lag} + X\beta + u, \quad u = \underbrace{\rho(I_T \otimes W_N)u}_{spatial\,error} + \varepsilon$$

其中，N 表示省区数，T 表示样本期数，$y = (y_{it})_{NT \times 1}$ 为被解释变量观察值向量，$X = (X_{it,k})_{NT \times k}$ 为解释变量观察值矩阵，$W_N = (w_{ij})_{N \times N}$ 为空间权重矩阵④，λ 和 ρ 是空间滞后项系数；$\tau_T = (1)_{T \times 1}$，$I_N$ 和 I_T 为单位矩阵；$u = (u_{it})_{NT \times 1}$ 中包含空间误差项，$\varepsilon = (\varepsilon_{it})_{NT \times 1}$ 是包含个体效应的随机扰动项。

若 $\rho = 0$，(3)式为空间滞后模型（Spatial Lag Model, SLM），主要用于研究各变量是否具有空间溢出效应；若 $\lambda = 0$，(3)式为空间误差模型（Spatial Error Model, SEM），主要用于反映随机冲击是否具有空间扩散效应；若 $\lambda = \rho = 0$，(3)式模型为一般的

---

① 将美元表示的进出口总额根据同期汇率换算为人民币。
② 本文只考虑静态的空间面板数据模型，而未考虑动态的空间面板模型。
③ 空间面板模型中(3)式的误差形式是由 Kapoor et. al.（2007）考虑的，而 Baltagi et. al.（2003）则考虑了另一种空间误差形式：$u = (\tau_T \otimes I_N)\mu + \varepsilon, \varepsilon = \rho(I_T \otimes W_N)\varepsilon + v$，本文未予考虑。
④ 空间滞后项和空间误差项中可以取不同的权重矩阵，但本文只考虑相同的情况。

面板模型(Panel Model,PM)。

三、空间自相关及模型构建与检验

(一)空间自相关性分析

将1978-2012年各省平均城乡收入比和平均工业比较劳动生产率绘于地图中,如图1所示,可见二者表现出一定的空间集聚特征。

进一步,利用1985-2012年数据对每年各省区城乡收入差距(incr)和工业部门比较劳动生产率(tci)进行 Moran 检验,结果如表1所示。

由表1可以看出,incr 和 tci 的 Moran I 值都显著为正,说明两变量都存在正的空间相关性。因此,建立空间面板模型进行相关问题研究是必要的。

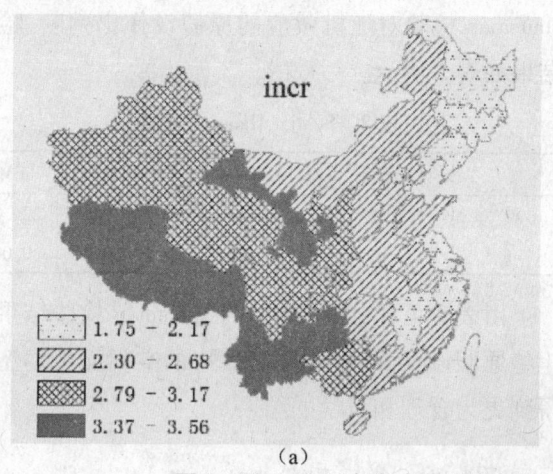 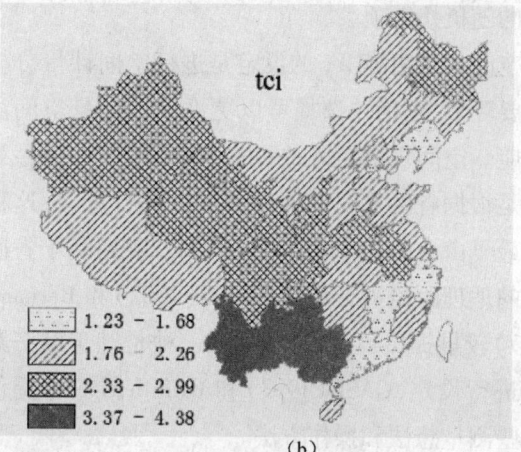

图1 1978-2012年各省平均城乡收入比(incr)和平均工业比较劳动生产率(tci)①

表1 城乡收入比和比较劳动生产率的 Moran 检验

年份	incr		tci		年份	incr		tci	
	Moran	p	Moran	p		Moran	p	Moran	p
1985	0.52	0.00	0.35	0.00	1999	0.63	0.00	0.37	0.00
1986	0.56	0.00	0.32	0.00	2000	0.65	0.00	0.33	0.00
1987	0.61	0.00	0.35	0.00	2001	0.66	0.00	0.32	0.00
1988	0.62	0.00	0.46	0.00	2002	0.61	0.00	0.27	0.00
1989	0.59	0.00	0.52	0.00	2003	0.58	0.00	0.25	0.00
1990	0.49	0.00	0.44	0.00	2004	0.56	0.00	0.23	0.00
1991	0.45	0.00	0.47	0.00	2005	0.53	0.00	0.26	0.00
1992	0.56	0.00	0.48	0.00	2006	0.52	0.00	0.29	0.00
1993	0.64	0.00	0.42	0.00	2007	0.55	0.00	0.28	0.00
1994	0.68	0.00	0.48	0.00	2008	0.57	0.00	0.27	0.01
1995	0.71	0.00	0.31	0.00	2009	0.55	0.00	0.23	0.01
1996	0.63	0.00	0.34	0.00	2010	0.54	0.00	0.28	0.00
1997	0.60	0.00	0.43	0.00	2011	0.50	0.00	0.24	0.00
1998	0.60	0.00	0.35	0.00	2012	0.51	0.00	0.24	0.00

(二)模型构建与检验

因本文更关心重工业发展战略的空间溢出效应,故考虑纳入工业部门比较劳动生产率的空间滞后项。具体而言,以城乡收入比(incr)为被解释变量、工业部门的比较劳动生产率(tci)及其空间滞后项(wtci)等变量为解释变量建立如下模型:

$$incr = \lambda \cdot (I_T \otimes W_N) incr + \alpha_1 \cdot tci + \alpha_2 \cdot (I_T \otimes W_N) tci + X_{contr} \beta_{contr} + u$$

---

① 地图在R软件中绘制;地理边界数据来自 http://www.gadm.org/;1978-2008年数据来源:国家统计局国民经济综合统计司编:《新中国六十年统计资料汇编》,北京:中国统计出版社,2010年。2009-2012年数据来源:各省区个年份统计年鉴。

其中,系数 λ 综合反映了"相邻"省区解释变量的解释力,α_1 反映了工业部门比较劳动生产率影响程度;$wtci = (I_T \otimes W_N)tci$ 表示"相邻"省区工业部门比较劳动生产率的综合水平,其系数 α_2 反映了"相邻"省区工业部门比较劳动生产率影响程度;X_{contr} 表示 tci 和 wtci 之外的控制变量观察值矩阵,β_{contr} 为其回归系数;u 是包含了空间误差项和个体效应的随机扰动项。

空间权重矩阵 W_N 的设定是进行空间计量分析的重要环节,正确的选择可以更准确地衡量空间溢出效应。空间权重矩阵的设定方法通常有三种,第一种是根据省区之间的地理邻接性进行定义,这种方法最早由 Anselin(1995)使用;第二种是基于省区之间的地理距离进行设定,Keller(2002)和 Bernardi(2007)较早提出了这种方法;第三种是基于经济距离的进行设定,CASE(1993)和 Griffith(1996)提供了一些测量想法和操作方法。

现代交通系统的发展使得"相邻"的地理概念更加广泛,更远的省区之间可以更方便地加强经济联系,劳动力也可以更方便地在更广泛的地域空间之间流动,所以本文选择第二种空间权重矩阵①,定义

$$w_{ij} = 1/d_{ij}$$

其中,d_{ij} 表示省区 i 和省区 j 的地理距离,是利用两省区省会城市的经纬度计算的球面距离,对 $W_N = (w_{ij})_{N \times N}$ 作行标准化即得空间权重矩阵,仍记为 W_N。

Hausman(1978)比较随机效应和固定效应估计并对随机效应进行检验,Mutl & Pfaffermayr(2011)将这一程序推广到空间面板模型中。利用空间 Hausman 检验对随机效应的原假设作出判断,检验结果如表 2 所示。

表 2 Spatial Hausman 检验

	GSPM	SLM	SEM	PM
χ^2	57.37	105.86	264.24	224.07
p	0.00	0.00	0.00	0.00

由表 2 可见,四种模型的 Hausman 检验结果均拒绝原假设,因此建立固定效应的空间面板模型会得到更为合理和科学的结果。

四、实证结果分析

利用我国 1985-2012 年 31 个省市自治区的面板数据,对广义空间面板模型(GSPM)进行 ML 估计,同时考虑了空间固定(individual)、时点固定(time)和双固定(twoway)三种个体效应,估计结果如表 3 所示。为对 GSPM 模型估计结果的稳健性进

表 3 空间计量结果

Model	GSPM			SLM			SEM			PM		
	individual	time	two way	individual	time	two way	individual	time	two way	individual	time	two way
λ	0.72***	0.51***	0.21*	0.85***	0.56***	0.27**						
ρ	0.56***	0.35***	0.20				0.89***	0.51***	0.27*			
tci	0.08***	0.21***	0.07***	0.07***	0.20***	0.07***	0.08***	0.22***	0.07***	0.09***	0.21***	0.07***
wtci	0.33**	0.84***	0.15	0.24**	0.82***	0.14	0.35**	1.15***	0.17	1.01***	1.19***	0.17
pergdp	0.05	-0.58***	-0.20*	0.06	-0.63***	-0.23*	-0.04	-0.61***	-0.20*	0.57**	-0.71***	-0.26*
pergdp2	0.01	0.11***	0.05**	0.00	0.12***	0.05**	0.02	0.12***	0.05**	-0.11**	0.14***	0.06***
soer	0.05	-0.15	0.13	0.02	-0.18	0.10	0.12	-0.14	0.13	-0.43	-0.21	0.09
openess	-0.14**	-0.13***	-0.11*	-0.10*	-0.13**	-0.10*	-0.14**	-0.13***	-0.11*	0.04	-0.12**	-0.08*
govexpr	-0.32	1.33***	-0.42*	-0.44*	1.34***	-0.43*	-0.29	1.36***	-0.42*	-0.91**	1.40***	-0.43*

注:*、**、***分别表示统计量在5%、1%、1‰和小于1‰的水平下显著。

---

① 本文比较了三种空间权重矩阵,结果显示:选择基于地理距离的空间权重矩阵可以得到显著且稳健的回归结果。限于篇幅,未列出比较结果。

行检验,表中也列出了空间滞后模型(SLM)、空间误差模型(SEM)和非空间面板模型(PM)的估计结果,用于比较分析。

(一)空间溢出效应

λ 在模型中都通过了检验,ρ 在模型中也都通过了检验(双固定的 GSPM 模型除外),说明解释变量和其它随机冲击都具有显著的空间溢出效应,可以通过"迭加、传递"的方式作用于"相邻"省区的城乡收入差距。

根据 Tobler 地理学第一定律,地理上距离相近的事物联系更紧密,经济变量不仅会在所在地而且会在相邻地产生联系和影响,回归结果亦表明,各影响因素对"相邻"省区的城乡收入差距产生了显著的作用。由于资源禀赋、历史条件和经济发展水平、产业结构布局在地理上存在空间自相关,这些因素的作用在局部相互传递,从而对城乡收入差距产生空间溢出效应。

(二)重工业发展战略的直接影响

工业部门比较劳动生产率(tci)的回归系数显著为正,说明重工业发展战略加剧了城乡收入差距。在各个模型中,tci 对城乡收入差距的影响是稳健的,说明模型设定对这一结果没有根本性影响。但是,不同个体效应模型会影响系数估计值的大小。

从 GSPM 的空间固定模型中可以看出,tci 上升 1 个百分点将导致城乡收入差距上升 0.08 个百分点。1985-2012 年期间,tci 和 incr 的标准差分别为 0.91 和 0.72,所以 tci 变化 1 倍标准差,将导致城乡收入差距分别同方向变化 0.07,占城乡收入差距标准差的 10.11%。考虑 tci 和 incr 的最大值分别为 8.19 和 5.16,最小值分别为 0.67 和 1.17,则 tci 差异可以解释城乡收入差距的 15.08%[①],这说明重工业发展战略对城乡收入差距的直接影响是重要的。

(三)重工业发展战略的间接影响

虽然在 GSPM 模型中,λ 的显著性反映了城乡收入差距影响因素的溢出效应,但这种效应是综合的,包含但不能分离出重工业发展战略的影响方向及影响程度。模型中考虑了工业部门比较劳动生产率空间滞后变量(wtci),其回归系数的估计正好可用来解释这一问题。

在空间固定和时间固定效应模型中,工业部门比较劳动生产率空间滞后变量(wtci)的回归系数显著为正,说明重工业发展战略对"相邻"省区城乡收入差距产生间接影响。但在双固定模型中,wtci 回归系数变小且不显著,可能是因为同时考虑空间和时间差异的个体效应弱化了 wtci 的影响。

对于同一种个体效应,PM 模型中 wtci 的系数估计值比其他模型中的估计值更大,这说明不考虑被解释变量和随机扰动空间相关性的 PM 模型可能会高估重工业发展战略的空间溢出效益。

从 GSPM 的空间固定模型中可以看出,wtci 分别上升 1 个百分点将导致城乡收入差距分别上升 0.33 个百分点。1985-2012 年期间间,wtci 的标准差为 0.21,所以 wtci 每变化 1 倍标准差,城乡收入差距将同方向变化 0.07,占城乡收入差距标准差的 9.72%。考虑 wtci 的最大值和最小值分别为 3.08 和 1.71,则 wtci 差异可以解释城乡收入差距的 11.33%[②],这说明重工业发展战略对城乡收入差距的间接影响也是重要的。

(四)控制变量的影响

从控制变量来看,在时间固定和双固定的各个模型中,人均 GDP(pergdp)及其平方项(pergdp2)的回归系数均显著,且 pergdp 回归系数为负正,pergdp2 回归系数为正,与 Kuznets "倒 U 型"假说预测一致。

在各个模型中,对外贸易程度(openness)对城乡收入差距的影响都显著为负,说明经济开放和对外贸易更有利于提高农民收入,这是由于经济开放和对外贸易促进劳动密集型的出口加工企业的发展,从而吸纳大量农村劳动力并且提高农民收入,这一效应大于提高城镇居民收入的效应,所以净效应表现为缩小城乡收入差距。

在空间固定和双固定各个模型中,财政分权(govexpr)回归系数显著为负,但在时间固定模型

---

① (8.19-0.67)×0.08/(5.16-1.17)= 15.08%
② (3.08-1.71)×0.33/(5.16-1.17)= 11.33%

中,回归系数则显著为正,这说明地方政府行为的影响与空间和时间因素有关。由于经济条件、地理禀赋和城镇化发展程度不同,不同省区地方财政的影响可能存在较大差异;同时,近年来城镇化发展加快,地方政策和财政支出也更有利于提高农民收入。所以,本文认为近年来财政分权有利于改善城乡收入差距。

总之,实证结果很好地说明了重工业发展战略会对城乡收入差距产生直接影响和间接影响。研究还发现,控制时间因素后,我国城乡收入差距与经济发展呈现显著的"倒U型"规律;经济开放能显著缩小城乡收入差距;考虑省区差异前提下,政府干预近年来有利于缩小城乡收入差距。

五、总结及政策建议

本文实证结果表明,省区重工业发展战略不仅可以直接影响自身城乡收入差距,还可以通过空间溢出效应间接影响"相邻"省区的城乡收入差距,这个结论对于缩小我国城乡收入差距具有重要政策意义。

第一,重工业发展战略对城乡收入差距具有直接影响,所以各个省区要根据自身要素禀赋特征积极调整重工业发展战略,大力发展劳动密集型产业,引导农村剩余劳动力转移到效率更高的产业中,实现工业化和城镇化的协调发展,进而促进城乡收入差距的缩小。

第二,由于重工业发展战略会产生显著的空间溢出效应,因此,作为国家收入分配体系中的一个子系统,每个省区积极调整本省区重工业发展战略,都可能产生1+1>2的效果,对于改善整个国家城乡收入差距具有重要意义。

具体而言,重工业发展战略所导致产业结构扭曲较严重的省区要与"相邻"省区积极建立经济合作,加强产业发展交流,建立协同发展战略,通过发挥自身优势形成产业集聚或区域集聚,通过其吸引力和扩散力实现产业结构的调整,加强产业的链接、产城的融合、城乡的统筹。同时,产业结构相对优化的省区可以借助于其自身的优势,有目的地加

大产业结构升级的力度,进一步完善经济发展模式,优化收入分配格局,进而通过重工业发展战略优化的空间溢出效应带动"相邻"省区产业结构和城乡收入差距的改善。

第三,本文的实证研究还表明:对外开放和贸易能够显著改善城乡收入差距,而考虑省区差异前提下,政府干预近年来有利于缩小城乡收入差距。因此,地方政府应当结合自身情况,积极发展对外贸易,促进劳动密集型的出口加工企业的发展,吸纳大量农村劳动力并提高农民收入;同时,地方政府应逐步放弃因重工业优先发展战略所形成的一系列城市偏向的制度安排,包括城乡分割的户籍制度、城市偏向的教育经费投入政策和歧视性的社会福利政策等,促进农村劳动力向城市流动,并积极稳妥地进行城镇化建设,财政投入向促进农村发展和农民增收的行业进行适当倾向,充分发挥地方政府在改善城乡收入差距中的地位和作用。

参考文献

[1] Anselin L. Spatial econometrics: Methods and models. Dordrecht, The Netherlands: Kluwer, 1995.

[2] Bernardi Cabrer-Borras, Guadalupe Serrano-Domingo. Innovation and R&D spillover effects in Spanish regions a spatial approach. Research Policy, 2007(36): 1357-137.

[3] 蔡昉,"城乡收入差距与制度变革的临界点",《中国社会科学》,2003年第5期,第16-25页。

[4] 陈斌开、林毅夫,"重工业优先发展战略、城市化与城乡收入差距",《南开经济研究》,2010年第1期,第3-18页。

[5] 陈斌开、林毅夫,"发展战略、城市化与中国城乡收入差距",《中国社会科学》,2013年第2期,第81-102页。

[6] Case, Rosen, Hines. Budget spillovers and fiscal policy interdependence: Evidence from theStates. Journal of Public Economics, 1993(52): 285-307.

[7] D T Yang. Urban-Based Policies and Rising Income Inequality in China. The American Economic Review, 1999(89): 306-310.

[8] D A Griffith. Some guidelines for specifying the geographic weights matrix contained in spatial statistcial modelsIn S.

Arlinghaus (Ed.) , Practcial handbook of spatial statistcis. Boca Raton,FL:CRC Press,1996.
[9] G Millo,G Piras.splm:Spatial Panel Data Models in R. Journal of Statistcial Software,2012,47(1),1-38.P A P Moran.A test for serial independence of residuals.Biometrika,1950b(37):178-181.
[10] J A Hausman.Specification tests in econometrics[J].Econometrica,1978(46):1251-1271.
[11] J Mutl,M Pfaermayr.The Hausman Test in a Cliff and Ord Panel Model.Econometrics Journal,2011(14):48-76.
[12] Kapoor M.,H H Kelejian,I R Prucha.Panel Data Model with Spatially Correlated Error Components[J].Journal of Econometrics,2007,140(1):97-130.
[13] L Keele,N J Kelly.Dynamic models for dynamic theories: The ins and outs of lagged dependentvariables.Politcial Analysis,2006(14):186-205.
[14] 陆铭、陈钊,"城市化、城市倾向的经济政策与城乡收入差距"[J],《经济研究》,2004年第7期,第50-58页。
[15] 林毅夫、刘明兴,"中国经济的增长收敛与收入分配"[J],《世界经济》,2003年第8期,第3-14页。
[16] Simon Kuznets.Economic Growth and Income Inequality[J].The American Economic Review,1955,45(1):1-28.

国际贸易统计学科研究

贾怀勤

(对外经济贸易大学商学院 北京 100029)

摘 要：本文回顾对外贸易统计学的发展，从学科定位取向、研究对象、理论框架和研究方法等方面论述国际贸易统计学的学科的地位和特征。

关键词：国际贸易统计；学科；定位；理论框架；研究方法

On the Discipline of International Trade Statistics

Jia Huaiqin

(School of Business, University of International Business and Economics, Beijing, 100029)

Abstract: Reviewing the development of foreign trade statistics, this paper discusses the position and characteristics of the discipline of international trade statistics from viewpoints of the discipline orientation, the research object, the theoretical framework and the research methods.

Key Words: International Trade Statistics; discipline; Orientation; theoretical framework; research methods

国际贸易统计学是关于构建贸易统计指标体系和数据采集、汇总、分析、核算的理论和方法的学问，是经济统计学下属的次级学科，也可以视作经济统计学与国际统计学的交叉学科。国际贸易统计学是从对外贸易统计学发展演变而来的新兴学科，它源于对外贸易统计学，又在诸多方面较前者有所不同、有所发展。

一、从学科定位取向审视对外贸易统计学科的发展

(一) 对外贸易统计学科的起步

据《经济科学学科辞典》[①]考证，对外贸易统计学课程最早开设于1952年，开设高校是中国人民大学。

1953年1月，刘伯午老师正式调入北京对外贸易专科学校(对外经济贸易大学前身)，5月该校开办的"会统师资班"结业。1954年9月，北京对外贸易专科学校改建为北京对外贸易学院，陈及时老师调入。自此，北京对外贸易学院正式开设对外贸易统计学课程。

1958年，陈及时和刘伯午合著的《对外贸易统计学》由中国财政经济出版社出版，标志对外贸易统计学学科在中国正式诞生[②]。

(二) 对外贸易统计学科的两种定位取向

根据笔者的掌握的文献资料，20世纪60-70年代没有对外贸易统计学科著作出版。80年代始有新著问世，90年代对外贸易统计学教科书编写达到

---

① 中南财经大学编，经济科学学科辞典，经济科学出版社，1987年出版，共收词条390条。
② 见《经济科学学科辞典》的"对外贸易统计学"词条。

高潮。进入本世纪后教科书走入低潮,但本学科领域的研究方兴未艾,进入论文多产期。纵观这20世纪后50年中的十多部教材和专著,尽管对该学科研究对象的表述多种多样,但它们的学科定位取向无非外研和内操两种。

外研的"外"字,指放眼世界市场和国际贸易(当然视中国为世界的一部分),"研"字指研究。对外贸易统计学科的外研取向,重在贸易统计设计(指标体系的设计,数据采集途径和方法的设计等)和对统计数据内涵和外延的理解,在此基础上通过统计分析研究国际市场上的贸易流向、规模、结构和趋势,为国家制订对外贸易政策和规划服务,为对外贸易企业经营决策提供数据支持。

内操的"内"字,不是不向"外",而是完全限于中国的对外贸易,"操"字指对外贸易统计的数据采集、整理和基本分析操作。这一取向瞄准进出口企业内部的统计工作流程,其成果直接为中国政府制订对外贸易政策和计划提供数据支持,为监督、检查对外贸易政策和计划服务。

(三)对外贸易统计学科外研取向的著作

对外贸易统计学科外研取向,关注国际组织和世界主要国家贸易统计数据的生产方法和理论依据,目的是使外贸工作者能够读懂国外的贸易统计数据和分析文章,从而明了国际市场竞争态势和趋势。著作有陈及时和刘伯午的《对外贸易统计学》(1958),贾怀勤主编的《对外经济贸易统计概论》[1]和陈及时执行主编的《对外贸易统计学》(1990)[2]。

陈及时和刘伯午一书分为两部分,第一部分阐述资本主义国家的外贸统计理论和方法;第二部分阐述社会主义国家的外贸统计理论和方法,其中先概略介绍述业务核算、会计核算和统计核算的三统一,重点讲述作为统计核算的海关统计。在当时两个阵营、两个世界市场并存的情况下,该书也对形成社会主义阵营各国统一的外贸统计提出了期望。这部书之所以能够在"政治挂帅"和国际斗争激烈的年代出版并作为教材使用,有两点原因:第一,对外贸易院校为国际经济贸易战线培养的人才,必须熟悉资本主义国家情况,故而掌握资本主义国家外贸统计理论和方法实属必然之需。第二,该书不是"纯客观地"介绍,而是采用批判方式讲述资本主义国家外贸统计理论和方法,不失立场的正确性。

贾怀勤专著出版于1988年。该书以数据的国际可比性为对外贸易统计的重要原则,将具有国际可比性的海关统计置于进出口业务统计之前,又将国际贸易统计通则置于中国海关统计之前;以对外贸易统计为主,兼论其他新出现的外经业务统计,最后收于国际收支统计。1990年1月出版的经贸部统编教材《对外贸易统计学》由一个各经贸院校专业教师组成的编写组主编,由陈及时任执行主编,内容布局与贾怀勤书大同小异。由于改革开放的市场经济导向和融入经济全球化导向,此时已经没有必要对国外贸易统计方法和理论持"批判"态度了。

(四)对外贸易统计学科内操取向的著作

1956年国家对资本主义工商业进行改造,使得非公有制企业的对外贸易额下降到的一个微不足道的份额,与此同时按商品划分经营类别的国有进出口总公司及其口岸分公司成为对外贸易的主体,它们遵从国家的经济计划和外贸计划开展进出口业务,建立起完备的业务统计(即陈及时和刘伯午书中所说的业务核算)。由于计划的重要性和公有制外贸企业的高度独占性,进出口业务统计越来越扮演重要的角色,而海关统计则趋向边缘化。1967年,在"文革"影响下,海关统计被指责为与进出口业务统计"重复",被迫中止,一直到1980年才恢复。

在这样的大背景下,出现了对外贸易统计学科的内操定位取向,将学科与培养进出口业务统计人员紧密挂钩,学科研究内容围绕商品的进出口和购销调存业务数据的采集、整理和分析设置,在数据采集方面特别强调全面统计报表方式。它以对外贸易商品流转的数量表现及数量关系为研究对象,

---

[1] 贾怀勤主编《对外经济贸易统计概论》,对外贸易教育出版社,1988年8月。

[2] 本书编写组编《对外经济贸易统计》(陈及时执行主编),对外贸易教育出版社,1990年1月。

通过开展对外贸易数据采集、整理和分析，强调为制订对外贸易政策和计划，为检查政策落实和计划执行情况服务。

对外贸易统计学科的内操定位取向也源于北京对外贸易学院，郑敦诗讲授对外贸易统计，编有教材，于1982年出版①。差不多同时，还有一部非正式出版物印出②。这两部书属于对50年代后期到70年代外贸统计理论和方法的总结，全部都是讲进出口业务统计，只字不提海关统计，更不提国外情况，是典型的"内操"。

90年代，国际经济与贸易专业在更多的高校开设，对外贸易统计学课程也进入兴盛的十年。此期间产生了十多部教材，这种内操取向的作品，有如下三个显著特点：

第一是紧跟外经外贸业务统计需要，对业务核算指标和数据采集方法做详尽讲述。它们在学科研究内容，在保留外贸商品进出口和购销调存统计外，对与商品进出口相关的涉外业务和新型外经外贸业务的统计做了较为详尽的讲述，如最具代表性的《涉外经济统计学》③共有16章，前面4章属于综论性质，最后两章是统计分析，第五章和第六章分别是出口业务统计和进口业务统计，第七章至第十四章分别是技术和设备进出口统计、对外工程承包和劳务合作统计、利用外资统计、资金外投与多边技术合作统计、对外运输和对外保险统计、对外税收统计、旅游统计、海关统计。

第二是坚持计划经济体制下形成的统计目的，"为各级政府和决策部门制定政策、编制计划和加强经营管理提供科学的依据"。

第三是不提国外贸易统计，因而也就不存在数据的国际可比性和方法的与国际接轨问题。

（五）两个学科取向的不同归宿

笔者无意评价这两个学科取向的优劣，它们各有自己的需求，各有自己的存在空间。两者唯一的一次校际交流发生在1986年经贸部召开的教材研讨会上，两家各执一词，争论激烈。作为经贸部直属高校的对外经济贸易大学和上海对外贸易学院主张外研取向，这两所学校的培养是对外经贸业务和管理人才，他们需要通晓国际贸易统计指标体系，数据内涵外延和分析方法，以便把握国外市场。其他院校主张内操取向，他们更多地是考虑培养外经贸业务统计岗位的应用人才。因此两种取向可以平行发展，接受实践的检验。

对外贸易统计学科的内操取向基于计划经济时代的"政府部门工作——课程建设——学科建设"三连环。一旦链条的第一环异动，课程和学科建设必然受到冲击。1993年，海关统计取代成为中国官方的贸易统计。1997年，进出口业务统计终止执行。以进出口业务统计为核心内容的对外贸易统计学科内操取向面临重大挑战。进入本世纪以来，再没有此领域的作品问世。

进入20世纪90年代，国际贸易格局发生了许多重大变化。对外贸易统计学科外研取向集中解决对外贸易统计的前沿问题，先后在中美双边贸易数据比对，服务贸易统计制度和方法研究，经济全球化对贸易统计的影响研究和贸易统计如何应对经济全球化挑战等重大课题上取得成就。虽然没有系统的专著出版，但是产生了许多专题研究论文，这为外研取向的对外贸易统计学科转型为国际贸易统计学科积蓄了新理论和新方法。

二、国际贸易统计学的学科地位、研究内容和研究方法

（一）国际贸易统计学的学科地位和研究对象

继国家学科分类标准之后，2011年教育部研究生培养目录实现"大统计学"化。经济统计学作为二级学科存在。按国家学科标准，统计学（代码910）下有包含经济统计学（代码913.30）和国际统计学（代码913.55）在内共11个二级学科，经济统计学下有宏观经济统计学（代码913.3010）、微观经

---

① 郑敦诗编著《对外贸易业务统计》，对外贸易出版社，1982年3月。

② 董庆惠编著《对外贸易出口统计》，中国机械进出口总公司编印，1982年2月。

③ 张昌法编著《涉外经济统计学》，中国铁道出版社，1990年6月。

济统计学(代码913.3020)和经济统计学其他学科(代码913.3099)。

原社会经济统计学体系的各个"部门统计学",包括内探取向的对外贸易统计学科,都面临萎缩和消亡的威胁,惟外研取向的对外贸易统计学科能够实现创新性发展,成为为新学科目录中经济统计学的三级学科。

原部门统计学都是以部门经济运行的数量表现和数量关系为研究对象。与之不同的是,新创立的国际贸易统计学以贸易统计的理论和方法为研究对象,以国际组织的贸易统计通则为其核心。国际贸易的数据是研究贸易统计的理论和方法的观察对象。

(二)国际贸易统计学与部门统计学相比的独特之处

1. 统计研究观察对象承载体跨越国界

原部门统计学都是研究生产、运输、交换和消费等经济行为的数量表现和数量关系,但是这些经济行为都发生在一经济体边界之内,惟商品进出口发生在两个经济体之间,或者说商品的交换关系跨越经济体的边界。如何划定经济体的经济边界——它不同于国家的行政边界,或者说贸易的商品在何地、何时可以被视为跨越边界,都是原有其它部门统计学无须考虑的问题,而国际贸易统计必须做出理论上的定义和可操作性的规定。

2. 统计研究观察对象承载体的双向流动测度

对外贸易以外的其他生产、运输、交换和消费等经济行为的数量表现和数量关系,都只观察和测度其单向流动。而对外贸易的商品进出口得做双向观察和测度,既要有出口统计,也要有进口统计,还要测度出口总额与进口总额的合计指标——进出口总额和两者的差量——贸易差额。

3. 统计研究观察对象的镜像现象

发生对外贸易是两个经济体的共同行为,两方都需对同一商品交换行为进行记录,一方做出口统计,另一方做进口统计。由于种种原因,两个贸易伙伴经济体对相互的商品交换的数量表现记录结果会有不同,一方的出口数据与另一方的进口数据形成所谓镜像现象。这也是局限于国内的生产、运输、交换和消费等经济行为的数量表现和数量关系所没有的现象。

4. 统计研究观察对象的全球汇总和国际比较问题

正是因为上列三个方面的特殊性,将全球(或者某一特定区域)的贸易数据进行汇总,或者进行数据的国际比较,都有需要做许多先行设计和后续处理。先行设计指关于贸易统计指标设计和数据采集方法设计的国际通则,后续处理指在既有贸易数据基础上的换算、测算、改算和推算方法等需要有国际共识。

5. 统计研究观察对象的独特数据采集渠道

贸易统计研究对象的数据采集有其独特的渠道,主要是通关渠道和涉外收支银行申报渠道。

(三)贸易概念的扩延——四象限说

前已阐明,国际贸易统计学以国际通用的贸易统计理论和方法为研究和阐述重点,兼顾中国特有方法。然而国际通用的贸易统计理论和方法以对贸易概念的研究为出发点。经济全球化时代的贸易,远非50多年前的概念。对经济全球化时代贸易统计学科内容体系,也不能像20多年前那样以进出口业务统计为基本模块,把其他小模块一个一个地挂在上面。为此,笔者为贸易概念的扩延提出了四象限说[①]。

图1展示贸易概念的扩延。该图横轴为商品类别——区分为货物和服务,纵轴为商品的提供方式——区分为居民与非居民的贸易(即跨境贸易)和外国附属机构当地销售(相当于居民间的购销),以此形成4个象限。

今日世人所说的"经济全球化"始于20世纪80年代,其特征是跨国公司的全球布局,日益繁盛的公司内贸易和产业内贸易,还有新兴的生产性服务和生活型服务出现。在前全球化时代,贸易仅指货物贸易或称有形贸易,贸易统计的表象只是涉外的

---

① 四象限说第一次提出是在2010年。见拙文《属权贸易统计核算的几个基本问题》,载《国际贸易问题》2010年第6期。

货物购销的数量表现和数量关系。在国际生产和交换关系中,服务或称无形贸易只是货物贸易的伴随。在图1中,前全球化时代的贸易对应第Ⅰ象限。到20世纪80年代,服务在国际生产和交换关系中占有越来越突出的地位,终于成为与货物贸易并立的独立门类,至此贸易的概念扩延到第Ⅱ象限。

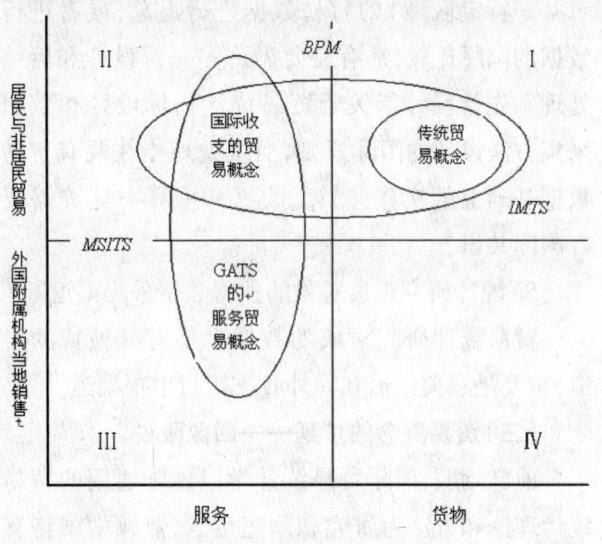

图1 贸易概念的扩延

由于服务的提供和消费在时间上不可分割,发达国家仗其发达的服务经济,越来越倾向于在国外设立商业存在,即通过国外直接投资设立附属机构,再通过国外附属机构向东道国提供服务。在关税贸易总协定框架下进行贸易谈判时,发达国家一方面促进为货物贸易消减关税壁垒和非关税壁垒,另一方面促进服务业的市场开放。1995年1月,世界贸易组织成立,《服务贸易总协定》(General Agreement of Trade in Services—GATS)生效。该协定提出了服务贸易有4种提供方式:跨境提供、境外消费、商业存在和自然人存在。服务业市场开放的谈判自此围绕这4种服务提供方式进行。至此,国际社会将服务贸易的概念由跨境贸易扩延到外国附属机构的当地销售,这对应于图1的第Ⅲ象限。

至于第Ⅳ象限,与之对应的是外国附属机构在当地的货物销售,是否应该作为国际货物贸易的新范畴,还是一个有待于讨论的问题。

(四)贸易统计国际通则的历史演进

贸易统计通则是指有关国际组织制定的关于贸易统计的国际文件精神。自19世纪末以来,国际社会为增进各国贸易统计的国际可比性做出了许多努力,但直到联合国和三大全球经济组织——关税贸易总协定、国际货币基金组织和世界银行成立,才切实开始制订全球统一的关于经济核算和贸易统计规范文件。

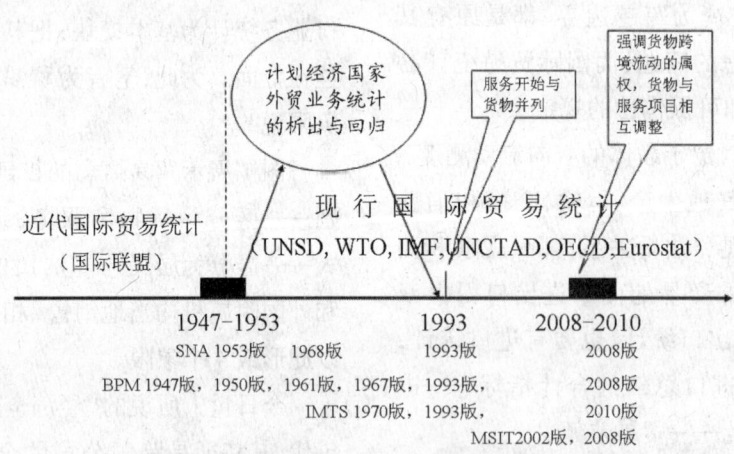

图2 国际经济核算和贸易统计规范文件的制订和修改

《国民账户体系》(System of National Accounting—SNA)是一个经济体的宏观经济指标和核算方法体系,其他局部的条件规范都要与这个总规范原则上保持一致。《国际货物贸易统计:概念与定义》(International Merchandise Trade Statistics: Concepts and Definitions—IMTS)是关于货物贸易统计的规范文件,它的指导范畴对应于图1的第Ⅰ象限。国际收支核算是SNA的五大核算子体系之一,它的国际规范文件是《国际收支手册》(Balance of Payments Manual—BPM),经常账户是国际收支4大账户的首个账户,其下设有货物、服务和单方转移3个子账户。该手册的指导范畴对应于图1的第Ⅰ象限和第Ⅱ象限。《国际服务贸易统计手册》(Manual of Statistics of International Trade in Services——MSITS)是关于服务贸易统计的规范文件。该手册的指导范畴对应于图1的第Ⅱ象限和第Ⅲ象限。

图2勾画出上述几个国际规范文件的出台和修订年份。图中几个时间节点值得注意:第一个节点是1947-1953年期间,此前以国际联盟为代表的国际组织试图增强贸易统计国际可比性。由此节点起进入现行国际贸易统计时期,其时确立的基本统计规范至今仍在生效,只不过经历了几次修订。1993年节点标志服务于货物在贸易统计上取得了并列的地位。在2008-2010年节点上,这几个规范文件普遍修订,以强调货物跨境流动的属权原则。此外,1953-1992年是计划经济的贸易统计体制存在期间。

经济合作与发展组织提出《OECD经济全球化指标手册》(OECD Handbook on Economic Globalization Indicators),主张将4个象限的内容一并研究,用于测度一个经济体在国际市场上提供货物和服务的总体规模,测度其经济全球化水平。由于经合组织只是发达国家的组织,不能涵盖世界所有国家,所以这个手册没有在图2中标写。

(五)贸易统计国际通则的横断框架——贸易统计指标体系

国际贸易统计学科以贸易的数量表现和数据关系为研究表象,而数量表现和数据关系是对贸易统计指标进行测度所得结果,指标又依据它们之间的内在联系构成不同层级的指标体系。指标体系框架是指标体系的高度浓缩。

第2小节所列国际统计规范文件所指向的研究内容分别是:传统意义上的贸易统计,即跨境的货物贸易统计;国际收支口径的贸易统计,包括跨境的货物和服务两类商品的贸易统计;GATS口径的服务贸易统计,包括跨境服务贸易统计和外国附属机构当地服务销售统计;OECD经济全球化指标,包括跨境的两类商品贸易统计和外国附属机构两类商品当地服务销售统计。

图3展示国际贸易统计指标体系框架,先关注上一段所说的国际统计规范文件所指向的4个方面研究内容。为了便于指示研究内容在图中的位置,先自左而右将各子体系框分为5列,每列再由上而下排序,一个子体系框的位置用两个阿拉伯数字表示,写于上标,第一个数字表示列序,第二个数字表示本列内顺序。

框[11]是货物贸易统计,它是研究贸易统计的初始点,即传统意义的贸易统计。框[33]是跨境服务贸易统计,框[32]是外国附属机构服务提供统计,两者一同进入框[22],即(GATS口径的)服务贸易统计。框[31]是外国附属机构货物提供。

由于外国附属机构是由外国直接投资所导致,在整个体系中还必须研究直接投资统计。涉外直接投资有流入和流出两个方向,需要两个字体系:框[41]是内向涉外直接投资(Inward Foreign Direct Investment——IFDI)统计,框[42]是外向涉外直接投资(Outward Foreign Direct Investment——OFDI)统计,涉外直接投资统计不仅要采集投资流量数据和设立企业的数据,还要采集所开办企业的经营数据,后者称为外国附属机构交易统计(Foreign Affiliates Transaction Statistics——FATS)。两个方向的FATS都要区分为货物提供和服务提供,经交叉整理后进入框[31]和框[32]。框[41]和框[42]的投资数据还有进入框[51]——国际收支统计的资本和金融账户。

框[11]和框[22]一并进入框[12]国际收支统计(经常账户)。框[12]和框[51]一并进入框[35]国际收支统计(总账))。

图内还有两个虚线框,它们表示在现行统计数据基础上进一步开展核算:框[21]为(货物贸易)增加值核算,它使用来自[11]的数据;框[34]为基于属权的国际收支核算,它使用来自框[22]、框[31]和框[32]的数据。

需要说明的是,框[22]服务贸易统计是个二元架构,它的两个来源部分并不加总,只是并列在一起,用于刻画编报国通过不同的提供方式在世界市场上所销售的服务。只有编制基于属权的国际收支平衡表时,才需要对其不同来源的数据做并账处理。

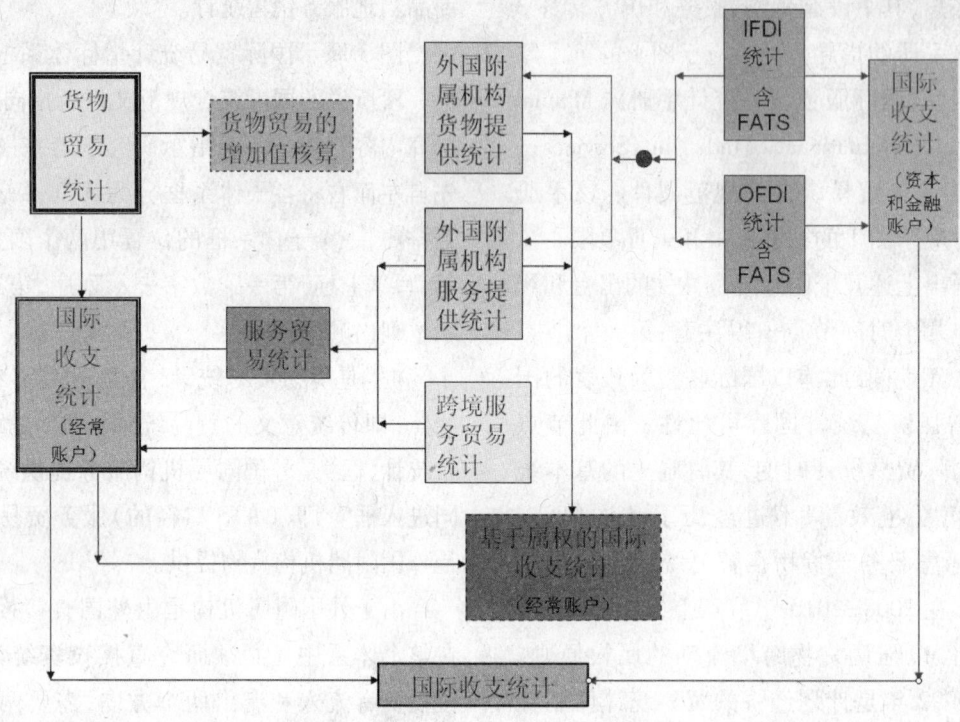

图3 国际贸易统计指标体系框架

(六) 贸易数据生产流程纵向脉络——官方机构及其承担的任务

所有经济体的贸易数据——无论货贸数据还是服贸数据——都经过同样的生产程序：数据采集—汇总、整理—发布。

对货物进出口交易采集原始数据是整个流程的第一步，这在任何经济体都是由海关当局承担，具体是填制和审核进出口报关单。就整个国家官方统计而言，一般有集中型和分散型统计体制之分。但是具体到货贸统计，即便是集中型统计体制，也不可能包揽全部贸易数据生产程序，于是出现两种方式：一是大集中之下有货贸统计小分段，即由海关当局承担货贸原始数据采集，由中央统计机构负责而后的数据汇总、整理和发布流程；再是大集中之下的货贸统计小集中，由海关当局承担货贸数据的全部生产流程。同样，货贸统计小分段和货贸统计小集中的分野，也出现在分散型统计体制中；或者是国家贸易主管部门在接收海关数据的基础上，完成货贸数据的生产；或是海关当局承担货贸数据的全部生产流程。因为海关在中央政府中的地位不同，货贸数据小集中又分为两种情况：一

是海关是中央政府(内阁)下部级或副部级独立机构，再者是海关隶属于某个部。

服贸数据具有"二元架构"特征，数据的汇总和整理机构，各个经济体的具体做法很不相同。在集中型统计体制经济体，有中央统计机构负责；在分散型统计体制经济体，跨境服务数据的生产由货币银行当局负责，外国附属机构数据的生产由贸易主管部门负责。

对货贸数据进行调整，用于编制国际收支口径表经常项目的货物子项；再会同服务子项数据和单方面转移数据，共同构成国际收支口径表经常项目，对外发布。各经济体的通关数据报告给世界贸易组织，进而汇总、整理出全球贸易数据。各经济体的国际收支数据则上报给国际货币基金组织。

中华人民共和国统计法规定"国务院设立国家统计局，负责组织领导和协调全国统计工作"，还规定"各级人民政府、各部门和企业事业组织，根据统计任务的需要，设置统计机构、统计人员"。中国的统计管理体制，既不是分散型的，又同于国外的集中型体制。就贸易统计而言，海关总署负责货贸数据生产的全流程；国家外汇管理局负责编制国际收

支统计,其中包括跨境服贸数据;商务部从国家外汇管理局取得跨境服务贸易数据,自行采集、汇总、整理外国附属机构当地服务销售数据,对外发布两类数据。中国的货物贸易数据被称为海关统计,是从生产流程角度得名。从其商品类别属性上说,属于货物贸易统计。

(七)本学科特有的研究方法

国际贸易统计学科研究方法具有统计学的共性,但是对其中某些方法有独特的侧重和发挥。应用统计学中关于数据获取的大量观察法和抽样法,数据整理的分组法,数据描述的统计分布量数法,由样本特征推知总体特征的统计推断法,变量间关联研究的相关和回归法,时间数列研究和预测法等,都可以在国际贸易统计研究中得到应用。经济统计学研究综合平衡的账户平衡法和投入产出法,研究综合对比的指数法,研究综合评价的综合指标法,在国际贸易统计研究中更具有重要的作用。以下提出在国际贸易统计研究中有待独特侧重和发挥的几个方法。

1. 国际贸易数据的获取途径和方法

国际贸易数据的获取途径和方法主要有三种:

行政记录法——通过行政记录获取全面的人员流动和货物流动数据。国家机关对跨境人员流动和货物流动具有强制登记和监管的权利,所生成的行政管理记录乃是国际贸易统计的原始数据。典型的行政记录如海关总署的进出口报关单,出入境管理局的本国居民和外国人的出入境放行记录。

银行申报法——通过银行申报系统获取全面的收支数据。任何与境外的交易都需要通过银行和外汇管理部门操作,其形成的资金流转记录就是国际贸易统计所需原始数据。

直接调查法——通过对企业和个人直接调查获取全面的或样本的数据。国家主管机关和其委托的机构,对企业和个人直接进行调查获取所需数据。对企业的调查一般按企业规模划分为限额以上企业(限上企业)和限额以下企业(限下企业),对限上企业实行全面调查,对限下企业实行抽样调查。对个人或家庭住户只实施抽样调查。

2. 分组方法

对国际贸易数据进行整理的方法是分组,分组的依据是品质标志和数量标志。品质标志是先行分组,即在统计设计阶段就规定好哥哥品质标志的具体标示;数量标志是事后分组,即在完成对原始数据的采集后,根据数据个体值的分布状况决定组别和组限。

国际贸易数据整理的最重要品质标志是商品(行业)类别和交易国别。商品(行业)类别的具体标示由国际组织统一编订目录,在原始数据采集时需要遵循国际统一目录。交易国别分组的要害在于掌握好确定一笔教育与哪个国家发生的原则。

在商品(行业)类别和交易国别单向分组基础上,还得整理好同时依据这两个标志的交叉分组,业内俗称"商品(行业)×国别"。

3. 单位价值对交易价格的替代法

单位价值是总价值对交易实物总量的比值。在统计分析中常以单位价值作为实际交易价格的替代量,因为后者获取较为困难。

4. 质量指标数据和数量指标数据的综合运用

某种情况下,直接对一个一个总值指标开展全面调查较为困难。就将该总值指标分解为一个平均指标与一个开展全面调查较为容易的总量指标的乘积。至于作为被乘数的平均指标,则通过抽样调查途径获取其数据。

5. 镜像数据替代和镜像数据比对

镜像数据替代指,如果两个交易国中一个统计欠发达而另一个发达,前者就可以使用后者与己方的贸易数据作为己方相应数据的替代。

镜像数据比对指,如果两个交易国的统计都很发达,而且都很在乎自己与对方的双边贸易数据的准确性,就可以对两者的镜像数据开展比对。

参考文献

[1] 陈及时执行主编,"对外经济贸易统计",对外贸易教育出版社,1990年1月。

[2] 董庆惠编著,"对外贸易出口统计",对外贸易出版社,1982年3月。

[3] 贾怀勤主编,"对外经济贸易统计概论",对外贸易教育出版社,1988年8月。

[4] 四象限说第一次提出是在2010年。见拙文《属权贸易统计核算的几个基于本问题》,载《国际贸易问题》2010年第6期。

[5] 张昌法编著,"涉外经济统计学",中国铁道出版社,1990年6月。